HEYNE

Der Autor

Der Diplom-Psychologe Robert Betz zählt zu den erfolgreichsten Lebenslehrern und Seminarleitern im deutschsprachigen Raum. Auf seinen Veranstaltungen begeistert er jährlich über 50 000 Menschen. Seine Bücher, darunter *Willst du normal sein oder glücklich*, *Raus aus den alten Schuhen!* und *Wahre Liebe lässt frei!*, gehören zu den Bestsellern der Lebenshilfe-Literatur.

www.robert-betz.com

ROBERT BETZ

RAUS aus den alten SCHUHEN!

So gibst du deinem Leben
eine neue Richtung

WILHELM HEYNE VERLAG
MÜNCHEN

Für Philippo

*Der Verlag weist ausdrücklich darauf hin, dass im Text
enthaltene externe Links vom Verlag nur bis zum Zeitpunkt
der Buchveröffentlichung eingesehen werden konnten.
Auf spätere Veränderungen hat der Verlag keinerlei Einfluss.
Eine Haftung des Verlags ist daher ausgeschlossen.*

Verlagsgruppe Random House FSC® N001967

3. Auflage
Aktualisierte Taschenbucherstausgabe 06/2016

Copyright © 2008 by Integral Verlag, München,
in der Verlagsgruppe Random House GmbH,
Neumarkter Straße 28, 81673 München.
Copyright © 2016 dieser Ausgabe by
Wilhelm Heyne Verlag, München,
in der Verlagsgruppe Random House GmbH,
Neumarkter Straße 28, 81673 München.
Printed in Germany 2016
Redaktion: Cornell Meier-Scupin
Umschlaggestaltung: Guter Punkt, München
Autorenfoto: © Brigitte Sporrer, München
Satz: Schaber Datentechnik, Austria
Druck und Bindung: GGP Media GmbH, Pößneck

ISBN 978-3-453-70304-9

www.heyne.de

Inhalt

Vorwort 9

Einführung 13

1 Löwe oder Schaf? 19

Die meisten Menschen verschlafen ihr Leben 21
Kaum jemand lebt sein eigenes Leben 22
Der Massenmensch: normal, angepasst,
unbewusst 24
Lebe dein Leben – sei du selbst! 26
Der Mensch wird als Original geboren,
aber er stirbt als Kopie 27
Vom Löwen zum Schaf – und wieder zum
Löwen 28
Sei radikal ehrlich zu dir selbst! 30
Du hast es gut gemacht! 33
Das wirkliche Leben beginnt mit etwa
fünfzig Jahren 35
»Jetzt reicht's!« – oder immer noch nicht? 39

2 Die alten Schuhe 43

Was sind unsere »alten Schuhe«? 45
Alter Schuh: Keine Zeit haben 47
Alter Schuh: Anstrengung und Schwere leben 52

Alter Schuh: Opfer spielen 57
Alter Schuh: Sich Sorgen machen 60
Alter Schuh: Wegmachen, was stört................. 63
Alter Schuh: Mich selbst und andere verurteilen.... 67
Alter Schuh: Sich ärgern und Wut ansammeln 72
Alter Schuh: Sich auf das Negative
konzentrieren.. 76
Alter Schuh: Perfekt sein wollen 82
Alter Schuh: Sich Liebe, Lob und Anerkennung
verdienen 85
Alter Schuh: Sich für andere aufopfern............. 90
Alter Schuh: Seine Gefühle verstecken und
verdrängen... 95
Alter Schuh: Seinen Körper missbrauchen und
krank machen 100
Alter Schuh: Sich mit anderen vergleichen und
konkurrieren.. 104
Alter Schuh: Sich in die Angelegenheiten
anderer einmischen 108
Alter Schuh: An der Vergangenheit kleben und
festhalten 112

3 Fünf Schritte in ein neues Leben! 115

Erster Schritt: Übernimm deine Verantwortung als Schöpfer deiner Lebenswirklichkeit! 119

Du bist Schöpfer, du bist kein Opfer! 119
Aus der Ohnmacht zur Macht 122
Was du heute erlebst, hast du gestern gesät!........ 125
Deine Denkgewohnheiten sind dein Saatgut!...... 127
Was denkst du über dich selbst? 128
Was denkst du über das Leben?..................... 132
Was denkst du über deine Mitmenschen? 136

Zweiter Schritt: Das große JA! – Anerkenne, was ist 141

Alle deine Probleme entstehen durch dein NEIN! ... 141
Alle Lösungen beginnen mit einem JA! 149

Dritter Schritt: Nimm deine Urteile zurück – und lebe Vergebung! 151

Vergib dir selbst! 151
Vergib allen Menschen deines Lebens! 155
Achtung Falle! – Die mentale Vergebung........... 157
Achtung Falle! – »Vergebung« als erneute Verurteilung 158

Vierter Schritt: Fühle das Gefühl bewusst und bejahend! 162

Frauen und Wut 169
Männer und Angst.................................. 170
Wenn Eltern an ihren Kinder verzweifeln 172

Fünfter Schritt: Triff eine neue Wahl! – Die Macht der Entscheidung 175

4 Die Freiheit der Wahl – Was willst du wählen? 177

Deine Wahl: Bewusstheit oder Unbewusstheit...... 180
Deine Wahl: Selbst-Zentriertheit oder Du-Sucht 181
Deine Wahl: Freude oder Depression............... 184
Deine Wahl: Gesundheit oder Krankheit 188
Deine Wahl: Frieden oder Krieg.................... 195
Deine Wahl: Ordnung oder Chaos 199

Deine Wahl: Freiheit oder Unfreiheit............... 203
Deine Wahl: Liebe oder Angst 207
Deine Wahl: Festhalten oder loslassen.............. 210
Deine Wahl: Bewusst mit Gott oder ohne ihn 219
Deine Wahl: Himmel oder Hölle................... 224

5 Freiheit von der Vergangenheit................. 229

Die Vergangenheit würdigen 231
Die Eltern deiner Kindheit leben in dir 233
Beispiele für Verstrickungen zwischen Eltern
und Kindern 237
Diese Eltern soll ich mir ausgesucht haben? 242
Schließe Frieden mit deinen inneren Eltern......... 246
Schließe Frieden mit deinen Expartnern............ 247
Schließe Frieden mit deiner Vergangenheit 249

6 Auf geht's! – Lebe dein Leben!................. 253

Das Wichtigste in deinem Leben 255
Was bringt dein Herz zum Singen?................. 257
Einmal glücklich sterben können................... 259

Über den Autor 261
Vorträge und Meditationen von
Robert Betz auf CD............................... 263
Veranstaltungen, Ausbildungen
und Online-Angebote............................. 267

Vorwort

Ich freue mich, dass dieser ursprünglich als Hardcover erschienene Bestseller, der bereits Hunderttausenden Menschen kräftige Impulse zur Veränderung ihrer Lebensqualität gegeben hat, jetzt als Taschenbuch vorliegt. Viele Leser schrieben oder sagten mir: »Mit diesem Buch fing mein neues Leben an« oder »In diesem Buch habe ich mich so sehr wiedererkannt, dass ich mich fragte: ›Woher weiß der das alles von mir?‹«

Raus aus den alten Schuhen! ist ein zeitlos aktuelles Buch, denn die meisten Menschen gehen immer noch in ihren, von den Generationen vor ihnen übernommenen, »Schuhen« durch ihr Leben. Das heißt, sie leben nach uralten, nie bewusst gemachten Mustern, Glaubenssätzen und Verhaltensweisen und machen sich hierdurch selbst unglücklich. Die Erkenntnis, dass wir uns das größte Leid immer selbst antun, ist zunächst oft schmerzhaft, aber viel leidvoller ist es, nicht aus dem tiefen Schlaf der Unbewusstheit aufzuwachen und an seinen eigenen Schöpfungen weiter zu leiden.

Immer mehr Menschen begreifen, dass wir es in erster Linie selbst sind, die unsere Lebenswirklichkeit täglich erschaffen, und sie lernen, vom vermeintlichen Opfer ihrer Mitmenschen und Umstände zum bewussten und liebevollen Gestalter ihres Lebens, ihrer Beziehungen, ihrer beruflichen Tätigkeit und auch ihres Körpers zu werden. In diesem Buch zeige ich auf, wie das gelingt. Aber bevor wir etwas ändern, dürfen wir erkennen, wodurch wir Leiden,

Konflikte, Krankheiten und Misserfolge erzeugten und bis heute aufrechterhalten oder wiederholen. Bei den sechzehn hier beschriebenen »alten Schuhen« wirst du, liebe Leserin, lieber Leser, mit Sicherheit mindestens zehn, wenn nicht alle als deine eigenen wiedererkennen – und das unabhängig von Alter oder Geschlecht.

Ich habe dieses Buch für jeden geschrieben, der noch einen Funken Neugier auf sich selbst und das Leben in sich spürt, der noch den Mut hat, die wesentlichen Fragen zu stellen: *Was läuft hier eigentlich ab? Wie bin ich dorthin gekommen, wo ich heute stehe? Wer bin ich eigentlich? Wie funktioniert das Leben eigentlich? Wie kann ich etwas in meinem Leben verändern? Und wie kann ich ein glückliches, erfülltes Leben verwirklichen?*

Lies dieses Buch mit deinem ganzen Körper, nicht nur mit deinem Kopf. Wenn Du nur versuchst, es mental zu verarbeiten, dann verpasst du das Wesentliche. Lies es mit deinem Herzen und sorge dafür, dass dein Herz offen ist. Atme zwischendurch immer wieder tief durch. Und behalte fünfzig Prozent deiner Aufmerksamkeit für dich, für deine inneren Reaktionen auf die Sätze dieses Buches. Wenn dich ein Satz trifft, dich etwas betroffen macht, dann betrifft es dich auch! Spätestens dann weißt du, dass du das richtige Buch in der Hand hast. Es ist dir geschickt worden, weil du es unbewusst bestellt beziehungsweise angezogen hast.
Lies dieses Buch möglichst mit einem Stift in der Hand. Benutze den Rand für deine Anmerkungen, für deine Fragezeichen. Wenn du einen Gedanken für Unsinn hältst, dann schreibe mit Freuden »Quatsch!!!« an den Rand oder »Blödsinn« oder was auch immer. Später wirst Du vielleicht Freude haben, wenn du das Buch zum zweiten

oder zum dritten Mal in die Hand nimmst. Aus manch einem »Quatsch« mag dann etwas Interessantes oder eine tiefe Erkenntnis geworden sein.

Wir neigen immer dazu, nur das für gut zu befinden, dem wir bereits vorher zugestimmt haben. Lesen Menschen ein Buch, das ihre Ansicht bestätigt, nennen sie es ein »gutes« Buch. Lesen sie jedoch ein Buch mit Ansichten, die ihren eigenen Ansichten widersprechen, wird es schnell zum »schlechten« Buch. Darum achte gerade an den Stellen, denen dein Kopf nicht zustimmt, ganz besonders auf deine innere Reaktion, deine Gedanken und deine Gefühle. Wenn du versuchen solltest, dieses Buch »kritisch« zu lesen, dann wirst du auch viel Kritisches und zu Kritisierendes finden; denn was du suchst, das wirst du immer finden. Du brauchst deinen Verstand nicht auszuschalten, aber lies es mit offenem Herzen, mit allem, was du bist.

Robert Betz
März 2016

Einführung

Warum hat dieses Buch wohl zu dir gefunden? Auf unbewusste Weise hast du es in dein Leben gezogen, denn es gibt keine Zufälle. Könnte es sein, dass sich in deinem Leben oder in dir gerade besonders viel bewegt? Hast du es vielleicht mit einer der Krisen zu tun, die jetzt im Leben von immer mehr Menschen auftauchen? Einer Krise des Körpers, der Psyche, der Partnerschaft, deines Kindes oder einer Krise im Zusammenhang mit deiner Arbeit und den Menschen, mit denen du arbeitest? Spürst du in dir den Wunsch oder die Sehnsucht, etwas möge sich in deinem Leben grundlegend ändern? Wünschst du dir eine andere Qualität von Leben, Arbeit und Partnerschaft, von körperlicher und emotionaler Befindlichkeit? Dann ist das hier das richtige Buch für dich.

Du wirst dich und dein Leben in vielen Kapiteln wiedererkennen und dich manches Mal vielleicht fragen: »Woher kennt der mich so gut?« Das liegt daran, dass wir so vieles gemeinsam haben, dass die meisten Lebensläufe bisher sehr ähnlich verlaufen. Denn wir alle haben gelernt, in den gleichen »alten Schuhen« durch unser Leben zu gehen, die unser Verhalten, unsere Gefühle und unsere Lebenswirklichkeit prägen.

Übrigens: Wenn ich dich hier mit »Du« anspreche, ist das nicht unhöflich oder aufdringlich gemeint und soll deine Gefühle nicht verletzen. Wenn du dich innerlich auch auf das »Du« einlassen kannst, bist du offener für die Worte und die Energien dahinter, lässt dich viel stärker berühren.

Das »Du« bringt uns einander näher. Auch in all meinen Seminaren steht immer nur der Vorname auf dem Namensschild und ich bin für alle einfach der »Robert«. Und dieses Buch ist auch eine Art Seminar, in dem du dir selbst näher kommen, dich und dein Leben besser verstehen und zu einer völlig neuen Lebensqualität finden kannst. Ich bin mir da so sicher, weil das bereits zigtausend Menschen geschafft haben, auch solche, die nie in einem Seminar bei mir waren, sondern nur meine Bücher gelesen und einige CDs oft gehört haben.

Das Leben der meisten Menschen verläuft in folgenden Phasen: In den ersten zwanzig Jahren leben wir in der Abhängigkeit von anderen Menschen. Wir sind zunächst physisch, emotional und auch finanziell abhängig von ihnen und lernen das Leben vor allem durch ihr Vorbild kennen und übernehmen unbewusst ihre Gedanken, Überzeugungen und Muster. Mit circa 20 Jahren verlassen wir das Haus unserer Eltern und wollen unser eigenes Leben leben, oft mit dem festen Vorsatz: »... und ich werde es anders machen als meine Eltern.« Zwischen Mitte 30 und 50 schlittern dann die meisten in eine der oben genannten Krisen. Entweder geht eine Partnerschaft zu Ende, der Körper oder die Psyche leidet, ein Kind macht Probleme oder wir haben Konflikte am Arbeitsplatz, werden gekündigt, kämpfen mit Chef oder Kollegen oder erleben finanzielle Verluste als Selbstständiger.
Die Krisen, die in diesen Jahren bei vielen Menschen immer früher, auch schon in den Zwanzigern, auftauchen, sind notwendig und segensreich. Ja, du hast richtig gelesen. Ich behaupte, ohne Krisen würden wir stehen bleiben und uns innerlich nicht weiterentwickeln. Auch wenn sie oft schmerzhaft sind und wir darunter leiden, schubsen sie uns, rütteln und schütteln uns, damit wir uns zum

ersten Mal wirklich für die wichtigste Person in unserem Leben interessieren – für uns selbst und besonders für unser Inneres und für die Fragen: Wie ticken wir Menschen eigentlich? Und wie »funktioniert« das Leben überhaupt? Gibt es ganz bestimmte Gesetzmäßigkeiten, die wir beachten können, damit unser Leben ein glückliches wird?

Nicht jeder Mensch nutzt solche Krisen für sein Leben und erkennt ihre Botschaft. Das sind vor allem jene Menschen, die sich noch nicht dafür öffnen können, dass sie selbst diese Krisen erschaffen haben durch ihre Art zu denken, zu sprechen und mit sich selbst und anderen umzugehen. Sie fühlen sich (noch) als Opfer des Lebens und anderer Menschen und müssen daher weitere ähnliche, schmerzhafte Erfahrungen machen. Wenn du dieses Buch verstehst (und das ist nicht schwer), wenn du es auf dein Leben anwendest und dich selbst als Schöpfer und Gestalter erkennst, kannst du aufhören, Krisen, Schmerz, Mangel und Enttäuschung zu erleben.

Unsere Eltern konnten uns keine »Betriebsanleitung« für ein glückliches Leben mit auf den Weg geben. Weniger als fünf Prozent von uns haben ihre Mutter und ihren Vater als glückliche Menschen erlebt! Wir haben heute aber das Privileg, weiter gehen zu können in unserem Leben als unsere Eltern es konnten, und *zwei* Leben in diesem Körper zu erleben: ein Leben der Unbewusstheit, des Mangels, der Trennung und des verschlossenen Herzens sowie ein von Freude und Fülle erfülltes Leben des offenen Herzens, der liebenden Verbindung zu uns selbst und zu unseren Mitmenschen.

Dies liegt an der Besonderheit dieser Jahre, die einen völlig neuen Zeitabschnitt der Menschheitsgeschichte einleiten. Es sind die Jahre der großen Transformation. Was wird transformiert oder gewandelt? Es ist vor allem unsere Art, auf uns, das Leben und unsere Mitmenschen zu schauen und auf neue, verstehende und liebevolle Art mit uns und anderen Menschen umzugehen. Unser Bewusstsein wandelt sich, und in der Folge das Sein, die von uns erlebte und gestaltete Lebenswirklichkeit.

Der Verstand mag vielleicht sagen »Aber das sehe ich noch nicht. Ich sehe so viele Kriege und Konflikte auf der Welt, große Flüchtlingsströme, an Hunger sterbende Menschen, eine Verhärtung an vielen Fronten, Terrorismus und vieles mehr.« Ich behaupte: Diese sich zuspitzenden Entwicklungen auf vielen Gebieten sind die Voraussetzungen und zugleich die Begleiterscheinungen für die umwälzenden Veränderungen, durch die die Menschheit und Erde in diesen Jahren gehen.

Erinnere dich bitte an eine große Krise in deinem Leben, eine Krankheit, einen Unfall, eine Trennung oder sonst etwas, das dich damals aus der Bahn geworfen hat. In dem Moment, als du mittendrin stecktest und verzweifelt warst, konntest du den Sinn dieses Geschehens nicht erkennen. Heute, einige Jahre später, kannst du vermutlich verstehen, warum es so kommen musste und wozu diese Erfahrung gut war. Und wenn du den Sinn dessen, was geschah, begriffen hast, hast du danach begonnen, dies oder jenes in deinem Leben zu ändern.

Darum hat jede Krise eine Bedeutung, einen Sinn, und es liegt immer ein verpacktes Geschenk darin. Solange wir jedoch jede Krise verurteilen und unsere Aufmerksamkeit auf unsere Ängste und Wut lenken, können wir das Geschenk nicht annehmen und tatsächlich als solches erkennen. In den in diesem Buch beschriebenen »alten Schuhen« ist die Menschheit ein paar Tausend Jahre gegangen. Wir haben uns – wie unsere Vorfahren – als »Opfer« von Leben und Schicksal gefühlt. Jetzt sind immer mehr bereit, ihre »Schöpfer-Schuhe« anzuziehen, die Kraft und die Weisheit ihres Herzens zu erkennen und mit Liebe und Bewusstheit das zu erschaffen, was ihr Herz sich zu erschaffen ersehnt. Auch wenn das mancher »Kopf-Mensch« als naiv abtun wird: Wir stehen jetzt einerseits mitten im Hurrikan, im Sturm der Transformation und zugleich an der Schwelle zu einer völlig neuen Ära der Menschheit.

Dies alles musst du nicht glauben, aber wenn wir uns vielleicht in zehn Jahren persönlich begegnen sollten – worüber ich mich freuen würde – wirst du sagen: »Das hätte ich ja nie gedacht, dass aus diesem ganzen Chaos und den Kriegen etwas so vollkommen Neues würde entstehen können.« Diese »Neue« entsteht jetzt, während du dieses Buch liest, bereits in vielen Menschen und deren Leben. Diese Menschen verstehen, dass sie in früher Kindheit ihr Herz verschließen mussten für die Liebe zu sich selbst und zu anderen. Dass sie damals das Vertrauen ins Leben verloren haben, auch wenn ihre Eltern ihr Bestes gaben. Und sie begreifen, dass sie ihre eigenen Verurteilungen zurücknehmen, sich selbst und anderen die Lieblosigkeit vergeben und in sich Frieden erschaffen können. Dass nichts und niemand sie davon abhalten kann, ein glückliches Leben zu leben, zu dem Freude, Frieden, Freiheit und Fülle gehören.

Auch du kannst deine Lebenswirklichkeit verändern und zu einem glücklichen, liebenden Menschen werden, wenn du dich bewusst dafür entscheidest. Tu dies jetzt und tu es bewusst oder mach es, nachdem du dieses Buch gelesen hast. Aber mach es. Denn – wie Bronnie Ware in ihrem gleichnamigen Buch beschreibt – eines der »fünf Dinge, die Sterbende am meisten bereuen« ist: »Ich wünschte, ich hätte mir erlaubt, glücklicher zu sein.« Und ich wünsche weder dir noch irgendeinem anderen, dass er einmal mit dieser bitteren Erkenntnis aus seinem physischen Körper geht.

Ich wünsche dir von ganzem Herzen, dass du – ganz gleich wie alt du heute bist – ein von Freude, Dankbarkeit und Liebe erfülltes Leben erschaffen und genießen mögest.

1
Löwe oder Schaf?

❖ Die meisten Menschen verschlafen ihr Leben

Je länger ich dabei bin, die Menschen um mich herum zu beobachten, desto stärker habe ich den Eindruck, dass sich die Mehrheit der Menschen hier in Westeuropa in einem tiefen Schlaf befindet. Sie leben ihr Leben auf eine Weise, als hätte ihnen jemand eine Depotspritze mit Schlaf- und Betäubungsmitteln verabreicht, deren Wirkung mindestens einige Jahrzehnte lang anhält, bei nicht wenigen bis zum Grab. *Das heißt, viele Menschen scheinen zu sterben, ohne je wirklich gelebt zu haben, ohne je aufgewacht zu sein.* Das kann einen traurig stimmen.

Woran können wir erkennen, dass Menschen schlafen? Die meisten leben tagein, tagaus, jahrein, jahraus – das immer gleiche Leben. In ihrem Leben verändert sich kaum etwas, außer alle paar Jahre das Auto, mitunter auch der Partner, ab und zu der Job. Aber es kommt nie etwas wirklich Neues hinein. Das Leben vieler scheint aus einer *Kette von Wiederholungen* zu bestehen. Sie leben ein Leben *der Routine*: aufstehen, zur Arbeit fahren, Erwartungen der Chefs erfüllen, heimfahren, sich unterhalten und erholen, schlafen gehen. Aufstehen – arbeiten – ablenken – hinlegen; aufstehen – arbeiten – ablenken – hinlegen. Am Ende bleiben wir liegen und sterben ...

Die meisten Menschen schlafen, obwohl sie sich fürchterlich anstrengen und oft übermüdet oder überlastet erscheinen. Sie haben nie wirklich Zeit, wirken oft gehetzt und gestresst, machen alles sehr schnell, als sei jemand hinter ihnen her, und sie murmeln ständig innerlich: »Hab keine Zeit, hab keine Zeit; muss mich beeilen, muss mich beeilen; komm zu spät, komm zu spät.« Sie bemühen sich, alles Mögliche zu erledigen, tun oft viele Dinge auf einmal, besonders die Frauen-Menschen, aber sie werden nie fertig und sind auch nie wirklich zufrieden.

Die meisten Menschen wehren sich gewaltig dagegen, wenn jemand versucht, sie aufzuwecken. Wenn jemand ihnen einen radikal anderen Weg vorlebt, dann zeigen sie meist feindselig mit dem Finger auf ihn, beschimpfen ihn und grenzen ihn aus. Allem Anschein nach haben sie große Angst, eines Tages aufzuwachen und festzustellen, dass alles, woran sie bisher geglaubt haben, nicht wahr ist, dass ihre ganze Welt, die sie sich aufgebaut haben, zusammenkrachen könnte. Und, weiß Gott, ihre Angst ist berechtigt.

⊞ Kaum jemand lebt sein eigenes Leben

Das Leben, das die meisten Menschen führen, ist nicht ihr eigenes, selbst gewähltes Leben. Kaum jemand im Westen nimmt sich die Zeit und den Raum, um sich darüber klar zu werden, welche Art von Leben er leben könnte und will. Der heranwachsende Jugendliche wird in seiner Familie bestenfalls mit der Frage konfrontiert: »Was willst du einmal werden?« Gemeint ist damit eigentlich, womit willst du dein Geld verdienen oder deine Miete bezahlen? Kaum ein Vater, kaum eine Mutter sagt zum eigenen Kind: »Überlege dir gut, welches Leben du leben willst! Mach dir früh Gedanken darüber. Schau dich um, wie andere ihr Leben leben, beispielsweise wir, deine Eltern. Übernimm das nicht blind, sondern triff deine eigenen Entscheidungen für dein Leben. Denn es ist kurz, auch wenn du achtzig werden solltest. Darum überlege dir gut, was du aus deinem Leben machen möchtest.«

Die meisten Jugendlichen sind zwar wenig begeistert von dem Leben, das ihre Eltern führen, und viele wollen es auch »ganz anders« machen. Aber wenn sie dann von zu Hause ausziehen und anfangen, ihr eigenes Leben zu leben, ähnelt es nach ein paar Jahren doch sehr dem ihrer Eltern: aufstehen – arbeiten – ablenken – schlafen gehen – aufstehen – sich aufs Wochenende freuen – arbeiten – ablenken; es bis zum Wochenende schaffen – bis zum Urlaub schaffen – bis zur Rente schaffen …

Nach etwa zwanzig Jahren Zwangsgemeinschaft mit den Eltern oder einem Elternteil ist kaum ein junger Erwachsener in der Lage, sein eigenes, eigenständiges Leben zu beginnen, auch wenn er es sich noch so sehr wünscht. Warum? Sein Kopf, sein Denken ist vollgestopft mit Gedanken und Überzeugungen, die er tausendfach von seinen Eltern und anderen Erwachsenen (Lehrern, Priestern, Vorgesetzten) gehört hat und übernehmen musste, denn dafür erhielt er das Lob und die Aufmerksamkeit seiner Eltern. Jedes Kind will psychisch überleben, d.h. es muss ein Mindestmaß an Anerkennung, Wertschätzung, Aufmerksamkeit und Liebe erhalten, für die es fast alles tut.

Das Kind hat zunächst eine Menge eigener Impulse und Wünsche und Ideen. Aber alles, was abweicht von der Norm der Eltern und der Masse, wird ihm schon bald ausgeredet oder abgewöhnt. Es wird zum Massenmenschen trainiert, zum Lemming, der mit der Masse mitläuft und den Sinn des Lebens darin sieht, zu arbeiten, es zu etwas zu bringen (Geld und ein wenig Ansehen) und neben der Arbeit ein Höchstmaß an Spaß und Komfort zu genießen. Das versteht die Mehrzahl der Menschen unter einem erfolgreichen Leben.

Was wir seit Jahrtausenden Erziehung nennen, bedeutet bei genauer Betrachtung Dressur. Wir dressieren Kinder und Jugendliche darauf, die Art unseres Denkens, Sprechens und Handelns zu übernehmen. Wir wollen keine Querdenker, keine Querulanten, keine Neinsager oder Abweichler; wir wollen keine Rebellen, keine Aussteiger, keine Verweigerer – denn sie machen uns ärgerlich und ängstlich. Wir wollen Jasager, wir wollen eine Friede-Freude-Eierkuchen-Harmonie. Die Elterngeneration könnte auch rufen: »Kinder, stört unseren Schlaf nicht! Macht's so wie wir. Irgendwie läuft der Laden doch, oder nicht?«

⊞ Der Massenmensch: normal, angepasst, unbewusst

Wir haben es hier im Westen zu einem – wie wir sagen – hohen Lebensstandard gebracht. Auch ein Arbeitsloser erfreut sich heute in der Regel industrieller Errungenschaften wie Zentralheizung, Festnetztelefon und Handy, Fahrrad und meist Auto, Computer, Kühlschrank, fließend Warmwasser und manches mehr. In materieller Hinsicht haben die allermeisten von uns heute weit mehr als genug zum Leben. Verhungern oder erfrieren muss in Deutschland niemand.
Unser »Fortschritt« ist ungeheuer. Stell dir einmal vor, deine Urgroßmutter würde für eine Woche aus ihrem Grab auferstehen und du müsstest ihr das alles erklären, was es an technischen Errungenschaften gibt. Deine Uroma würde vor Staunen ihren Mund nicht mehr schließen können … Ich möchte besonders die jüngere Generation daran erinnern: Vor sechzig Jahren lag dieses Land, Deutschland, noch in Schutt und Asche.

In den Köpfen vieler Älterer erklingt stolz: »Wir haben es zu etwas gebracht.« Aber wozu haben wir es gebracht? Ich behaupte: Wir haben es zu einem Volk schlafender, konsumierender, sich anstrengender, weitgehend kranker oder an irgendeiner Sucht leidender (in Deutschland ca. acht Millionen) Menschen gebracht, die auf die Führenden in Wirtschaft, Politik und Religion dauernd schimpfen, wie Kinder auf ihre Eltern, und ihnen die Schuld für alles Schlechte in die Schuhe schieben. Ihr liebstes Hobby scheint das Verurteilen und das Neinsagen zu allem Unangenehmen zu sein, das sie im Leben vorfinden. Nicht die Bohne machen sie sich Gedanken darüber, wie all das Unangenehme (seien es Krankheiten, Verluste, Misserfolge, Enttäuschungen, Ängste oder andere Emotionen) in ihr Leben kommen konnte.

Wir sind ein Volk konsumierender Wesen, deren bestimmende Merkmale heißen: Unbewusstheit, Routine, Unzufriedenheit, Verurteilung unserer selbst und anderer, Konkurrenzdenken samt Neid und Eifersucht sowie Angst, Angst und nochmals Angst.

Wir haben große Fortschritte auf dem Gebiet des Materiellen, der Technik, des äußerlichen Komforts gemacht; aber auf dem Gebiet des Nicht-Materiellen, auf der Ebene des Geistigen, des Spirituellen (Spirit: der Geist), scheinen wir geistig-seelische Wesen das Gegenteil erreicht zu haben. Jedenfalls klafft eine riesige Lücke zwischen der äußeren Wohlstandsseite unseres Lebens und der inneren, mentalen, emotionalen und spirituellen Seite, die man nicht als Wohl-Stand bezeichnen kann. Mit einem Wort: In uns steht es nicht zum Besten.

⊞ Lebe dein Leben – sei du selbst!

Ich lade dich ein, alles zu hinterfragen, was du bisher erfahren hast und gegenwärtig in deinem Leben vorfindest. Aber bitte nicht alles auf einmal, sondern eins nach dem anderen. Untersuche liebevoll jeden Bereich deines Lebens und dein Verhältnis zu jedem dieser Bereiche. Was gehört zu unseren wesentlichen Bereichen?

- Unsere Beziehung zu uns selbst (Ich und Ich)
- Unsere Beziehung zu unserem physischen Körper
- Unsere Beziehung zu unserem bisher gelebten Leben, zu unserer Biografie und zu all unseren eigenen Erfahrungen
- Unser inneres Verhältnis zu unserer Herkunftsfamilie, insbesondere zu unseren Eltern, wie wir sie in unserer Kindheit und Jugend erlebt haben
- Unser Verhältnis zur Arbeit und zum Erfolg, zur Kreativität und zum Ausdruck unserer spezifischen Fähigkeiten
- Unser Verhältnis zum anderen Geschlecht und zum eigenen Geschlecht
- Unsere Befindlichkeit innerhalb einer Partnerschaft oder ohne einen Beziehungspartner
- Unser gelebtes Verhältnis zu Freunden
- Unser Verhältnis zu der Gesellschaft, in der wir leben, zu unserer Rolle in ihr
- Unsere Beziehung zu Gott

Schau dir ehrlich und mutig jeden dieser Bereiche genau an und erspüre, wie zufrieden und glücklich oder wie unzufrieden, frustriert, enttäuscht oder unglücklich du dich in diesem oder jenem Bereich fühlst.

Öffne dich bitte dem Gedanken, dass du selbst es warst, der diesen Zustand in deinem Leben und in allen einzelnen Bereichen erschaffen hat – natürlich fast immer unbewusst.

⊞ Der Mensch wird als Original geboren, aber er stirbt als Kopie

Die meisten Menschen sind Wesen, die in Wirklichkeit tief schlafen, obgleich sie sich scheinbar bewegen. Sie schlafen vor allem im Geist, im Bewusstsein. Der Normalmensch lebt ohne Bewusstsein; er ist sich seines Seins und seines lebendigen Wesens nicht bewusst. Der Normalmensch schaut auf die anderen und beginnt, sich genauso zu verhalten wie sie. Das machen Affen auch.

- Wenn die Masse beginnt wegzulaufen, dann läuft der Normalmensch mit.
- Wenn alle stehen bleiben, bleibt auch er stehen.
- Wenn alle fernsehen, sieht auch er fern.
- Wenn alle jammern, jammert auch er.
- Wenn alle schimpfen, schimpft auch er.
- Wenn alle verurteilen, verurteilt auch er.
- Wenn alle in Urlaub fahren, fährt auch er und gerät in den Stau.
- Wenn alle keine Fragen stellen, stellt auch er keine.

Der Mensch wird als Original geboren, aber er stirbt als Kopie. Und die meiste Zeit seines Lebens verbringt er als Kopie seines Nachbarn, auch wenn der eine andere Automarke fährt. Das Normalleben, das Leben der Masse, ist das Leben der Kopien, der Angepassten, der

Lemminge, der Jasager, der Ängstlichen, der verletzten kleinen Kinder im Körper eines Erwachsenen.
Dieses kopierte Leben ist eines Menschen nicht würdig. Aber wer sich seines wahren Wertes, seiner Göttlichkeit, seiner Heiligkeit, seiner Schönheit, seines Schatzes nicht bewusst ist, der kennt auch seine Würde nicht und geht mit sich, seinem Leben und seinem Nächsten würdelos um, ohne jede Achtung und Liebe und Verehrung.
Aber dies alles muss nicht sein. Das können wir ändern. Frage dich: *Willst du das ändern?* Oder lebst du bereits als Original ein originelles Leben? Würdest du dein Leben als sehr bunt und aufregend schön bezeichnen, als ein Abenteuer, bei dem du jeden Tag Neues entdeckst? Gehst du wie ein Kind durch das Leben: offen, neugierig, lachend, spielend, lustig, liebend, dich an allem ergötzend, vieles genießend? Bist du anwesend in deinem Leben? Oder läufst du lediglich als Körper herum?

Vom Löwen zum Schaf – und wieder zum Löwen

Wir werden als Löwe geboren, wachsen aber unter Schafen auf und vergessen, dass wir ein Löwe sind, voll unendlicher Kraft, voll unendlicher Kreativität, voll unendlicher Liebe und Lebensfreude. Diesen Vorgang des Schaf-Werdens nennt man im Psychologen-Deutsch »Konditionierung«. Wir lassen uns zu angepassten, anständigen, gehorsamen, fernsehenden, pillenschluckenden, verängstigten Lämmern erziehen, deren Lebenshöhepunkt darin besteht, ihre Rente zu erreichen. Wer damit zufrieden ist, soll diesen Weg gehen. Ich halte diese Art von Lebensweg jedoch für wesensfremd, d.h. für des Menschen unwürdig. Denn der Mensch ist eigentlich ein machtvolles, göttliches Wesen, das nur vergessen hat, dass es eins ist. Vielleicht hast du schon einmal diese tiefe Sehnsucht in deinem Herzen nach einem anderen, dem wirklichen Leben gespürt, nach einem Leben in Freiheit. Mit dieser Sehnsucht kann der Verstand nicht viel anfangen. Darum vermeidet er es so lange wie möglich, sich ihr zu stellen.

Frage dich bitte selbst: Wie frei fühlst du dich im Alltag? Wie frei bist du in deiner Beziehung? Wie frei bist du an deinem Arbeitsplatz bzw. in deinem Beruf? Empfindest du deinen Beruf als Berufung? Wie frei fühlst du dich in der Begegnung mit Mitmenschen, Kollegen, Nachbarn, Chefs usw.?

Nimm diese Unfreiheiten zunächst einmal wahr. Und spüre den Schmerz, der hiermit verbunden ist. Jeden Tag zur Arbeit zu gehen mit dem Gefühl: »Ich muss, ich kann nicht anders, ich habe keine Wahl ...« Lenke dich von diesem Schmerz nicht mit dem Unterhaltungsprogramm dieser Welt ab; es ist ein Schmerz-Betäubungs-Programm – nichts anderes. Das Schaf will im Allgemeinen nichts davon hören, dass es ein Löwe ist. Das Schaf sucht die Herde, der Löwe sucht das Alleinsein und die bewusste, mutige Entscheidung.

Wer diese Entscheidung für die Freiheit trifft, begibt sich auf einen aufregenden Weg. Er öffnet die Tür zu dem, was den Namen »Leben« verdient. Frage dich also in einer stillen Stunde: *Will ich frei sein?* Will ich in diesem Leben Freiheit schmecken? Bin ich bereit zu glauben, dass es für mich Freiheit in diesem Leben gibt, dass das lebbar ist?

Ich ermutige dich, diese grundlegende Entscheidung zu treffen, die heißen könnte: »*Ich will der Sehnsucht mei-*

_nes Herzens folgen und entscheide mich, hier, in diesem Leben, in diesem Körper, zu entdecken und zu erfahren, dass ich ein großartiges, freies Wesen bin mit der Kraft und dem Willen, mein wahres inneres Selbst zum Ausdruck zu bringen. Ich will dieses Selbst mehr und mehr entdecken, ausdrücken und leben. Und ich bitte meine innere Führung, mich auf diesem Weg zu leiten.«

Dieses wahre innere Selbst ist in jedem von uns. Es macht sich bemerkbar als die Stimme unseres Herzens, die uns jeden Tag führt. Sie vermittelt uns nicht nur in jedem Augenblick, was für uns stimmig ist, sondern sie spricht auch von unserer Sehnsucht, von tief verborgenen Herzenswünschen, die mit großer Freude verbunden sind.

Sei radikal ehrlich zu dir selbst!

Wenn du dieses Buch gekauft hast, dann bist du auf der Suche. Du willst irgendetwas in deinem Leben verändern. Bevor du mit dem Verändern anfängst und dich vielleicht darin verlierst, mache zunächst eine kleine Bestandsaufnahme. Nimm dir Zeit dafür, das anzuschauen, was ist: Wo du heute stehst. Wie es dir heute geistig, emotional und körperlich geht. Letztlich bietet dieses Buch die Möglichkeit zu einer gründlichen Bestandsaufnahme. Zeige Mut zur Ehrlichkeit zu dir selbst. Schau dir deine bisherigen Schöpfungen genau an.

Viele Menschen wollen es nicht so genau wissen, wenn es um sie selbst geht. Vielen ist es unangenehm, sich das anzuschauen, was sie bisher im Leben erschaffen haben, die Umwege, die sie gegangen sind, die harten Programme, die sie gelebt haben und die scheinbaren Sackgassen, in die sie geraten sind. Sei radikal ehrlich zu dir selbst, und es wird sich für dich auszahlen. Ehrlich zu sein, heißt nicht, sich für schuldig zu erklären, sondern nichts zu beschönigen, nichts zu verdrängen, die Wahrheit anzuschauen: den Zustand deines Körpers, deines Geistes und deiner Gefühle; den Zustand deiner Beziehungen; deine Sehnsüchte und Wünsche, deine Enttäuschungen und Hoffnungen, das Schöne und das Unschöne in dir und in deinem Leben. Es wird dich nicht umbringen.

Wenn du dir wichtig genug bist, dann beantworte die folgenden Fragen möglichst schriftlich. Nimm dir Zeit hierfür. Am besten, du legst dir ein eigenes Heft als Begleitung zu diesem Buch zu, und schreibst alles hinein, was dir während des Lesens in den Sinn kommt. Aller Erfahrung nach lesen maximal fünf Prozent der Leser auf diese wirkungsvolle Weise ein Buch. Vielleicht gehörst du ja zu dieser kleinen radikalen Minderheit.

Inventurfragen an dich und dein Leben

- Womit in meinem Leben bin ich zufrieden, was finde ich gut an meinem Leben?
- Was finde ich gut an mir selbst? Was liebe ich an mir selbst? Wofür kann ich mich loben?
- Was liebe ich in meinem Leben? Was liebe ich zu tun? Was tue ich mit Liebe?
- Womit in meinem Leben bin ich nicht im Frieden, das heißt nicht zufrieden?
  (Ereignisse, Zustände, Körper, Finanzen, Partnerschaft, Familie, Beruf, freie Zeit usw.)

- Welcher Bereich meines Lebens ruft schon lange nach Veränderung?
- Mit welchen Menschen in meinem Leben bin ich glücklich und im Frieden, mit welchen im Unfrieden? (Eltern, Partner, Expartner, Kinder, Chef, Exchefs, Lehrer, Geschwister, andere Verwandte, Exfreunde ...)
- Was bedaure ich in meinem Leben? Was würde ich heute nicht mehr tun?
- Was ist mein Grundlebensgefühl in der letzten Zeit, im letzten Jahr?
- Welche Gefühle tauchen in mir häufig auf, die mir unangenehm sind?
- Welche Warnsignale, Beschwerden, Schmerzen oder Krankheiten hat mein Körper in den letzten zehn Jahren gezeigt? (vielleicht Schlafstörungen, Kopfschmerzen, Rückenschmerzen, Herzstechen, Atembeschwerden, Hautprobleme, Ohrgeräusche, Gelenkschmerzen?)
- Welche Ängste in mir kenne ich?

Dies sind einige grundlegende Fragen. Mit ihrer Hilfe kannst du eine erste Annäherung an dich selbst und dein Leben vornehmen. Im Laufe der Lektüre des Buches wirst du dich an immer mehr erinnern, und es wird dir manches bewusst werden, was jetzt noch im Nebel verborgen liegt. Schreib so viel wie möglich von dem auf, was in deinen Gedanken auftaucht, und welche Gefühle in dir wach werden. Mach eine Bestandsaufnahme der wesentlichen Überzeugungen und Einstellungen (deiner mentalen Ebene) sowie der Gefühle (deiner emotionalen Ebene), die sich dir während des Lesens zeigen. Mache eine radikal ehrliche Inventur. Im Laufe dieses Buches werde ich dir noch viele andere Fragen anbieten. Sei mu-

tig und schau sie dir an, suche aufrichtig nach den wahren Antworten in dir. Es wird ein Segen für dich sein.
Dieses Leben ist in meinen Augen etwas weit Wertvolleres und Kostbareres, als wir bisher geahnt haben. Das Kostbare, das Wunderbare, der Schatz des Lebens erschließt sich uns jedoch nicht automatisch, da wir bisher als Einzelne und als Menschheit Schlafende sind. Viele von uns werden zu bestimmten Zeiten des Lebens gerüttelt und gestoßen, um aufzuwachen. Es mag ein Unfall sein, eine Krankheit, der Verlust eines lieben Menschen durch Tod oder Verlassenwerden, der Verlust des Arbeitsplatzes, ein Konflikt mit einem Menschen, der an die Nieren geht, oder sonst ein unangenehmes Ereignis. Solch ein Ereignis erschüttert meistens Menschen im Alter zwischen fünfunddreißig und fünfzig Jahren. Ich bitte dich: Begreife den Ruf des Lebens, der in diesem Ereignis liegt. Es ruft: *Wach auf! Lebe dein Leben! Sei du selbst!*
Unser Herz sehnt sich nach Erfüllung, nach großer und tiefer Freude, nach Bewusstheit; es sehnt sich, nach Hause zu kommen. Ich behaupte, dass jeder tief in sich die Sehnsucht hat, zu erwachen und anzukommen in einem Zustand des Ganz-da-Seins, des Ganz-wach-Seins, des mit allem und mit mir im Frieden-Seins, des Rundum-Glücklich-Seins.

⁑ Du hast es gut gemacht!

Egal, wo du herkommst, egal, wie alt du bist, egal, wie erfolgreich oder erfolglos du dich fühlst, egal, wie gesund oder krank, glücklich oder unglücklich du heute bist – du hast deine Sache gut gemacht. Das meine ich ernst. Du bist deinen Weg gegangen, so, wie du ihn gegangen bist. Gab es Alternativen hierzu? Natürlich. Aber du hast den einen Weg gewählt. Du hast dich durchgeschlagen, du hast das gemacht, was du gemacht hast. Und du hast überlebt. Du bist einen einzigartigen Weg gegangen und auf diesem Weg hast du wertvolle Erfahrungen gesammelt, auch wenn du sie vielleicht noch nicht zu schätzen weißt. Du hast es gut gemacht! Lob dich selbst dafür, dass du das daraus gemacht hast, was dir bisher möglich war. Aber du bist auf der Suche. In dir glaubt jemand daran, dass da noch mehr drin ist. In dir ist vielleicht eine noch unbestimmte Sehnsucht nach mehr, nach etwas anderem! Und du folgst dieser Sehnsucht. Auch das ist gut! Du machst es gut. Bring den Mut auf, dir selbst laut zu sagen: »*Ich habe es gut gemacht! Ich will mich loben für meinen Weg!*« Und spüre, wie schwer dir dieser Satz vielleicht noch über die Lippen kommt.

Und wenn du deinen Weg als schlecht bezeichnen willst, dann kannst du das tun. Aber dann mach es bewusst und mach dir bewusst, was du damit tust. Du verurteilst dich selbst. Du machst dein Leben schlecht, weil du schlecht darüber denkst, nicht weil es schlecht ist. Gott verurteilt dich für nichts in deinem Leben, aber du meinst, du müsstest dies tun? Wenn du es weiterhin tun willst, dann tue es wenigstens bewusst und sage dir: »Ich will mich weiterhin für alles Mögliche in meinem Leben verurteilen.«

Niemand hat uns am Beginn unseres Lebens erzählt, wie das Leben verläuft und nach welchen Spielregeln. Niemand hat uns beigebracht, wie man glücklich lebt, wie man mit Ängsten umgeht, wie man inneren Frieden herstellt. Weder unsere Eltern noch unsere Lehrer haben dies getan. Verzeih ihnen, sie konnten es nicht anders. Sie gaben dir mit, was sie selbst von ihren Eltern und Lehrern gehört hatten. Hab Mitgefühl mit ihnen, denn sie haben ihr Bestes getan. Genau wie du bisher in deinem Leben. Danke ihnen dafür! Und wenn du das noch nicht kannst, dann verurteile sie noch eine Weile, aber tue es bewusst. Sag der ganzen Welt: »Ich verurteile meine Eltern, weil sie so viele Fehler gemacht haben, weil sie nicht so gut waren, wie ich sie mir gewünscht hätte. Sie sind schuld an Vielem in meinem Leben.« Tue es bewusst. Irgendwann entscheidest du dich vielleicht für eine neue Sichtweise, irgendwann entscheidest du dich vielleicht zu vergeben: deinen Eltern, deinen Lehrern ... und dir selbst.

⊞ Das wirkliche Leben beginnt mit etwa fünfzig Jahren

Wenn wir mehr über uns und das Leben wissen möchten, dann sollten wir einmal den Lebensweg der meisten Menschen aus der Distanz betrachten. Hierdurch können wir unser eigenes Leben, besonders die jetzige Situation, besser verstehen. Auf den ersten Blick scheinen sich die individuellen Lebensläufe sehr zu unterscheiden. Bei näherem Hinschauen ergeben sich jedoch viele Ähnlichkeiten.

Die ersten zehn bis fünfzehn Jahre verbringen fast alle Menschen in einer Art Gefängnis. Die Familie (oder das Heim, in dem manche aufwachsen) ist in der Wahrnehmung des Kindes kein Ort der Geborgenheit und der Freiheit, sondern nichts weniger als ein Knast, unabhängig vom Wohlstand, Beruf oder von der Bildung der Eltern. Jedes Kind wird in ein System vollständiger Abhängigkeit, d.h. Unfreiheit, hineingeboren. Es ist nicht nur physisch komplett von seiner Umgebung abhängig, sondern vor allem auch psychisch und mental. Es lernt bereits in den ersten Jahren, was Mutter und Vater glauben und meinen, was sie über die Menschen und die Welt denken. So zügig wie die Aufnahme der Muttermilch lernt es die Gedankenwelt seiner Eltern kennen, vor allem ihre Grundgedanken, Überzeugungen und Glaubenssätze, und damit auch die Grundmuster ihres Verhaltens. Ein Kind hat keine andere Wahl, als diese zu übernehmen.

Am Ende der ersten Phase seines Lebens ist der junge Erwachsene randvoll gefüllt mit Gedanken über die Welt, über sich selbst und über andere, die alle nicht von ihm selbst stammen. Mit diesen Gedanken und den damit verbundenen Gefühlen stürzt er sich ins Leben. Was macht der normale Mensch in seinen Zwanzigern und Dreißigern? Er ist fleißig, er will etwas schaffen. Vor allem will er im äußeren Leben, im Bereich des Materiellen, etwas auf die Beine stellen: einen Beruf erlernen und erfolgreich sein, eine Wohnung oder ein Haus erwerben und schön einrichten; das Auto soll stimmen, und mit einem Partner – ob mit oder ohne Trauschein – unter einem gemeinsamen Dach zu leben, wäre auch nicht schlecht.

Wir investieren fast all unsere Energie in dieses Ziel, etwas haben und erreichen zu wollen, und sind oft getrieben von dem Gedanken: »Ich muss es schaffen!« Das heißt, wir sind die fleißigen Kinder, die unsere Eltern sehen wollten, wir strengen uns an, klotzen ran und wollen es schaffen, wie alle anderen auch.

Nachdem wir das eine oder andere geschafft haben (eine berufliche Position erreicht, Lebensversicherungen oder ein paar Aktien erworben, das Häuschen halb abbezahlt) und vielleicht auch ein, zwei Kinder unser Eigen nennen, passiert den meisten Menschen etwas Einschneidendes. Durch unterschiedliche Anlässe ausgelöst, schlittern oder stürzen sie im Alter zwischen fünfunddreißig und fünfzig in eine Lebenskrise. Vater oder Mutter sterben, jemand wird von seinem Partner verlassen, mancher erhält von seiner Firma die Kündigung; andere brechen körperlich zusammen vor Erschöpfung oder aufgrund einer Krankheit wie Krebs oder Herzinfarkt, sie erleiden Hörstürze, Bandscheibenvorfälle, Migräneanfälle oder schwere Unfälle im Straßenverkehr. Dazu gesellen sich Enttäuschungen in Ehe und Partnerschaft, die Beziehung wird zur Routineangelegenheit ohne große Gefühle. Lieblosigkeit, Gewohnheit und subtile Aggressionen bestimmen das Klima nach mehr als zehnjährigem Zusammensein. Sowohl das äußere Leben vieler Menschen als auch ihr inneres, ihre Gefühls- und Gedankenwelt, gleichen oft einem Chaos.

Diese Krisenzeit kann ein Weckruf sein. Wenn du dich gerade in einer solchen Krise befindest, dann denkst du vielleicht, du hättest etwas falsch gemacht. Nein, du hast nur das ganz normale Leben eines Westeuropäers im 21. Jahrhundert gelebt. Jetzt, mit vierzig oder fünfzig Jahren oder noch älter, bietet dir das Leben die einzigartige Möglichkeit, dein wirkliches, dein eigenes Leben zu beginnen.

Für viele Menschen ist diese Lebensphase eine Zeit der Wende und des Umbruchs. Nachdem uns die äußeren Krisensymptome aus der normalen Bahn geworfen haben, sind wir zum ersten Mal im Leben gezwungen, uns mit uns selbst und den wesentlichen Fragen zu beschäftigen. Besonders Krankheiten und Unfälle zwingen uns aus der senkrechten Position, in der der dominierende, denkende Kopf oben ist und das Regiment führt, in die waagerechte. In dieser Lage kann der Mensch nicht mehr so leicht vor sich selbst weglaufen, er kann wieder zu Sinnen und zur Besinnung kommen. Ans Bett gefesselt ist er zum ersten Mal längere Zeit allein mit sich und kann zu sich selbst finden. Nicht alle nutzen diese Gelegenheit, und sie glauben, die Krankheit, der Unfall sei nur ein kleiner Ausrutscher. In diesen Fällen muss es meist noch heftiger kommen.

Diese Jahre, die mit Schwäche, Chaos, Ängsten, Depressionen, Süchten, Krankheit und oft mit Geldmangel einhergehen, sind eine zutiefst segensreiche Zeit, denn sie können die Neugeburt des Menschen einleiten. Es ist die eigentliche Geburt des Menschen als selbstbewusstes, selbstbestimmtes, aufgewachtes, liebendes und dankbares Wesen. Dies ist die eigentliche Geburt, zu der unsere Seele hinstrebt.

Unsere ersten vierzig oder fünfzig Jahre waren eine Art Vorspiel, ein Leben in großer Unbewusstheit. Dennoch waren sie sehr wertvoll und wollen gewürdigt und anerkannt werden. Denn jede Bewusstheit kann nur aus Unbewusstheit heraus entstehen; erst wenn es vorher dunkel war, kann ich das Licht als solches erkennen und schätzen; nur wer vorher Angst und Hilflosigkeit erfahren hat, weiß, was es heißt, dem Leben und den eigenen, innewohnenden Kräften zu vertrauen.

»Fünfzig Jahre Vorspiel?«, magst du vielleicht fragen. »Ist das nicht verrückt?« Ja, gemessen an dem, was wir »normales« Denken nennen, klingt das verrückt. »Und das, um dann noch vielleicht zehn, zwanzig oder dreißig Jahre zu leben?« Ja, sage ich. Vielleicht werden nachkommende Generationen ihr Leben anders leben und früher aufwachen. Aber das Entscheidende ist aus meiner Sicht nicht die Anzahl der Jahre, in denen wir hier ein erfülltes, glückliches Leben führen, sondern dass wir den Weg finden hin zu einem Leben in Bewusstheit, Selbstbestimmung, Freude und Frieden mit uns selbst und der Welt. Selbst wenn du am Ende deines Lebens nur ein einziges Jahr in diesem Zustand gelebt hast, wird sich dein Leben aus dieser Sicht gelohnt haben.

»Jetzt reicht's!« – oder immer noch nicht?

Wenn sich Menschen begegnen, dann fragen sie oft »Wie geht's?«. Und die Antwort lautet meist »Danke, gut!« oder auch »Geht schon!«. Im Allgäu, wo ich viele Vorträge gehalten habe, klingt das mit »Gooht scho!« noch etwas bunter: »Wie gooht's?« – »Gooht scho!« Bei den meisten Menschen geht's immer noch, selbst wenn sie Krebs haben, kommt ihnen das »Gooht scho!« noch über die Lippen. Sie finden sich ab mit seelischem und körperlichem Leid, mit einem Leben des Über-die-Runden-Kommens. Dies hat nichts mit Bescheidenheit zu tun, eher mit einer unendlichen Bequemlichkeit und mit der Angst vor Veränderungen. Diese Haltung wurde seit vielen Generationen von den Kanzeln der Kirchen gepredigt unter dem Leitgedanken, dass es darauf ankomme, dieses Leben zu ertragen und auszuhalten. Diese Haltung sitzt selbst vielen jungen Menschen heute noch in den Knochen. Sie haben keinen höheren Anspruch an das Leben, als über die Runden zu kommen. Der materielle Wohlstand soll darüber hinwegtrösten, dass wir uns innerlich leer fühlen, dass wir einsam und frustriert sind.

In den letzten Jahren hatte ich die Freude, viele Menschen kennenzulernen, die den Mut gefasst hatten, eine radikale Wende in ihrem Leben einzuleiten. Sie hatten nach Jahrzehnten im alten Trott des Normalseins – fleißig, brav und immer für andere da – nicht nur genug, sondern im wahrsten Sinn »die Schnauze voll«. Der Körper zeigte schon seit Langem Symptome des Leidens, wie Rückenschmerzen, Kopfschmerzen, Verspannungen, häufige Erkältungen, Stirn- und Nebenhöhlenverstopfungen, Gelenkschmerzen, Ohrgeräusche, Hautallergien usw.

Der entscheidende Satz, der die Wende im Leben dieser Menschen einleitete, hieß: »Jetzt reicht's!« Von da an geschah tatsächlich etwas Neues in ihrem Leben. Niemand spricht dieses »Jetzt reicht's!« für uns aus, nicht einmal der liebe Gott. Das muss irgendwann aus uns selbst heraus in die Welt. Für viele dauert es Jahrzehnte, bis ihnen dieses »Jetzt reicht's!« über die Lippen kommt. Es ist eine Entscheidung, die einen Schnitt im jetzigen Leben macht. Und dieser Schnitt ist wahrlich nötig, wenn wir sehen, wie sich viele durch ihr Leben quälen.
Erst wenn wir diese Worte mit Kraft ausrufen können, passiert Neues in unserem Leben, werden neue Entwicklungen möglich und eingeleitet. Ich habe den Eindruck, dass das ganze Universum beginnt, uns zu unterstützen, wenn wir zu diesem Entschluss gelangen. »Jetzt reicht's!« heißt: »Ich will nicht mehr. Ich habe schon viel zu lange durchgehalten. Veränderung ist angesagt und damit Entscheidungen. Ich will meine Not wenden, und darum ist jetzt Neues notwendig. Auf geht's!«
Da du dieses Buch liest, ist die Wahrscheinlichkeit hoch, dass es auch dir langsam reicht. Oder hast du dieses »Jetzt reicht's!« schon vor Längerem ausgesprochen oder gedacht? Dann schau, was sich seitdem bewegt hat in

deinem Leben und welche neuen Entscheidungen du getroffen hast. Am Ende dieses Buches lade ich dich ein, einige grundlegende Entscheidungen für dein Leben in Angriff zu nehmen. Ohne solche Entscheidungen passiert nicht viel Neues in unserem Leben, denn die Kräfte des Alten, des Gewohnten machen uns schwer und träge. Unsere Umwelt, die Mehrzahl unserer Mitmenschen und oft auch die Mitglieder unserer Familie haben kein großes Interesse daran, dass wir uns zu neuen Ufern aufmachen. Es macht ihnen Angst.

2

Die alten Schuhe

▦ Was sind unsere alten Schuhe?

Die »alten Schuhe«, in denen wir gehen, sind die alten Muster und Gewohnheiten des Denkens, Fühlens und Verhaltens, die vor langer Zeit entstanden sind. Von Generation zu Generation wurden sie weitergegeben und sind heute das, was die meisten Menschen als normal bezeichnen, sie sind die Maßgaben, nach denen sich die Mehrheit verhält. Der »Normalmensch« besitzt heute einen Schrank voller alter Schuhe, von denen er jeden Morgen, wenn er aufwacht und seinen Tag beginnt, welche anzieht. Er merkt schon gar nicht mehr, dass seine Füße schmerzen und mit ihnen seine Seele – man kann sich an so vieles gewöhnen. Und wir haben uns an die verrücktesten Sachen gewöhnt. Würde uns jemand von einem anderen Stern besuchen und uns unbefangen beobachten, er käme aus dem Staunen nicht mehr heraus. Auf der Suche nach einer Erklärung für diese merkwürdige Menschheit, hieße seine Schlussfolgerung vielleicht: »Diese Spezies Mensch steckt noch in den Windeln.«

Schon in den ersten Monaten unseres Lebens fangen wir an zu beobachten, was und wie die Großen etwas tun, was sie sagen und denken. Das meiste lernen wir von unserer Mutter, denn mit ihr sind wir oft zehnmal mehr zusammen, als mit unserem Vater. Schon im Mutterleib entgeht uns nichts von dem, was diese Frau denkt, spricht und fühlt, denn enger ist keine Verbindung zwischen zwei Menschen als die eines Embryos mit seiner Mutter. Und der Embryo ist von Beginn an ein entwickeltes geistiges Wesen. Er nimmt jede Schwingung der Mutter, jede Angst, jede Trauer, jede Depression, jede Freude und jedes Lachen auf das Genaueste wahr, und lässt sich beeindrucken und berühren davon. Er wird zum intimsten Kenner seiner Mutter, noch bevor er geboren ist.

In den Jahren der frühen Kindheit beobachten wir täglich die Mutter oder die anderen Erwachsenen unserer Umgebung und erfahren dadurch genau, was sie über das Leben, über sich selbst und über die Mitmenschen denken, und wie sie sich verhalten. Wir haben zu diesem Zeitpunkt aber keine Möglichkeit, ihre Sicht- und Verhaltensweisen zu hinterfragen: Ist es sinnvoll, so zu denken und sich so zu verhalten? Bringt es Freude in mein Leben, wenn ich so denke? Weil die Mutter (und zuweilen auch der oft abwesende Vater) das einzige Modell in meiner Umgebung ist, und ich vollkommen von ihrer Zuwendung abhängig bin, nehme ich ihr Verhalten, Fühlen, Sprechen und Denken als Vorbild für mein eigenes. Was Mutter oder Vater sagen, gleicht göttlichen Botschaften. Für ein Kleinkind haben Mutter oder Vater den Rang von Göttern, denn sie besitzen die Macht über Wohl und Weh des Kindes, über das Maß an Aufmerksamkeit (d. h. an Nahrung), die sie ihm gewähren, und ein Kind erspürt dieses hierarchische Geflecht sehr genau. Es kämpft auf seine eigene Weise darum, ein Maximum ihrer Energie zu erhalten. Ein Mensch entwickelt in seiner Kindheit eine ihm ganz eigene Überlebensstrategie, die meist noch im Erwachsenenalter wirksam ist.

Das Kind beginnt, in die alten Schuhe von Mutter und Vater zu schlüpfen und mit ihnen zu laufen. Wenn wir aber genau hinschauen, werden wir feststellen, dass diese alten Vater- und Mutter-Schuhe in Wirklichkeit noch viel älter sind; sie wurden von unseren Ahnen gefertigt und als Erbstücke immer weitergereicht. Wenn wir sehen könnten, wie alt und überholt das Material ist, aus welchen Zeiten das stammt, wonach wir unser heutiges Leben ausrichten, es würde uns gruseln.

Auf den nächsten Seiten öffne ich einen Schrank voller alter Schuhe, und ich bitte dich, dir jeden dieser Schuhe anzuschauen und ihn dir noch einmal für kurze Zeit anzuziehen. Warum? Damit du die Druckstellen noch einmal spürst, die Spannung, den Schmerz und das Leid, das du dir mithilfe dieser alten Schuhe über Jahrzehnte hinweg selbst zugefügt hast. Wenn wir uns dessen bewusst werden, wie wir Enge, Druck, Spannung, Schwere in uns und in unserem Leben erschaffen haben, dann können alte Wunden heilen und alte Muster und Programme des Denkens und Fühlens überwunden werden. Erst dann entsteht ein neuer Raum für neue Entscheidungen, für eine neue Richtung in unserem Leben. Finde in den nächsten Kapiteln heraus, welcher Schuh auch in deinem Schrank steht, wo er drückt und Schmerzen verursacht.

⊞ Alter Schuh: Keine Zeit haben

Hast du viel Zeit? Hast du den Eindruck, genug Zeit zu haben? Oder hast du oft das Gefühl, dich beeilen zu müssen, das Gefühl, dass dir die Zeit davonläuft? Alle Welt will uns weismachen, wir hätten nicht genug Zeit. Wir sollten uns gefälligst beeilen bei allem, was wir tun. Wir finden es toll, wenn alles schneller wird. Wir essen schnell, wir fahren schnell, wir haben schnell Sex, wir gehen schnell, wir atmen schnell. Die schnellsten Sportarten sind uns die liebsten, ob Formel 1 oder 100-m-Lauf oder Marathon. Welchen Sinn hat das? Kaum einer hat noch Zeit im Sinne von Muße. Kennst du das Wort überhaupt noch? *Muße* ... Wir wollen immer mehr in immer weniger Zeit schaffen. Wir hetzen durch unser Leben. Und landen abends todmüde im Bett, kaum noch fähig, über den Tag nachzudenken.

Einer der häufigsten Gedanken bei uns im Westen – das bekannteste westliche Mantra – heißt: »Ich habe keine Zeit!« Wir sprechen diesen Gedanken gedankenlos aus, ohne dass uns bewusst ist, was wir damit in unserem Leben anrichten. Denn der Gedanke: »*Ich habe keine Zeit!*« erschafft und verstärkt mein Gefühl, keine Zeit zu haben, mich noch mehr hetzen zu müssen. Er sorgt dafür, dass wir außer Atem geraten. Dieser Gedanke ist – wie jeder Gedanke – schöpferisch und wirkt wie ein Befehl. Du erschaffst dir hierdurch ein Gefühl der Zeitknappheit, des Mangels.
Es ist eines der vielen verrückten Spiele, das wir in unserem Leben spielen, solange wie wir es spielen wollen. Mach dir auch hier bewusst, dass du wählen kannst. Wenn alle Welt dir einredet, dass du keine Zeit hast, dann glaubst du wirklich mit der Zeit daran. Aber dies kommt daher, weil du nicht darüber nachdenkst und fast alles mitmachst, was die anderen machen. Du bist ein Mitläufer. Du läufst mit in der Masse der Gehetzten. Noch tust du es. Weißt du eigentlich, warum du so schnell läufst? Wozu ist Geschwindigkeit gut, solange du nicht weißt, wohin du läufst? Was ist das Ziel deines schnellen Lebens? Warum hast du es denn so eilig, so schnell zu deinem Ende zu kommen, zu deinem Tod? Denn genau dorthin rennst du.
Aber wir wissen nicht, wohin wir laufen. Hauptsache, wir laufen. Die Schnelligkeit, das Hasten, die Atemlosigkeit haben sich verselbstständigt. Wir kommen nicht mehr zur Ruhe. Spür einfach einmal, wie schnell oder

langsam du dieses Buch gerade liest. Kennst du den Gedanken: »Hoffentlich habe ich das Buch bald durch!«, weil noch so viele andere Bücher warten?
Mach dir klar, dass du dich irgendwann entschieden hast mitzulaufen, und dich dadurch in die Rastlosigkeit, in die Unruhe hineinmanövriert hast. *Du selbst warst es, darum kannst du es selbst auch wieder ändern.* Auch wenn Millionen rasen, brauchst du nicht mitzurasen. Gib deinem Leben dein eigenes Tempo oder deine eigene Langsamkeit. Werde langsamer! Entscheide dich für Langsamkeit! Entscheide neu! Wie das geht? Am Anfang steht wie immer ein neuer Gedanke. Dieser Gedanke heißt: *»Ich habe Zeit! Es gibt genug Zeit für mich! Ich kann nichts wirklich Wichtiges versäumen. Ich habe alle Zeit der Welt!«* Auch wenn dein Kopf diesem merkwürdigen neuen Gedanken noch misstraut, sprich ihn mit geschlossenen Augen laut aus, registriere all deine inneren Reaktionen: Gefühle, Körperempfindungen und Gedanken. Lass all das da sein, es ist sehr interessant zu beobachten.

Wenn du aus diesem alten Schuh, aus diesem Massenspiel »Keine Zeit!« aussteigen willst, dann triff eine neue Entscheidung! Mach dir bewusst, dass du hier eine wirkliche Grundsatzentscheidung für dein Leben treffen willst, dass du deinen eigenen Weg gehen willst, dass du dir in Liebe wieder Zeit schenken willst. Es ist genug Zeit für dich da. Es ist von allem genug da! Und wenn du so weit bist, dann sage dir selbst in einem feierlichen Moment, vielleicht im Rahmen eines kleinen Rituals: *»Heute entscheide ich neu. Heute entscheide ich mich, neu zu denken über die Zeit, die ich habe. Es ist genug Zeit da. Ich nehme mir ab heute Zeit für das Wichtigste, für mich selbst. Ich will mich von heute an nicht mehr*

abhetzen. Ich will jeden Augenblick dieses Lebens genießen, ihn bewusst leben. Ich entscheide mich für Langsamkeit, für Bewusstheit. Ich sage ab heute Nein zu dem alten Spiel von Hast und Rastlosigkeit. Und wenn ich wieder in Stress gerate, dann will ich mich sofort an diese meine Entscheidung erinnern.«
Werde immer aufmerksamer für die Momente, in denen du wieder außer Atem gerätst, in denen du in Stress kommst und dich beeilst. Jedes Mal, wenn dir das passiert, halte an – wenn du mit dem Auto fährst, suche die nächste Parkmöglichkeit –, schließe die Augen und beginne tief und sanft zu atmen und werde dir deines Zustandes bewusst. Spüre, wie du aus deiner Mitte gefallen bist, wie du nicht bei dir selbst bist. Und nimm wahr, wie dein Atmen dich wieder in deine Mitte bringt. Atme so lange, bis Ruhe in dir einkehrt, und du wieder einen klaren Gedanken fassen kannst, ohne innere Unruhe zu spüren. Jetzt kannst du dich neu entscheiden. Triff eine neue Entscheidung, die dich sofort von der Hetze befreit. Vielleicht entscheidest du dich, zu einem Termin bewusst zu spät zu kommen. Vielleicht entscheidest du dich, einen Termin abzusagen. Vielleicht entscheidest du dich, jemanden anzurufen und zu informieren, um dir damit Zeit zu verschaffen. Vielleicht entscheidest du dich, bestimmte Dinge aus deinem umfangreichen Programm zu streichen, weniger ist oft mehr. Entscheide neu! Lass nie mehr den Gedanken zu: »Ich habe keine Wahl. Ich muss.« Denn das ist nicht die Wahrheit. Es gibt immer mehrere Wahlmöglichkeiten, nur wollen wir sie meist nicht sehen und sehen sie daher auch nicht. Wähle neu! Wähle Zeit zu haben. Wähle eine neue Gangart durch das Leben.

Vielleicht magst du dich inspirieren lassen von dem wunderschönen Roman *Die Entdeckung der Langsamkeit* von Sten Nadolny. Habe den Mut zur Langsamkeit, zur Bewusstheit und du wirst ein Wunder erleben. Du wirst erleben, dass du schneller wirst, dass du mehr erlebst, dass du bewusster wirst.

Das Gefühl von Mangel an Zeit beruht, wie alle Mangelgefühle, auf Angst. Du hast Angst, du könntest etwas versäumen. Dies versucht dir dein Kopf einzureden, aber das Gegenteil ist wahr. Du kannst nichts versäumen. Und wenn du langsamer wirst und bewusster, wenn du viele Pausen einlegst und tief durchatmest, wird das Gegenteil eintreten: Dein Leben wird voller, erfüllter und länger.

Wer an eine feste Zeit glaubt, wer glaubt, Zeit sei eine unverrückbare Maßeinheit, der irrt sich gewaltig. Für den einen sind 24 Stunden wie 8 Stunden, für den anderen wie 48, für einen Dritten wie 72 Stunden. Warum? Weil Zeit davon abhängt, wie ich in ihr lebe. In meinen Urlaubsseminaren auf Lesbos empfinden die meisten Teilnehmer eine Woche wie drei oder vier Wochen. Warum? Weil sie bewusster in dieser Zeit sind. Weil sie die einfachen Dinge, beispielsweise das Gehen, das Schauen, die Begegnungen oder das Zuhören, weit bewusster tun als in ihrem Alltag. Mein erlebtes Zeitgefühl hängt nicht vom Uhrzeiger ab, sondern davon, wie bewusst, wie achtsam, wie wach ich bei dem bin, was ich gerade tue. Und das, was im Urlaub möglich ist, ist auch im Alltag möglich. Es ist eine Frage deiner Entscheidung, es auszuprobieren und einzuüben.

Ich muss oft schmunzeln, wenn ich von den umfangreichen und teuren Versuchen der Wissenschaft, besonders der Medizin, höre, das menschliche Leben zu verlängern. Ich empfinde das als einen schlechten Witz. Jeder Mensch kann sein Leben nach Belieben verlängern und mehr als genug Zeit gewinnen. Wie? Indem ich beginne, alle Dinge, besonders die einfachen, bewusster zu tun und wirklich bei dem zu sein, was ich tue. Auf diese Weise macht man aus einem siebzigjährigen Leben locker zweihundert Lebensjahre. Zeit existiert objektiv nicht, sie ist extrem flexibel.

Wenn du dich beeilst, wenn du in Stress gerätst, bist du nicht bei dir selbst. Du hast dich verloren. Kehre zurück zu dir, werde langsam, werde dir deiner bewusst. Und du erhältst alle Zeit der Welt. Wer nicht bei sich selbst ist, verpasst die Zeit, vertut sie nutzlos. Wer in Achtsamkeit und bewusst atmend bei sich selbst ist, der hat immer genug Zeit. Unsere Zeit in diesem Körper ist viel zu kostbar, als sie auf unbewusste Weise zu leben.

⊞ Alter Schuh: Anstrengung und Schwere leben

Die meisten Menschen im Westen empfinden das Leben als anstrengend. Sie haben das Gefühl, dass sie es eher schwer als leicht haben. Begegnen wir einem Bekannten und fragen ihn: »Wie geht's dir?«, dann wundern wir uns keineswegs, wenn er uns erzählt, wie schwer er es hat. Aber angenommen, er würde uns antworten: »Wie es mir geht? Mir geht es wunderbar. Ich finde das Leben so herrlich leicht«, dann wären wir in der Regel doch überrascht. Das Leben soll herrlich leicht sein? In welcher Welt lebt dieser Mensch? Vielleicht ist er frisch verliebt?

Es ist diese Grundschwere, mit der so viele Menschen durch ihr Leben gehen. Es sind uralte Schuhe, regelrechte Bleischuhe, die wir uns einmal angezogen haben, und mit denen wir uns durch das Leben schleppen. Wir tun es nicht leichtfüßig, sondern mit großer Anstrengung. Diese

Schwere ist für viele regelrecht spürbar im körperlichen Befinden, und nicht nur von den etwas Schwergewichtigeren unter uns. Schwere zeigt sich vor allem im Bereich der Schultern. Wenn man die Augen schließt, atmet und nach innen spürt, fühlt es sich für viele an, als würden Tonnen von Last auf ihren Schultern liegen. Die einen fühlen schwere Gewichte auf der Brust und visualisieren diese spontan als Steine, ja oft als Felsbrocken. Anderen steckt die Schwere in den Gliedern, in Armen und Beinen oder gar im Kopf. Diese Schwere im und auf dem Körper ist keine Einbildung. Es sind unsichtbare Lasten, die wir selbst mit der Zeit erschaffen und in uns angehäuft haben. Der Körper trägt schwer an ihnen, und die Folgen zeigen sich schon oft in relativ jungen Jahren. Die unzähligen Bandscheibenvorfälle sind hierauf zurückzuführen. Kaum einer von uns schleppt noch, wie es früher üblich war, Kohlensäcke oder andere Lasten im Alltag. Dennoch kapitulieren unsere Bandscheiben vor den offensichtlich immer größer werdenden Gewichten, die unsichtbar auf ihnen lasten.

Leichtigkeit ist im Leben des Normalmenschen eine Ausnahme, Schwere ist der Regelfall. Woher kommt diese Schwere? Manch einer könnte sagen: »Wenn ich mir die letzten zwanzig, dreißig Jahre anschaue, dann muss ich feststellen, sie waren einfach schwer. Ich musste mich sehr anstrengen.« Etwas im Menschen denkt: »Das Leben ist halt schwer, fertig.« Leben und Schwere werden so eng miteinander verbunden, dass dem Menschen die Idee eines Lebens in Leichtigkeit völlig unrealistisch und utopisch erscheint.

Frage dich selbst einmal: Kannst du dir vorstellen, dass dein Leben leicht sein könnte, dass es dir leicht von der Hand ginge, dass du ohne das Gefühl von Schwere und

Anstrengung deine Ziele erreichen könntest? Das Anstrengende in unserem Leben, wird in unserem Kopf geboren. Unser Kopf ist so sehr auf Schwere, Anstrengung, Mühsal, Ranklotzen, Fleiß, Kämpfen, Durchboxen programmiert, dass unser Alltag schwer sein muss. Nach deinem Glauben, nach deiner Vorstellung, geschehe dir. Und auch für unsere Eltern galt es als selbstverständlich, dass man sich in diesem Leben anstrengen muss, um »es« zu schaffen, um »es« zu etwas zu bringen. Darum hieß und heißt auch heute noch eine der häufigsten Ermahnungen an Kinder und Jugendliche: »*Streng dich an! Sei fleißig, damit du es zu etwas bringst!*« Wer glaubt, sich anstrengen zu müssen, der produziert natürlich Schwere im Leben, der »tut sich schwer«, wie wir sagen, denn ein Anstrengen in Leichtigkeit macht keinen Sinn.

Die meisten von uns sind bis heute die braven, angepassten, nach Aufmerksamkeit und Liebe hungernden Kinder geblieben, die alle Ermahnungen tief verinnerlicht haben. Wir strengen uns jeden Tag an. Die wenigsten Menschen empfinden das Leben an ihrem Arbeitsplatz als freudvoll und leicht. Nur wenige freuen sich am Morgen auf ihre Arbeit wie auf ein interessantes und schönes Spiel. Die wenigsten Mütter und Väter empfinden ihr Familienleben als angenehm und spielend leicht. Sorgen, Probleme, Anstrengungen und Mühsal dominieren häufig ihre Grundstimmung. Wir haben folgende Gedanken als Grundüberzeugungen akzeptiert und verinnerlicht: »Das Leben ist schwer. Im Leben hat man es nicht leicht. Wer sich nicht anstrengt, der bringt es zu nichts, der schafft es nicht. Je mehr Anstrengung, desto mehr Erfolg. Vor dem Erfolg steht der Schweiß.« Früher hieß es einmal: »Früh krümmt sich, was ein Haken werden will.« Diese Gedanken unserer Eltern und Großeltern, diese allseits akzeptierten Gedanken der Allgemeinheit, dieses Massenbewusstsein, haben wir nie infrage gestellt, sondern tief verinnerlicht. Sie sind uns in Fleisch und Blut übergegangen. Wir leben sie. Und weil wir weiterhin an sie glauben – ohne dass sie uns besonders bewusst sind –, muss unser Leben anstrengend und schwer verlaufen, muss auch unser Körper sich schwer, beladen und druckvoll anfühlen.

Keiner hat uns gesagt, dass das Leben nicht so sein muss, dass wir es mit einer völlig anderen Überzeugung, mit einer neuen Einstellung und mit einem anderen Lebensgefühl leben könnten, dass es spielerisch leicht sein könnte. Bist du bereit, dich für diese Möglichkeit zu öffnen? Bist du bereit, dich für die Leichtigkeit in deinem Leben zu öffnen? Du kannst selbst dafür sorgen. Dieses Buch ist darauf angelegt, dass du mit ihm dein Leben leichter und leichter gestalten kannst.
Ich behaupte, dieses Leben ist von der Natur, von seinem Schöpfer als ein leichtes vorgesehen. Schwere hat nichts mit der Natur zu tun. Hast du in der Natur schon einmal etwas entdeckt, was es schwer hat, was sich unter Mühsal anstrengt? Hast du schon einmal einen Fluss gesehen, der es sich schwer macht und sagt, heute muss ich mich anstrengen? Kannst du dir einen Baum vorstellen, der morgens aufwacht und denkt: »Puh, heute muss ich schon wieder zwei Millimeter wachsen, das wird ein harter Tag.«? Hast du schon einmal einen Vogel gesehen, der es sich schwer macht, oder irgendein Tier, irgendeine Pflanze, irgendetwas in der Natur? Die Natur geht immer den Weg des geringsten Widerstandes, so wie jeder Fluss sich sein Bett sucht, er macht es sich nicht schwer. Nur wir Menschen scheinen von der Schwere begeistert zu sein.
Die ganze Schwere des Lebens beruht auf dem gemeinschaftlichen Glauben an die Schwere. Auf unbewusste

Weise beten Millionen Menschen jeden Morgen: »*Oh Herr, gib uns unsere tägliche Schwere.*« Und sie bekommen sie. Natürlich war Schwere der tägliche Gast bei unzähligen Generationen vor uns. Die Geschichte der Menschheit ist voll von Entbehrung, Hunger, Vertreibung, Unterdrückung und Krieg. Seit ein paar Tausend Jahren ist das Leben der Menschen vom Kampf ums Überleben geprägt. Dies ist in unserem Wesen fest verankert. Heute, im Westen und Norden der Erde, wo es nicht mehr um das Überleben geht, wird die Schwere aus dem alten Denken und Bewusstsein immer wieder neu erschaffen und durch das tägliche Leben auch immer wieder erzeugt. Und es braucht Mut und Entschiedenheit, sich von diesem kollektiven Schwere-Wahn zu befreien.

Wie findest du den Weg in die Leichtigkeit? Am Anfang muss Raum entstehen für eine neue Vorstellung vom Leben; eine Vision, dass dein Leben sich radikal in Richtung Leichtigkeit ändern kann. Denn nur das, was ich mir vorstellen kann, kann ich auch erschaffen. Darum steht als Erstes eine Entscheidung an, wenn du wirklich ein spielerisch leichtes Leben leben willst. Triff die folgende Entscheidung nicht halbherzig, sondern mit ganzem Herzen. Sage zu dir und zum Universum: »Ich entscheide mich für ein Leben in Leichtigkeit. Ich rufe die Leichtigkeit (oder den Engel der Leichtigkeit) in mein Leben. Ich öffne mich dem Gedanken, dass mein Leben morgen vollkommen anders, nämlich leicht, spielerisch, fröhlich aussehen kann.«
Können auch wir Menschen den Weg des geringsten Widerstandes wählen? Protestiert etwas in deinem Denken dagegen? Den Weg des geringsten Widerstandes gehen wir, indem wir unser Nein aufgeben, das wir dem Leben

auf unserem Weg ständig entgegensetzen. Wie fühlt sich der Gedanke an: »Ich entscheide mich, in Zukunft den Weg des geringsten Widerstands zu gehen.«? Wie du von »Schwere« auf »Leichtigkeit« in deinem Leben umstellen kannst, erfährst du in den nachfolgenden Kapiteln.

⁛ Alter Schuh: Opfer spielen

Viele Menschen fühlen sich als Opfer von irgendjemandem oder irgendetwas; ganz besonders viele empfinden sich als Opfer ihrer Eltern. Weil ihre Eltern viele Fehler gemacht haben – davon sind sie überzeugt –, hätten sie Nachteile in Kauf nehmen müssen. Wären ihre Eltern anders oder besser gewesen oder hätten sie andere Eltern gehabt, dann ginge es ihnen heute besser, denkt »es« in ihnen. Wieder andere fühlen sich als Opfer schlechter Lehrer, als Opfer autoritärer, ungerechter Chefs oder als Opfer ihrer Partner. Wenn er oder sie nicht so (gewesen) wäre, dann, ja dann wäre es ihnen besser ergangen. Ja, nicht wenige Eltern fühlen sich sogar als Opfer ihrer schwierigen, anstrengenden Kinder.

Menschen geben meist irgendjemandem die Schuld für die eigene Unzufriedenheit. Und wenn keiner hierfür zu finden ist, dann muss das Leben selbst dafür herhalten. Dann tauchen Gedanken auf wie: »Das Leben ist ungerecht.« Der (fragwürdige) Vorteil dieses Verhaltens: Ich brauche mir über eine Lösung weiter keine Gedanken zu machen. Ich brauche mich weder innerlich noch äußerlich zu bewegen. Ich beschließe, weiter zu leiden, da ja die anderen Schuld haben. Ich kann genauso weitermachen wie bisher, weil ich ja an meinem Zustand selbst nichts ändern kann.

Der Nachteil dieses Verhaltens: Ich kann tatsächlich nichts an meinem Leben ändern, wenn ich solchen Gedanken weiterhin zustimme. *Ich gebe hierdurch meine Macht ab,* ich treffe als Opfer mit solchen Gedanken eine Wahl: *Ich wähle Ohnmacht.* Ich wähle, mich auch weiterhin anderen Kräften, Menschen und dem Schicksal ohnmächtig ausgeliefert zu fühlen. Denn wenn andere schuld an meinem Schicksal sind, dann müssen sie auch Macht über mich besitzen.

Verdeutlichen wir uns diese Gedankenkette noch einmal. Ich sage: »Du bist schuld daran, dass ich nicht glücklich bin, dass es mir schlecht geht.« Dadurch erkläre ich mich selbst zum Opfer dieses anderen. Dadurch gebe ich diesem anderen die Macht über mich und über mein Schicksal. Dadurch wähle ich selbst, mich auch in Zukunft ohnmächtig und hilflos zu fühlen. Dadurch kann ich an meinem Leben nichts ändern, alles bleibt beim Alten.

Frage dich: Wem gebe ich die Schuld am Zustand meines Lebens, an meiner Unzufriedenheit, an meinen Enttäuschungen usw.? Formuliere diese bisher nur gedachten Gedanken und sprich sie laut aus oder schreibe sie nieder: »Meine Mutter ist schuld daran, dass ich ... Mein Vater ist schuld daran, dass ich ... Mein Expartner ist schuld daran, dass ich ... Mein Partner ist schuld daran, dass ich ... Mein Kind ist schuld daran, dass ich ... Ich fühle mich als Opfer meiner Eltern, meines Expartners, meines Partners, meines Kindes, des ungerechten Lebens ...« *Und frage dich schließlich: Wie lange will ich dieses Spiel noch spielen? Bin ich bereit, dieses Spiel jetzt zu beenden?*

Dieses Gedankenspiel von Schuld und Opfer ist den meisten nicht einmal bewusst. Ich habe Menschen getroffen, die sagten: »Der da ist ein Idiot.« Und ich fragte:

»Merkst du, wie du diesen Menschen gerade verurteilst und dich zu seinem Opfer machst?« Darauf der andere: »Nein, ich verurteile ihn gar nicht, aber ein Idiot ist er trotzdem. Und ein Opfer von ihm bin ich schon gar nicht.«

Darum lass uns dieses Opferspiel an weiteren Beispielen noch deutlicher machen. Eine verheiratete Frau klagt im Seminar: »Ich halte das nicht aus, wenn mein Mann immer wieder launisch ist.« Und ihr Kopf denkt: »Wäre mein Mann nicht so launisch, ginge es mir besser.« Genauso argumentieren andere Frauen: »Wäre meine Tochter ordentlicher, ginge es mir besser. Würde mein Sohn kein Rauschgift nehmen, ginge es mir besser.« Und Männer denken zum Beispiel: »Würde mein Chef wirklich sehen, was ich alles leiste, ginge es mir besser. Würde meine Frau nicht so viel an mir herummeckern, ginge es mir besser.« Der Verstand dieser Frauen und Männer verurteilt also vordergründig die anderen wegen ihres Verhaltens und sagt: »Eigentlich müssten sie sich anders verhalten. Ich will nicht, dass sie so sind.« Sie sagen also Nein zu dem, was ist. Gleichzeitig verurteilt aber jeder von ihnen durch sein Denken auch sich selbst, und macht sich zum Opfer von Frau, Mann, Chef oder Kindern.

Wird dieses Denken »Ich leide, weil der so und so ist« nicht hinterfragt, muss sich der Denkende zwangsläufig immer wieder schlecht fühlen. Ja, er muss immer weitere Täter in seinem Umfeld entdecken, die seine Lebensqualität einschränken und verhindern, dass es ihm gut geht und er ein glückliches Leben führt. Mit unserem verurteilenden Verstand machen wir uns zum Opfer unzähliger Menschen: von Dränglern auf der Autobahn, streikenden Lokführern, auf den deutschen Markt drängenden Ausländern aus dem Osten und zu viel verdienenden

Managern. Wir fühlen uns als Opfer von Rauchern, untreuen Ehepartnern, faulen Kindern, verständnislosen Lehrern, von Politessen usw.

Bitte mache dir in einer stillen Stunde einmal eine Zusammenstellung (am besten mit Stift und Papier) der Menschen oder Zustände, über die du dich hin und wieder oder oft ärgerst. Und mach dir dann an jedem Beispiel klar, dass du in deinem Leben immer den anderen Menschen oder ein Ereignis zum Täter erklärst und dich selbst zum Opfer. Wer mit solch einem Opferbewusstsein durchs Leben geht, kann nicht glücklich sein. Denn er produziert in seinem Körper Druck, Spannung, Enge und Schwere oder negative Emotionen wie Ärger, Wut, Ohnmacht, Hilflosigkeit, Trauer und Depression.

⋈ Alter Schuh: Sich Sorgen machen

Gehört das Sorgenmachen auch zu deinen geistigen Hobbys? Werde innerlich aufmerksam dafür, worüber du dir alles Sorgen machst. Es geht hierbei um die Gewohnheit, sich ständig über alles Mögliche zu sorgen. Die Gedankenwelt vieler Menschen ist geradezu verseucht von Sorgen. Sie machen sich Sorgen, ob es morgen wohl regnet und wie der Sommer in diesem Jahr wird. Sie machen sich Sorgen, ob ihre Verdauung heute wieder funktioniert, ob sie es bis zur Rente schaffen, ob ihr Kind gute Noten in der Schule erzielt, ob die nächste Gehaltserhöhung ausreichend ist, ob sie einmal im Lotto gewinnen, ob der Partner fremdgehen könnte … Es gibt kaum etwas, was vom Sorgenmachen ausgeklammert bleibt, sei es etwas Ernsthaftes oder etwas Banales.

Dies ist eine der ungesündesten Angewohnheiten. Sich ständig Sorgen zu machen macht krank, weil dadurch Gifte in den Körper ausgeschüttet werden. Solche Menschen erkennen wir häufig an ihrem vergrämten Gesichtsausdruck und ihrer sorgenvollen, ängstlichen oder klagenden Stimme. Es kann die Sonne vom Himmel strahlen, solche Menschen bringen es fertig, sich darüber Sorgen zu machen, wann wohl die ersten Wolken auftauchen werden, oder wann sie durch die UV-Strahlen Hautkrebs bekommen. Auch wenn du nicht zu diesen extrem Sorgenvollen gehören solltest, mach dir bewusst, in welchen Situationen du dieses Sorgen-Spiel mitmachst, wann du dich von anderen Sorgen-Spielern anstecken lässt.
Sorgen vergiften nicht nur deine Gedankenwelt, sie verseuchen auch deinen physischen sowie deine feinstofflichen Körper. Sich häufig zu sorgen hat – wie alle Gewohnheiten im geistigen Bereich – physische Folgen. Nur das Hassen ist schädlicher. Viele dieser Sorgen-Macher glauben, sie würden gut für sich sorgen. Dabei bewirkt das Sichsorgenmachen nichts Positives oder Gesundes. Denn im Sorgenmacher steckt ein großes NEIN zum Leben. Seine Fundamente heißen Misstrauen und Angst. »Ich vertraue dem Leben nicht. Im Leben muss man auf der Hut sein, aufpassen. Vertrauen mag gut sein, Kontrolle ist besser«, tönt es in seinem Innern.

Werde dir immer bewusster, in welchen deiner Gedanken sich Sorgen äußern, wo du wenig oder kein Vertrauen hast in das Leben, wo du dich fragst: »Ob das wohl gut gehen wird? Wie das wohl morgen sein wird? Ob ich das wohl jemals erreichen werde?« Das Aufdecken deiner gewohnheitsmäßigen Sorgen ist der erste Schritt. Der zweite Schritt heißt: »Ich entscheide neu. Ich lehne es ab, mir Sorgen zu machen. Ich entscheide mich für das Vertrauen; für das Vertrauen in das Leben, für das Vertrauen in die Kräfte, die das Leben mir schenkt. Ich vertraue darauf, dass ich gut geführt werde.«

Wer vertrauensvoll durchs Leben gehen will, wer sich im Leben sicher fühlen will, der kann sich zunächst für den Gedanken des Vertrauens entscheiden, auch wenn du es noch nicht fühlst. Gedanken erzeugen Gefühle. Genauso wie gewohnheitsmäßige Sorgen krank und unglücklich machen, macht dich dein gewohnheitsmäßiges Vertrauen gesund, stark und glücklich. Erwischst du dich wieder einmal bei einem sorgenvollen Gedanken, sage dir sofort: »Stopp! Ich denke neu. Ich vertraue dem Leben!«
Einer der schönsten Sätze, der ein großes Maß an Vertrauen ausstrahlt, lautet: *»Ich liebe das Leben, und das Leben liebt mich!«* Vielleicht willst du diesen Satz zu deinem Satz machen.

Dies mag vordergründig an das »positive Denken« erinnern. Aber der Schritt hin zum Vertrauen ist weit mehr. Es ist eine Entscheidung, die du treffen kannst. Wer sich Sorgen macht, der kann sein Verhalten als eine Angewohnheit erkennen, als einen »alten Schuh«, den vermutlich schon Mama und Papa getragen haben. Das Sorgenmachen wird gern als Erbstück von Generation zu Generation weitergereicht. Wer hat sich in deiner Familie als großer Sorgenmacher hervorgetan? Die Mutter, der Vater, die Oma oder der Opa?

Das Sorgenmachen scheint vor allem eine Domäne der Mütter zu sein, die es wiederum von ihren Müttern abgeschaut haben. Mütter glauben häufig, es hätte etwas mit Mutterliebe zu tun. Nein! Nicht das Geringste hat es mit Liebe zu tun, ganz im Gegenteil: Das Sichsorgenmachen ist eine Art »geistiger Umweltverschmutzung«, die alle Beteiligten belastet.

Kennst du Sätze wie: »Ruf ja an, wenn du angekommen bist!«, »Isst du auch genug?«, »Geht's dir wirklich gut?«, »Ob das mal gut geht?«, »Pass ja gut auf dich auf!« Solche Sätze sind mit Sicherheit gut gemeint, aber sie bewirken nichts Gutes. Ja, sie führen oft dazu, dass die »Kinder« immer seltener nach Hause kommen und die Eltern froh sind, wenn sie einmal zu Weihnachten vorbeischauen.

Sorgen sind nichts anderes als Ängste. Von den Müttern verdrängt und als Sorgen umgedeutet, werden sie auf die Kinder oder Männer projiziert und belasten die Atmosphäre, das geistig-psychische Umfeld der Familie. Dieses Sorgen nährt die eigenen Ängste, deshalb möchte ich allen Müttern zurufen: Hört auf damit und kümmert euch stattdessen liebevoll um eure Ängste (hierzu mehr im Kapitel 3).

Leider gibt es im Deutschen keine so gute Unterscheidung wie im Englischen zwischen dem negativ betonten »I worry« (»Ich mache mir Sorgen darum, ob ...«) und dem »I take care of« (»Ich sorge gut für ..., ich pflege, ich kümmere mich um ...«). Letzteres hat mit Fürsorge und Pflege zu tun, im Deutschen also: »Ich sorge gut für meinen Körper; ich sorge dafür, dass meine Kinder etwas zu essen bekommen; ich sorge für ein gemütliches Zuhause.« Dieses »sorgen für« hat nichts mit Besorgnis, sondern mit Liebe zu tun und belastet niemanden.

Alter Schuh: Wegmachen, was stört

Seit vielen Hunderten, vermutlich Tausenden von Jahren, lehnen wir Menschen das ab, was uns stört, ärgert, schmerzt und unangenehm ist; wir bekämpfen es und wollen es wegmachen, wollen es vernichten. Werden wir krank, soll der Arzt uns die Krankheit wegnehmen, stört ein erkranktes Organ, wird es herausgeschnitten. (Es wundert mich immer wieder, was man mit dem Skalpell alles aus unserem Körper entfernen kann, und wir trotzdem noch leben können.) Wenn unser Kind unangenehm auffällt, versuchen wir, ihm das »auszutreiben«. Im Notfall schicken wir es zum Therapeuten, der es »repariert«. Plagen uns unangenehme Gefühle, dann stellen wir uns diesen Gefühlen nicht mit einem neugierigen: »Interessant, wo kommt das jetzt her?«, sondern lenken uns ab durch alle möglichen Aktivitäten. Gefühle wie Angst, Wut, Trauer, Schuld und Scham stören uns, sie müssen weg. Haben wir Übergewicht, müssen die Pfunde weg. Hiervon lebt eine Milliardenindustrie. Schlafen wir nicht ein oder durch, wollen wir unsere Schlaflosigkeit beseitigen, ebenso wie unsere Kopfschmerzen. Hierüber und über vieles andere freuen sich die Pharmaindustrie und ihre Aktionäre.

Fühlen wir uns von unserem Partner nicht mehr geliebt, dann wollen wir ihn weg haben. Wir trennen uns und suchen uns einen neuen, auch wenn uns Ähnliches schon mit zwei anderen Partnern geschehen ist. Stinkt uns der Chef, wechseln wir die Firma und fragen uns nicht, warum der Kollege mit ihm gut auskommt. Forsche einmal in deinem Leben nach, was du alles ablehnst oder gar bekämpfst, was du am liebsten weg hättest. Es gibt nicht wenige Menschen, die hätten am liebsten diese ganze Welt, in der sie leben, weg, weil sie sie als unschön, ungerecht, kalt oder böse empfinden. Was sie mit dieser Wegmach-Strategie in ihrem Leben anrichten, ist diesen Menschen nicht klar. Sie schüren den Krieg gegen die Welt sowie gegen sich selbst und erschaffen sich ein unglückliches und schweres Leben.

Seit unserer Kindheit werden wir im trennenden Denken trainiert. Wir trennen zwischen gut und böse, richtig und falsch, normal und unnormal und entscheiden uns, das Böse, Falsche und Unnormale abzulehnen und zu bekämpfen. Wir unterscheiden zwischen Weg A und Weg B und entscheiden uns für Weg A. Zugleich entscheiden wir uns merkwürdigerweise, Weg B abzulehnen und zu bekämpfen und auch alle, die diesen Weg wählen, die sich anders entscheiden als wir. Diese Leute sind dann »blöd«, sie »spinnen«, sind »nicht mehr ganz normal«. Unser tradiertes Denken ist ein Denken in »entweder – oder«. Entweder habe ich oder du recht, im Zweifelsfall natürlich ich. Der Andersdenkende wird sehr schnell zum Feind, den man bekämpfen oder ausgrenzen will. Das führt zugleich zum Krieg in uns selbst, denn auch in uns gibt es Gegensätzliches und Widerstrebendes. Wir kommen einfach nicht auf den Gedanken, dass ein »sowohl – als auch« eher der Wahrheit entspricht und auf einen friedlichen Weg führen könnte.
»Ich habe recht, und du hast auch recht«, könnten wir sagen. Das klingt für den Verstand verrückt, weil er sich an das »entweder – oder« so gewöhnt hat. Immer haben beide recht. Warum? Weil jeder aus seiner Welt kommt, aus der Welt seiner Erfahrungen. Es gibt kein objektives »richtig« oder »falsch«. Hören wir doch endlich auf mit dem »recht bekommen und behalten wollen« und dem Denken in »entweder – oder«.
Ich will ordentlich sein und lehne die Unordnung in mir ab. Die Wahrheit aber lautet, ich bin ordentlich, und ich bin auch unordentlich. Und wenn ich mir sage: »Und ich darf auch unordentlich sein«, ebnet es der Ordnung in meinem Leben den Weg. Das klingt paradox, aber so funktioniert das Leben. Ich bin ehrlich, und ich will nicht unehrlich sein, aber jeder von uns ist auch unehrlich.

Zeigen Sie mir einen Menschen, der immer die Wahrheit sagt, der immer seiner inneren Wahrheit folgt und der immer alles das ausspricht, was ihm als wahr erscheint. Diesen Menschen gibt es nicht. Wer nur ehrlich und nie unehrlich sein will, der produziert eine Menge Schuld- und Schamgefühle. Denn jemand in uns weiß ganz genau, dass wir nicht immer unsere wahre Seite zeigen und leben.

Wir sind mutige Wesen, und wir haben Angst. Wer aber nur mutig sein will und seine Ängste ablehnt, wegmachen will und verdrängt, der kann nicht wirklich mutig sein, der fördert seine innere Unsicherheit und schwächt sich selbst. Wenn jemand sagt: »Ich darf auch Angst haben« und sich dieser Ängste bewusst ist und sie bejahend annimmt, der ist in Wirklichkeit der Mutige und wird seinen Weg erfolgreich gehen.
Wir sind friedlich und auch nicht. Wer seinen eigenen inneren Unfrieden, seine Wut, seine Aggressivität verleugnet und ablehnt, der bekommt Probleme mit dem Leben, denn das sagt: »In dir ist beides, Harmonie und Aggression.« Lehne ich Letztere jedoch ab, dann muss sie sich auf andere Weise in meinem Leben zeigen, sei es in meinen aggressiven Kinder, meinem aggressiven Partner, Nachbarn oder Kollegen, eventuell in einem beißenden Hund. Ein anderer muss meine Aggression für mich leben und demonstrieren. Daher rührt auch die zunehmende Gewalt unter Jugendlichen. Unsere Aggression anzunehmen heißt nicht, jemandem eine »reinzuhauen«, wenn es in mir kocht, sondern erst einmal wahrzunehmen, wie viel Wut, Ärger, Unmut in mir schlummern und angenommen werden wollen. Wie wir dies konkret tun können, davon werde ich in dem Kapitel »Fünf Schritte in ein neues Leben!« sprechen.

Wir sind sowohl stark als auch schwach. Wer aber sein Schwachsein – in welcher Form auch immer – ablehnt, der gerät mit dem Leben in Konflikt. Wer ein Leben lang immer nur den Starken spielt, nie die Kontrolle abgeben will, wer nie jemandem seine innere Schwäche, seine Verletzlichkeit und seine unerfüllten Sehnsüchte offenbaren kann, den muss das Leben zwingen, die Schwäche zu leben. Solche Menschen verbringen meist die letzten Jahre ihres Lebens als Pflegefall, bettlägerig und vollkommen abhängig. Es ist erniedrigend, sich den Hintern von jemandem abwischen lassen zu müssen, nachdem man doch so viele Jahre so stark war, sich so angestrengt und zusammengerissen hat. Das ist dann keine Strafe des Lebens, sondern nur die Erfüllung einer Gesetzmäßigkeit des »sowohl – als auch«.

⁂ Alter Schuh: Mich selbst und andere verurteilen

Das Verurteilen ist der Volkssport Nummer eins, nicht nur in unserer Gesellschaft, sondern auf der ganzen Welt. Dem Verurteilen liegt das Teilen zugrunde, das Trennen in richtig und falsch, in gut und böse. Auch dies ist eine Angewohnheit des Denkens, die schon seit Tausenden von Jahren auf dieser Erde verbreitet ist. Durch das Verurteilen entsteht aller Unfriede, jeder Konflikt, ob in mir selbst, ob zwischen mir und meinem Mitmenschen oder zwischen den Völkern dieser Welt. Das Verurteilen ist die Mutter aller Kriege. Es ist uns als Denkgewohnheit so in Fleisch und Blut übergegangen, dass sich die meisten nicht vorstellen können oder wollen, dass es hierzu eine Alternative gibt.

Wenn du einmal bewusst durch deinen Tag gehst (oder dir angewöhnst, es immer bewusster zu tun), dann wirst du feststellen, wen und was du alles in deinen Gedanken und oft auch mit deinen Worten verurteilst. Das Verurteilen besagt: »So, wie du bist, wie du dich verhältst, ist es nicht in Ordnung, ist es schlecht, falsch.« Oder bei mir selbst kann es lauten: »Das, was ich hier gerade in mir fühle, z.B. diese Wut, diesen Hass, das ist schlecht, das darf nicht sein.« Im Verurteilen steckt das Urteil und das bestimmt: »Du darfst nicht so sein.« Oder: »Du darfst nicht da sein! Ich spreche dir die Existenzberechtigung ab!« Wir sagen Nein zu dem, was doch schon da ist.

Was wir nicht bemerken und nicht bedenken, ist, dass das Verurteilen große, unangenehme, krank machende, unglücklich machende Folgen hat. Und zwar vor allem für uns selbst, weniger für den Verurteilten. Auch wenn dein Kopf sich bei diesem Gedanken vielleicht noch widersetzt, die größte Wahrheit, wenn es um das Verurteilen geht, heißt: *Wen oder was auch immer du verurteilst, du verurteilst immer nur dich selbst!*
Beispiel: Du bist sauer auf deinen Mann, weil er schon lange nicht mehr zärtlich zu dir ist. Er ist eher abweisend und verschlossen und lässt dich deutlich spüren, dass er dich heute wahrscheinlich nicht noch einmal heiraten würde. Was sind deine Gedanken hinter deinem Sauersein? Zum Beispiel wirst du Vorwürfe entdecken können, die du ihm gegenüber in Gedanken erhebst oder ihm sogar an den Kopf wirfst. Du klagst an, du verurteilst. Du sagst oder denkst: »Du bist ein schlechter Mann. So einen will ich nicht. Deine Kälte, deine Verschlossenheit, deine Grobheit finde ich zum Kotzen. Such dir doch eine andere, die deine Unterhosen wäscht.«

Mit diesen Gedanken stellst du ihn in die andere Ecke, dir gegenüber. Er ist der Täter, du bist das Opfer. Er ist falsch, du bist richtig. Er ist schuld, du bist unschuldig. Mit dieser Haltung kannst du dich nun jahrelang auf deinen Mann einschießen, mit dem Ergebnis, dass eure Beziehung immer kälter wird, und du dich immer öfter und noch tiefer verletzt fühlst. Deine verurteilenden Gedanken sind es, die dein Mann spürt oder hört und sich dementsprechend verhält: kalt, abweisend, mürrisch. *Du erschaffst und verlängerst dein Unglücklichsein mit deinen Verurteilungen.* Und genauso machen wir es den ganzen Tag. Ob bei der unfreundlichen Kassiererin im Supermarkt, der auch wir unfreundlich begegnen, ob beim Chef oder bei der Chefin, bei der nörgeligen, schwierigen Kollegin, bei dem lauten Nachbarn, bei den Eltern usw. Der Gedanke hinter unseren inneren Reaktionen lautet: »Du bist nicht in Ordnung, wie du bist. So akzeptiere ich dich nicht.«

Wie tief das Verurteilen in unserem täglichen Denken und Verhalten verankert ist, ist uns nicht bewusst. Vielleicht erschrickst du, wenn du es in dir selbst entdeckst. Verurteilungen haben viele verschiedene Kleider und Verkleidungen: Die grobe, sehr deutlich ausgesprochene Verurteilung ist nicht die häufigste. Viel öfter tauchen Verurteilungen subtiler, unscheinbarer auf, in Sätzen wie: »*Hast du schon wieder ...* (dieses Kleid an, Bohnen gekocht, das Licht angelassen, keine Zeit für mich?). *Hast du immer noch nicht ...* (den Keller aufgeräumt, die Scheidung eingereicht, die Aufgaben gemacht)?« Oder so nette Sätze wie: »Wie siehst du denn schon wieder aus?«, »Ja, geht's dir noch gut?«, »Wo gibt's denn so was?«, »Hat man so was schon mal gesehen?«

Die meisten Verurteilungen sprechen wir gar nicht aus. Wir denken verurteilend. Wir gehen durch die Welt wie mit zwei unsichtbaren Körben. Der eine Korb ist sehr groß, der andere ist sehr klein. In dem großen Korb kommen alle und alles, was nicht so ist wie ich: alle, die blöd, schlecht, beknackt, nicht in Ordnung, nicht normal, verrückt sind; die einen schlechten Charakter haben, die mir nicht passen, die mir das Leben schwer machen, über die ich mich ärgere. Und in den kleinen Korb kommen diejenigen, die wir mögen, die wir lieben, die wir gut, schön, nett und liebenswert empfinden. Wir sind ständig am Sortieren, am Einteilen. Schau dir einmal an, wer und was alles in deinem großen Korb liegt.

Vielleicht sagst du: Aber ich muss doch bewerten dürfen. Ich muss mich doch häufig entscheiden für das eine und gegen das andere. Dieser Gedanke ist richtig. Wir müssen wählen, wir müssen uns entscheiden. Ja, wir entscheiden uns jeden Tag viele Male für das eine und gegen das andere. Aber wir gehen an dieser Stelle einen entscheidenden Schritt weiter. Wir treffen nicht nur eine Wahl, sondern entscheiden uns gleichzeitig, das zu verurteilen, was nicht unsere Wahl ist.

Beispiel: Wir entscheiden uns, an Gott zu glauben. Hierbei belassen wir es häufig nicht. Denn viele beschließen, diejenigen zu bekämpfen und zu verurteilen, die nicht an Gott glauben oder an einen anderen. Die sind im Unrecht, die stehen auf der falschen Seite, denken viele von uns.

Beispiel: Wir entscheiden uns, an die Wissenschaft zu glauben, nur an das zu glauben, was man objektiv nachmessen, in einem Experiment wiederholen und überprüfen kann. Und gleichzeitig entscheiden wir uns, alles andere, zum Beispiel alles sogenannte Esoterische, wie Engel, Reinkarnation, Botschaften aus der geistigen Welt,

als verrückten Kram oder als Blödsinn zu verurteilen. Wir wählen zwischen A und B und sagen: »A ist gut, und B ist schlecht« und wollen sogar B bekämpfen. Wir sagen nicht: »Ich wähle A, und wer B wählen mag, der wähle B.«
Weil wir denjenigen, der B wählt, verurteilen und bekämpfen, entsteht der Krieg unter den Menschen. Wer gewohnheitsmäßig verurteilt, erzeugt in sich selbst und auf der Welt Trennung, Konflikt, Gegnerschaft, Disharmonie, Krankheit und Krieg.

Jede Verurteilung anderer verdeckt nur eine – meist unbewusste – Selbstverurteilung. Wir verurteilen meist dasjenige am anderen, was wir in uns selbst und in unserem Leben oft ausgrenzen wollen, was wir nicht sein wollen: zum Beispiel das Unordentliche, das Egoistische, die Gier, das Bedürfnis nach Luxus, die Arroganz, das Aggressive. Der andere, an dem mich etwas stört, zeigt mir, was ich ablehne. Er präsentiert es mir, damit ich meinen Frieden machen kann und sagen: »Ich bin *auch* egoistisch, gierig, arrogant, aggressiv, nicht-spirituell ... – und ich darf es sein.« Denn wir sind in Wahrheit immer beides.
Verurteilung ist nichts Schlimmes, und ich verurteile das Verurteilen nicht. Wer aber nur »gut« sein will, der verurteilt sehr schnell und gerät in einen Kreis der Selbstverurteilung. Als Menschen sind wir verurteilende Wesen. Mit der Zeit jedoch können wir uns dieses Verurteilens immer bewusster werden und mehr und mehr diese Verurteilungen, dieses trennende Denken zurücknehmen.
Verurteilung ruft nach Vergebung. Und die Vergebung ist der Schlüssel zum Frieden in unserem Leben und auf dieser Welt. Vergebung heißt jedoch nicht: »Ich will dir noch mal verzeihen. Aber beim nächsten Mal nicht mehr ...« Vergebung ist die Korrektur von Irrtümern, die

Zurücknahme von unwahren Gedanken über mich, über die anderen und über das Leben.

Aber pass bitte auf und fang jetzt nicht an, dir zu sagen: »Ich will jetzt nie mehr verurteilen.« Dann befindest du dich schnell in einem Teufelskreis. Verurteile nicht die Tatsache, dass du ein verurteilendes Wesen bist. Einer meiner Lehrer hat hierzu einmal gesagt: »*Wisst ihr, ihr Lieben, was den Leuten passiert, die der Erleuchtung nachjagen? Sie wissen: Verurteilen ›tut man nicht‹, Verurteilen ist ›falsch‹, und so verurteilen sie das Verurteilen. Man kann nicht das Verurteilen als falsch verurteilen, das ist keine Erleuchtung. ... Verurteilen hat seine Gültigkeit, weil es existiert. Das Verurteilen ist ein göttlicher Aspekt eures Wesens. Und der einzige Weg, der zu einer Veränderung führt, ist zu akzeptieren, dass ihr verurteilende Wesen seid. Wenn ihr eine Veränderung wünscht, und wenn ihr annehmen könnt, dass ihr verurteilende Wesen seid, dann bewirkt ihr diese Veränderung. Doch was ihr ablehnt, das ermächtigt ihr, das werdet ihr anziehen.*« (P'TAAH)

Es muss also darum gehen, uns bewusster und bewusster zu machen, wo wir und was wir alles verurteilen, an uns selbst, an anderen und am Leben selbst. Dann können wir nach und nach diese Verurteilungen zurücknehmen.

⊞ Alter Schuh: Sich ärgern und Wut ansammeln

Wenn du nicht selbst zu diesen Menschen gehörst, dann kennst du aber mit Sicherheit einige, die sich oft oder gar ständig über dies und jenes ärgern, sich aufregen, schimpfen, lamentieren, nörgeln, jammern oder schnell an die Decke gehen. Wenn man solche Menschen zu ihrem Verhalten befragt, dann erfährt man häufig, dass sie es sich ohne Ärger gar nicht vorstellen können. Für sie ist die Welt, sind die anderen Menschen eben so, dass man sich ständig darüber aufregen *muss*. Sie empfinden es wie einen Zwang sich zu ärgern.

Aber auch das Sichärgern ist nichts als eine Angewohnheit. Meist waren schon Vater oder Mutter Weltmeister im Sichärgern, da muss man die Tradition einfach fortsetzen. Man regt sich nicht nur über größere Dinge auf, sondern vor allem auch über die vielen Kleinigkeiten, die einem ständig zustoßen: der Fleck auf dem Hemd, der Zug, der zu spät kommt, der Regen, der Stau, der Zeitdruck und tausend andere Dinge. Die Wortart zeigt die Wahrheit an, denn es heißt: »Ich ärgere *mich*.« Wir ärgern nicht jemand anderen, sondern uns selbst, uns fügen wir ein Leid zu. Manchmal sagen wir zwar: »Das/der ärgert mich«, aber die Wahrheit ist: *Ich ärgere mich immer selbst*. Und dann kommt oft noch ein Nein zu dem Ärger, der in uns auftaucht. Wir ärgern uns darüber, dass wir uns ärgern.

Ärgern ist eine Entscheidung, die ich selbst getroffen habe. »Ich will mich ärgern, ich will mich aufregen über dies und jenes, auch wenn es mich unruhig macht, mich aus meiner Mitte wirft, meinen Blutdruck ansteigen lässt und mich auf Dauer krank macht.« Wir wollen uns ärgern. Soll uns doch bitte schön niemand unseren Ärger nehmen.

Was mag der Grund sein, dass wir uns am Ärger festklammern? Was gibt er uns? Der Vorteil des Ärgerns liegt in seinem Unterhaltungswert, genau genommen in seinem Ablenkungswert. Wer sich ärgert, der hat etwas zu tun, und ist mit seiner Aufmerksamkeit bei dem, was ihn ärgert. Ärger lenkt mich von meinem eigenen Innern ab, von dem, was in mir darauf wartet, angeschaut zu werden: von meiner inneren Leere, meiner Langeweile, dem Gefühl der Sinnlosigkeit, von meiner Einsamkeit, der eigenen Ohnmacht und Hilflosigkeit. Damit wollen die wenigsten etwas zu tun haben. Denn dies alles steckt in jedem von uns. Es gehört zu unserem Menschsein.

Wir haben die Wahl: Auch du kannst dich entscheiden, wie oft du dich weiterhin selbst ärgern und ärgern lassen willst. Du bestimmst, wie du innerlich auf etwas von außen reagierst. Glaube bitte nicht, du seiest hier machtlos. Du hast diese Macht. Vor jeder Ärgerreaktion triffst du unbewusst eine Entscheidung: »Jetzt will ich mich wieder ärgern. Diese Gelegenheit lasse ich mir doch nicht entgehen. Ich spüre schon, wie es in mir kocht. Ich halte die Luft an, und der Druck steigt, und jetzt platze ich los ...« All diese Gedanken dauern weniger als eine einzige Sekunde. Wenn du dich die nächsten Male ärgerst, dann halte inne, sobald du merkst, dass Ärger aufsteigt, sage »Stopp!« zu dir, atme tief durch und beobachte, was in dir los ist, wo es eng ist, wo es kocht oder welche Körperempfindungen und Gefühle du sonst spürst. Atme nur eine Minute lang tief und sanft durch. Spüre, wie viel von deinem Ärger dann noch da ist. In den meisten Fällen ist dein Ärger schon nach einer Minute ganz oder fast verschwunden. Probiere es aus! Entscheide neu!

Wenn du dich aufmerksam beobachtest, während du durch den Tag gehst, wirst du immer mehr kurze Momente entdecken, in denen du dich »ein wenig« ärgerst. Beispiele: Dein Partner oder deine Kinder haben wieder die Zahnpastatube offen gelassen, den Klodeckel nicht heruntergeklappt oder ihr Geschirr nicht abgeräumt, wie du es von ihnen gewünscht oder gefordert hast. Dein

Auto wurde so eng zugeparkt, dass du einige Male rangieren musst, um aus der Parklücke zu kommen. Dein Mann hat das Scheibenwischwasser schon wieder nicht nachgefüllt, im Auto nicht aufgeräumt oder die Versicherung noch nicht umgemeldet, wie ihr es besprochen hattet. Beim Bäcker drängelt sich jemand vor, dein Kollege ist unerwartet krank und hinterlässt dir Zusatzarbeit, für das Wochenende wird im Radio Regenwetter angekündigt. Ein paar kleine Ereignisse, wie sie Millionen Menschen an vielen Tagen des Jahres passieren. Mehr als zehnmal pro Tag erleben viele Menschen solche kleinen bis mittleren »Ärgernisse«. Frage: Wie reagieren wir darauf? Im Moment des Ärgerns regt sich in uns Unruhe und Unmut. Unser Bauch zieht sich kurz zusammen, der Atem wird für kurze Zeit in seinem Fluss unterbrochen. Und dann haben wir die Sache schon wieder vergessen oder aus unserem Blickfeld verloren.
Die wenigsten Menschen halten jedoch inne und machen sich bewusst, was sie in dem Moment tun, was in ihnen geschieht. Sie ärgern sich über dies und jenes, schlucken dann den erlebten Ärger schnell hinunter und gehen zur Tagesordnung über. Dieses Hinunterschlucken und Verdrängen der vielen kleinen Ärger-Erlebnisse jedoch bleibt nicht ohne Folgen für uns. Die Energie des kleinen Ärgers sammelt sich mit der Zeit in uns an und klumpt sich immer mehr zusammen. Es führt zu chronischem Verärgertsein oder Unzufriedensein (heißt: nicht im Frieden sein). Ärgerenergie wird mit der Zeit zu Wutenergie. Da wir aber nicht gelernt haben, mit Wut in einer gesunden Weise umzugehen bzw. sie zu verwandeln, laufen wir entweder wie kochende, jähzornige Dampfkessel durch unser Leben oder wie schwer beladene, depressive Lastenträger. Wir leiden an unserem verdrängten Ärger und schließlich an unserer daraus entstandenen Wut. Und

weil uns niemand gezeigt hat, wie mit der Wut umzugehen ist, und wir von Kindheit an ein liebes Mädchen oder ein braver Junge sein sollen, fühlen wir uns dieser selbst erschaffenen Wutenergie oft hilflos ausgeliefert. Darum geht Wut meist mit dem Gefühl der Ohnmacht und Hilflosigkeit einher.

Wegen deines Ärgerns lade ich dich ein, mehr und mehr zu beobachten, was du da täglich tust und wie du es tust. Bemerke immer öfter, wann du dich ärgerst und worüber, und wie du dann mit der von dir erzeugten Ärgerenergie umgehst. Wenn du ein Tagebuch führst, erinnere dich am Abend an diese Situationen und mache über ein paar Wochen deine Notizen.

⊞ Alter Schuh: Sich auf das Negative konzentrieren

Worauf konzentrierst du dich? Worauf schaust du bei dir selbst und bei anderen? Auf das, was gut ist oder auf das, was du als schlecht bezeichnest? Auf das, womit du zufrieden bist oder auf das Gegenteil? Auf das Positive oder auf das Negative, auf den Mangel oder auf die Fülle? Bist du eher ein Pessimist oder eher ein Optimist? Bist du eher jemand, der viel lobt oder einer, der viel kritisiert – egal, ob dich selbst oder andere?
Wenn du nicht glasklar weißt, in welche Kategorie du gehörst, dann wird es Zeit, dich selbst zu beobachten. Denn du gehörst wahrscheinlich zu den Negativ-Menschen, zu denen die meisten von uns gehören. Wir sind mit Dauerkritik erzogen worden. Kleine Mädchen und Jungen bekommen vor allem gesagt, was an ihrem Ver-

halten nicht gut, was schlecht, was zu vermeiden, abzustellen und abzugewöhnen ist. Unter Erziehung verstehen wir in erster Linie Kritik und weniger Lob und Ermutigung. In Wirklichkeit ist sie ein Drill im negativen Denken. Wir sind so sehr auf Negativität ausgerichtet, dass uns bei hundert schönen, harmonischen Dingen das eine unharmonische als Allererstes auffällt und uns stört, während wir die neunundneunzig schönen Dinge außer Acht lassen. Wir picken uns aus allem genau das heraus, worüber wir uns ärgern können, worüber wir uns Sorgen machen dürfen, was in unseren Augen schlecht ist.

Das halb volle Glas ist für uns halb leer. Wenn wir fünfzig Jahre alt sind, dann ist das Schönste im Leben für uns schon vorüber. Wenn wir zehn Jahre mit einem Partner zusammen sind, dann sind mir seine Macken, seine Schwächen und meine Probleme mit ihm viel bewusster als seine Schätze und seine Schönheit, als das Geschenk seiner Anwesenheit. Wenn wir uns nach zwanzig Jahren Ehe scheiden lassen, dann erklären wir die ganze Ehe als gescheitert, anstatt dem anderen und uns selbst für all die Geschenke und das Schöne zu danken, das wir in den Jahren empfangen haben, und es wertzuschätzen.

Wir sind so sehr auf Negativität und Kritik programmiert, dass wir viel Geld ausgeben, um täglich unseren Bedarf an Negativität zu decken. Was uns Zeitungen sowie die Nachrichten im Radio und Fernsehen bieten, ist eine willkürliche Auswahl und Zusammenstellung von geballter Negativität. Der Leser will schlechte Nachrichten lesen, sonst kauft er diese Zeitschrift nicht mehr. Versuche mit Zeitungen und Zeitschriften, die nur das Positive betonten, waren nach kurzer Zeit beendet. Der gängige Journalist ist jemand, der sich anmaßt, die Welt, das Leben, die anderen zu kritisieren – dafür wird er vom Verleger bezahlt. Denn der Leser ist geradezu geil darauf zu erfahren, wo betrogen und belogen wurde, wer gescheitert ist, wer Verluste erlitten hat, wo getötet und gestorben wurde, wo zerstört wurde und die Dinge zusammengebrochen sind. Unglück und Kritik haben beim Leser den höchsten »Unterhaltungswert«, sie lösen im Leser, Zuhörer oder Zuschauer Emotionen aus, die mit Angst, Erschrecken, Abscheu, Ekel, Schadenfreude, Verachtung zu tun haben, die uns emotional aufwühlen oder zumindest erregen.

Die meisten Menschen sind süchtig danach, zu kritisieren und Negatives zu finden, an sich selbst wie am anderen. Auch in der Schule lernen wir vor allem zu kritisieren. »Konstruktiv kritisieren« nennt man es dort, aber das Gegenteil lernen wir nicht. Man bringt Kindern und Jugendlichen nicht bei, wie man sich selbst und andere lobt, aufbaut, ermutigt, stärkt, sicherer macht. Auch viele Lehrer sind, wie die Journalisten, auf Kritik, Urteil und Negativität gepolt. Aber ein Teil von ihnen leidet darunter, Urteile über Kinder fällen zu müssen. Sie werden bezahlt für das Urteilen und das Aussieben. Nähmen wir den Lehrern die Möglichkeit, Noten zu verteilen oder Schüler zu bestrafen, was könnten sie dann noch als »Autorität« in die Waagschale werfen, was bliebe ihnen dann noch, um den Respekt und die Aufmerksamkeit ihrer Schüler zu gewinnen?
Kritik ist nicht konstruktiv, egal, auf welche Weise sie vorgebracht wird. Mit Kritik ist noch kein Mensch verändert worden, aber unzählige sind beschämt oder entmutigt worden. Kritik ist ein Verhalten, das wenig über den Kritisierten, aber viel über den Kritiker aussagt. Der kritiksüchtige Mensch hat ein Problem, nicht der Kritisierte. Der Kritiker fühlt Ärger, Dissonanz, Disharmonie, Unruhe, Wut oder was auch immer in sich selbst.

Nur übernimmt er nicht die Verantwortung hierfür, sondern schiebt sie auf den anderen ab. Er tut so, als habe er selbst kein Problem.
Das alles hat nichts mit Liebe zu tun. Denn es ist die Botschaft des Neins. Das Kritisieren befriedigt ein Bedürfnis des Kritisierenden und wirkt nicht zum Wohle des Kritisierten. Vielleicht wirst du sagen: »Aber man muss doch seine Meinung sagen können. Ich muss meinem Mann/meiner Frau doch sagen können, was ich nicht gut finde und erst recht meinen Kindern. Wie soll das denn gehen, ohne jede Kritik?«

Wenn du dir, deinem Partner, deinen Kindern oder auch deinen Mitarbeitern oder Kollegen in der Firma etwas Gutes tun willst, wenn du dir mehr Frieden und Harmonie und Liebe in deinem Leben wünschst, dann entscheide dich neu. Wenn du dich auf die Fehler des anderen konzentrierst, dann gibst du diesen Fehlern, seinen Schwächen Energie; denn deine Aufmerksamkeit bedeutet nichts anderes als Energie. Wer kritisieren will, der will Fehler finden. Das Fatale hieran ist: du wirst immer mehr Fehler finden und damit immer mehr Anlässe zu kritisieren. Entscheide dich neu und verändere die Richtung deiner Aufmerksamkeit um hundertachtzig Grad.
Entscheide dich, bei dir selbst, deinem Partner, deinen Kindern, bei allen Menschen um dich herum, auf die Suche zu gehen nach dem Schönen, dem Positiven, dem Wunderbaren und den Stärken. Selbst bei deinem größten Widersacher kannst du fündig werden. Deine Bereitschaft, es zu finden, ist das Entscheidende. Fang an, die Stärken am anderen zu betonen. Wenn jemand schwach ist, ermutige ihn. Wenn jemand sogenannte Fehler macht, zeige ihm, wie du es machst. Sei Vorbild und verhalte dich so, wie du es dir auch von anderen wünschst, aber

erwarte nicht, dass sie dir folgen. Wo jemand sich selbst niedermacht, bau ihn auf. Wo jemand sich entmutigt, ermutige ihn. Respektiere und achte den Weg, auch den härtesten und schwierigsten, den ein anderer geht und zeige deinen Respekt und dein Mitgefühl. Aber unterlasse Mitleid, denn mit deinem Mitleid schwächst du den anderen und erhebst dich gleichzeitig über ihn. Mitleid ist in Wirklichkeit eine Form der Anmaßung.

»Fehler« sind eine Erfindung des Verstandes genau wie »Probleme«. *Solange wir uns einbilden, wir hätten Fehler gemacht, müssen wir uns schuldig und als Versager fühlen. Ich behaupte: Wir haben in Wirklichkeit keine Fehler gemacht, sondern es waren wichtige und interessante Erfahrungen.* Das ist keine Wortklauberei oder »positives Denken«, sondern eine radikal andere Betrachtungsweise des Lebens und unseres Erschaffens. In der Vergangenheit haben wir vieles gemacht, was wir heute vermutlich nicht mehr oder anders machen würden. Denn heute sind wir ein anderer. Aber nicht, weil wir aus Fehlern gelernt haben, sondern weil wir uns, das Leben und die anderen heute neu, also anders sehen, und auf den Erfahrungen von damals aufbauen können.

Beispiel: Ein Angestellter wird von seinem Chef zu Unrecht kritisiert, ärgert sich darüber und frisst den Ärger in sich hinein. Das macht er so lange, bis er nachts schlaflose Nächte hat und schließlich seine Stelle kündigt. Heute, zehn Jahre später, würde er sich vielleicht anders verhalten, weil er sich inzwischen verändert hat. Er ist mutiger, selbstbewusster geworden. Heute würde er zu seinem Chef gehen, ihn höflich, aber bestimmt auf die ungerechtfertigte Kritik ansprechen und seine Erwartung, respektvoll behandelt zu werden, so formulieren: »Ich wünsche mir, dass Sie sehen, was ich für diese Firma leiste und dass Sie dies anerkennen können.« War es ein

Fehler, dass er damals gekündigt hat? Nein, er konnte vor zehn Jahren nicht anders und musste ganz offensichtlich diese Erfahrung machen.

Dasselbe gilt für viele andere Beispiele. Nehmen wir etwas, was die meisten als einen krassen, eindeutigen Fehler bezeichnen würden. Ein Mann schlägt seine Frau, vor allem wenn er betrunken ist. Alle Welt würde dies als einen Fehler des Mannes bezeichnen und von ihm verlangen, er solle sein Fehlverhalten abstellen. Frage: Ist das wirklich wahr? Kann dieser Mann sein Verhalten einfach so abstellen? Kannst du all die Verhaltensweisen abstellen, die du an dir selbst nicht magst? Wer seine Frau oder sein Kind schlägt, kann in dem Moment, wo er es tut, nicht anders. Sonst würde er es nicht tun. Vielleicht kommt er eines Tages zur Besinnung und kann sein Verhalten ändern, weil er erkannt hat, wie sehr er im Unfrieden mit sich selbst und der Welt ist.

Jemand, der sich in der Vergangenheit anderen Menschen gegenüber lieblos verhalten hat – und noch jeder von uns hat dies auf die eine oder andere Weise schon getan –, muss sich das irgendwann einmal vergeben können. Mit dem Bewusstsein herumzulaufen: »Ich habe viele Fehler gemacht«, lässt uns nicht zu einem besseren Menschen werden, sondern nur zu einem, der mit schlechtem Gewissen, Schuld- und Schamgefühlen durch die Welt läuft. Solche Menschen sind nicht in der Lage, eine friedliche Welt aufzubauen, in der sich Menschen gegenseitig respektieren und liebevoll behandeln.

Entscheide dich bitte, andere Menschen – deinen Partner, deine Kinder, deine Eltern, deine Kollegen, deinen Chef etc. – immer mehr zu loben, anzuerkennen, sie zu unterstützen, ihnen zuzuhören, da zu sein, sie zu berühren, zu lächeln und zu verstehen, warum der andere manchmal so handelt, dass es dich trifft. Und wenn dich etwas trifft, kümmere dich um deine alte Wunde, in die der andere seine Finger gelegt hat. Entscheide dich, an deinem Partner und an anderen in Zukunft nur das zu betonen und zu erwähnen, was du an ihnen schön, anziehend, bewundernswert findest. Schau genauer hin. Diese Seiten besitzt er auch. Schiebe diesen Gedanken nicht als naiv oder unmöglich beiseite. Entscheide dich für die Haltung: *»Du darfst genauso sein, wie du bist. Und ich darf so sein, wie ich bin.«* Du kannst diesen Weg gehen, wenn du wirklich Frieden wünschst. Es ist ein radikal neuer Weg im Umgang mit dir selbst und mit anderen. Hab Mut und triff solche radikalen Entscheidungen und entdecke, welche Wunder du hiermit bewirkst – in dir und in anderen.

⁛ Alter Schuh: Perfekt sein wollen

Wärst du am liebsten perfekt? Taucht dieser Wunsch in dir ab und zu auf? Wäre es gar ein Traum von dir, vollkommen zu sein und keine sogenannten Fehler mehr zu machen? Wie gehst du mit dir selbst um, wenn dir etwas misslingt? An deiner Reaktion auf solche Missgeschicke kannst du ablesen, wie sehr der Wunsch, perfekt sein zu wollen, in dir steckt. Vielen Menschen ist nicht bewusst, dass sie ständig danach trachten und sich anstrengen, perfekt, vollkommen zu werden.

Wir alle haben von klein auf gelernt, dass abweichendes Verhalten unerwünscht ist und als »Fehler« bezeichnet wird. Fast alle Eltern lassen ihre Kinder wissen und spüren, welche Verhaltensweisen sie sich wünschen und was nicht gern gesehen wird. Liebesentzug oder gar Bestrafung sind schon beim kleinsten Kind die Folge. Es merkt bereits an der Stimme und am Blick von Mama und Papa, dass hier etwas unerwünscht ist, dass es dies oder jenes nicht wieder machen sollte. Und es entscheidet sich schon früh für den Gedanken: »Ich muss aufpassen, mich anpassen und die Dinge richtig machen!« Und trifft daraufhin die Entscheidung: »Ich darf keine Fehler machen. Fehler sind nicht gut. Wenn ich Fehler mache, geht es mir schlecht, ich werde dann nicht geliebt.« Es lernt früh, dass es im Denken dieser Welt so etwas wie Fehler gibt und alles in »hier richtig« und »dort falsch« aufgeteilt wird. Die Entscheidung »Ich darf keine Fehler machen!« haben viele von uns getroffen. Und solange diese Entscheidung nicht bewusst widerrufen wird, fühlen wir uns auch als Erwachsene noch immer an sie gebunden, ohne dass es uns bewusst ist. Diese Entscheidung wirkt wie ein Schwur.

Stell also bitte bei dir fest, ob du auch jemand bist, der im Grunde genommen perfekt sein möchte. *Das Perfektions-Programm ist ein Programm gegen das Leben und gegen die Liebe.* Es lässt dich nicht glücklich werden, weil du Perfektion – wie sie bisher definiert wird – hier auf der Erde nicht erreichen *kannst*. Denn alles, das nicht perfekt ist, und Fehler genannt wird, sind die Bausteine jeden Erfolges. Und in Wirklichkeit sind es keine »Fehler«: Es sind Experimente, Versuche und Erfahrungen. Jedes Baby muss Tausende Versuche machen, bis es laufen kann. Jeder Ingenieur braucht eine Vielzahl von Versuchen, bis er eine neue Maschine entwickelt hat. All diese Versuche sind nichts anderes als das, was wir gelernt haben, »Fehler« zu nennen. Fehler sind die Erfahrungen auf unserem Weg. Fehler sind also etwas Wunderbares, sie führen uns zum Ziel und zum Erfolg. Aber danach entstehen neue sogenannte Fehler auf einem neuen Weg zu einem neuen Ziel. *Wir dürfen nicht nur, wir müssen eine Unzahl »Fehler« machen.* Ja, unser ganzes Leben ist nichts anderes als eine Kette von Versuchen, von Experimenten, also eine Kette von Erfahrungen. Das heißt, sogenannte Fehler und Erfolge hängen unmittelbar zusammen, man kann sie nicht trennen. Und aus diesem ganzheitlichen Blickwinkel betrachtet, ist jeder Fehler genauso perfekt wie jeder Erfolg.

Hör bitte auf, dir einzubilden, du müsstest perfekt werden. In Wahrheit bist du perfekt, mit allen Erfahrungen, die du heute machst und die du bisher gemacht hast. Dieser Prozess, dass man durch Erfahrungen zu neuen Erfahrungen, aus Begrenzung in die Ausdehnung, aus Unklarheit in Klarheit, aus Unbewusstheit zu Bewusstheit kommt, ist der absolut perfekte Weg des Menschen – sowohl des Einzelmenschen in seiner Biografie, als auch der Menschheit über Äonen hinweg.

Kannst du dir jetzt vorstellen, warum sich viele Menschen am laufenden Band ärgern? Weil sie entdecken, dass sie am laufenden Band Dinge tun, die in ihren Augen nicht perfekt sind, die angeblich falsch sind.

Wenn du diesen alten Schuh auszieht, wirst du sehr viel Frieden und Harmonie in dein Leben hineinziehen. Wie das geht? Triff eine neue Entscheidung: Mach ein kleines Ritual. Setz dich ruhig hin, zünde eine Kerze an und mach dir bewusst, dass du eine wichtige Entscheidung für dein weiteres Leben treffen willst. Und dann sprich laut und kraftvoll folgende Sätze aus: »Heute treffe ich eine neue Entscheidung für mein Leben. Ich höre auf, perfekt sein zu wollen. Denn ich erkenne, dass dies ein liebloses Verhalten mir selbst gegenüber ist. Ich nehme mich selbst und mein Verhalten so an, wie es jetzt ist. Vielleicht ist es morgen anders. Aber heute ist es so. Ich erlaube mir, so sein zu dürfen, wie ich bin. Und dieses So-sein-wie-ich-bin ist ganz und gar perfekt und in Ordnung.«

Es war einmal ein Mann, der suchte sein Leben lang nach der perfekten Frau. Er wanderte durch viele Länder und am Ende seiner langen Suche war er müde und machte sich daran, Abschied zu nehmen vom Leben. Einer, der von seiner langen Suche wusste, fragte ihn eines Abends: »Sag mal, auf all deinen Reisen durch all die Länder, hast du wirklich nirgends die perfekte Frau gefunden?« Da wurde der alte Mann traurig und sagte leise: »Doch, einmal habe ich die perfekte Frau gefunden. Aber, was soll man machen, sie war auf der Suche nach dem perfekten Mann.« (frei nach einer Erzählung von OSHO)

⁑ Alter Schuh: Sich Liebe, Lob und Anerkennung verdienen

Jedes Kind wünscht sich, geliebt zu werden. Jedes Kind wünscht sich Aufmerksamkeit, Zuwendung und Berührung. Es freut sich, wenn es willkommen und gern gesehen ist, wenn es beachtet wird. Es wünscht sich Lob und Bestätigung. Es wünscht sich, dass ihm jemand zuhört und sich wirklich für es interessiert. Dieser große Hunger des Kindes nach der feinstofflichen Nahrung »Aufmerksamkeit und Liebe« wird bei uns in Westeuropa jedoch nur selten befriedigt. Wir wachsen mit diesem Hunger auf. In uns allen ist eine Sehnsucht, die danach lechzt, erfüllt zu werden. Wir fühlen uns innerlich leer, als wäre ein Loch in uns.

Deshalb wünschen wir uns auch als Erwachsene noch, gesehen und beachtet zu werden. Wir sehnen uns nach Anerkennung und Bestätigung, wir alle sehnen uns nach Liebe. *Dies ist die größte aller Süchte, unter der wir leiden, die Grundsucht aller Süchte: die Sucht nach Liebe und Lob, nach Anerkennung und Bestätigung.* Hinter allen Süchten, ob nach Alkohol, Zigaretten, Essen, Süßem, Arbeit, Spiel, Sex, Religion oder Sport, steckt der verzweifelte Versuch, dieses innere Loch zu stopfen, die Leere zu füllen – die Suche nach Erfüllung. Auf unserer Grundsucht lässt sich eine ganze Wirtschaft aufbauen, mit ihr spielt die Werbung. Wir sind »doch nicht blöd« oder doch? Nein, wir sind bedürftig, hungrig und fühlen uns im Inneren leer. Glückliche Menschen würden weit weniger kaufen, weil sie das Außen und alles Materielle nicht brauchen, um glücklich zu sein, sondern bewusst genießen können.

Mit diesem Hunger laufen wir in und durch die Welt und hoffen, dass irgendjemand uns diesen Hunger nehmen, unsere Sehnsüchte erfüllen könnte. Und wir tun (fast) alles dafür. Wir suchen Menschen, die uns nett, lieb, attraktiv, sympathisch und toll finden, und uns das auch zeigen. Als Nächstes suchen wir Frauen oder Männer, die uns sagen »Ich liebe dich!«. Wenn wir solch einen Menschen gefunden haben, dann versuchen wir, ihn möglichst lange festzuhalten, denn wir haben Angst, dass er morgen wieder gehen könnte. Hierzu schließen wir gerne Verträge ab, einer davon heißt Ehevertrag. Wir hoffen, jemand von außen möge diesen großen Hunger in uns nach Liebe und Erfüllung stillen.

Millionen Menschen gehen jeden Morgen zu ihrer Arbeitsstätte und wünschen sich weit mehr als nur eine gerechte Entlohnung für ihre Arbeit. Sie lechzen nach der Anerkennung, dem Lob und der Bestätigung ihres Wertes und ihrer Leistung durch Chef und Firma. Sie wollen hören und spüren: »Sie sind wichtig! Sie werden hier gebraucht! Wir schätzen Sie und Ihre Arbeit! Toll, dass Sie da sind! Machen Sie weiter so!«

Ich lade dich ein, deinen eigenen Hunger nach Liebe und Anerkennung in dir zu spüren und dir anzuschauen, wie du bisher versuchst, diesen Hunger zu befriedigen. Was tust du nicht alles, um dir das Wohlwollen anderer zu verdienen oder zu erkaufen. *»Ich muss mir Liebe verdienen!«*, ist einer der grundlegenden Glaubenssätze der meisten Menschen.
Wodurch versuchen wir, uns Liebe zu verdienen? Erstens versuchen wir Liebe durch Arbeit und Leistung zu erhalten. Denn das Arbeiten, Machen und Tun hat bei uns im Westen einen viel höheren Stellenwert als sein Gegenteil, das Nichtstun, das einfach Da-sein. »Tu was! Häng nicht so rum! Träum nicht so!« sind die unvergesslichen Leistungsaufforderungen unserer Kindheit. Für eine Zwei oder eine Eins im Zeugnis wurden wir belohnt und geliebt, für eine Fünf oder eine Sechs kritisiert und vielleicht mit Liebesentzug bestraft. Spätestens da wussten wir: Wenn ich Liebe von anderen bekommen will, muss ich mich anstrengen und fleißig sein und gute Leistungen vorweisen. *Liebe durch Leistung heißt die eine Formel.*
Zweitens streben wir nach Liebe durch Anpassung. In der Kindheit haben wir uns, so gut wir konnten, an die Erwartungen unserer Eltern und später anderer wichtiger Personen angepasst. Wir haben sehr schnell gelernt, wann es besser ist, den Mund zu halten. Wir haben gewusst, was Vater oder Mutter gerne von uns hören und sehen wollen. Wir haben versucht, ihre Erwartungen und Wünsche zu erfüllen. Jeder Tag in unserer Kindheit war voller

Wünsche, Erwartungen, Forderungen, Gebote und Verbote vonseiten der Eltern. Diese waren wie die Stangen beim Riesenslalom, die wir umfahren mussten. Den Riesenslalom unserer Kindheit haben wir hinter uns, aber die Stangen blieben stehen, und wir fahren noch heute.
Heute passen wir uns immer noch den Erwartungen anderer an, weil uns dieser »Sport« in Fleisch und Blut übergegangen ist. Da wir geliebt werden wollen, verbiegen wir uns selbst und verstoßen gegen unsere eigene Wahrheit. Ehefrauen schlafen mit ihren Männern, obwohl sie eigentlich auf dieses langweilige Treiben keine Lust haben. Männer versuchen, im Bett Leistung zu erbringen, obwohl sie es schon lange müde sind, Frauen zu beeindrucken.

Es wird Zeit, dass wir uns diesen Selbstbetrug bewusst machen und uns ihm stellen.
Wer sich anpasst, weil sich das Kind in ihm nach Liebe, Geborgenheit, Bestätigung und Schutz sehnt, darf sich das bewusst machen. Dieses Kind wohnt längst im Körper eines Erwachsenen, der die Verantwortung für sein Leben übernehmen darf und aufwachen kann. Dafür ist dieses Buch geschrieben. Sei sehr ehrlich zu dir und schau dir an, wo du dir Liebe erkaufst durch Anpassung, wo du dich prostituierst, sei es in deiner Firma, in deiner Beziehung oder wo auch immer. Du brauchst dich hierfür nicht zu verurteilen, dieses Verhalten gehört zu unserem Weg. Aber du kannst jetzt weitergehen und neue Entscheidungen treffen. Du kannst deinem ganzen Leben jetzt eine neue Richtung geben, indem du dich aufrichtest. Fang an, aufrichtig zu dir zu sein und dir ehrlich einzugestehen, wo du nach Liebe und Anerkennung im Außen strebst, sei es durch Leistung oder Anpassung oder beides.

Und entdecke endlich, dass du die Liebe, nach der du dich sehnst, nur an einem Ort finden kannst: nur in dir selbst. Fang an, den Weg der Liebe zu dir selbst zu gehen, denn du besitzt von Haus aus eine unendliche Liebesfähigkeit. Auf unserem Riesenslalom durch die Abhängigkeiten von Kindheit und Jugend haben wir nämlich eines übersehen: Wir haben uns selbst die Liebe entzogen und vorenthalten, weil wir dachten, die anderen, die Eltern, Kindergärtner, Lehrer, ältere Geschwister und andere Erwachsene hätten recht mit ihrem Urteil über uns. Wir haben aus ihrem Verhalten geschlossen: »Ich bin nicht in Ordnung.« Denn ein Kind, das zum Beispiel geschlagen wird, glaubt nicht, einen schlechten Vater zu haben. Es denkt: »Mit mir muss irgendetwas nicht stimmen, sonst würde Vater mich nicht schlagen.« Ein Kind bezieht in seinem Denken alles auf sich, da es seine Lebenssituation noch nicht zu überschauen vermag, geistig noch keine Distanz herstellen kann. Es fühlt sich sofort für alles schuldig. Wenn Mama an irgendetwas leidet, denkt es: »Wenn ich nicht wäre oder wenn ich besser wäre, würde Mama nicht leiden.« Streiten sich die Eltern, denkt es: »Wenn ich nicht wäre oder mich anders verhalten würde, würden sich die beiden nicht streiten.« Es ist ein »ver-rücktes« Denken, bei dem sich das Kind ins Zentrum allen Geschehens denkt, sich verurteilt und schuldig fühlt.

Diesen geistigen Vorgang in unserer Kindheit können wir als Erwachsene umkehren. Du kannst dich heute der Wahrheit öffnen, dass du durch und durch liebenswert bist und dass du dir selbst alle Liebe schenken kannst einschließlich Anerkennung, Wertschätzung, Lob, Dank und Würdigung. Bist du bereit dazu? Dann fang jetzt an oder verstärke den Weg der Selbstliebe, falls du ihn schon eingeschlagen hast.

Die Welt um dich herum kann dich nicht mehr lieben, als du dich selbst liebst. Also fang bei dir an, in deinem Denken, Sprechen und Handeln. Behandle und begleite dich selbst als deine beste Freundin, dein bester Freund, Coach, Berater, Kumpel. Sei dir selbst zugleich Mutter und Vater, Schwester und Bruder.

⁙ Alter Schuh: Sich für andere aufopfern

Viele Menschen, nicht nur Frauen, auch Männer, fühlen einen inneren Drang, ständig für andere da zu sein. Sie kümmern sich um dies und jenes, um ihre Partner, ihre Kinder, um ihre Eltern, um die Firma, die Gemeinde, den Verein und vieles mehr. Sie sind mit ihrer Aufmerksamkeit, ihrem Denken beinahe immer bei jemand anderem. Sie sind sehr fleißig und kommen selten zur Ruhe. Fast die gesamte Zeit – auch am Abend – verbringen sie, indem sie etwas für andere tun. Sie engagieren sich für alles Mögliche. Nicht selten arbeiten diese Menschen auch noch in einem helfenden Beruf, zum Beispiel als Krankenschwester oder Sozialarbeiter. Ihr Denken kreist ständig um die Frage: Was kann ich *noch* tun?
Früher, in Notzeiten, klang es aus manchem Elternmund: »Unsere Kinder sollen es einmal besser haben als wir!« Anders gesagt: »Ich opfere mein Leben, meine Gesundheit, mein Glück für das Glück meiner Kinder!« Auch wenn die wirtschaftlichen Notzeiten heute für die meisten Menschen vorbei sind, leben viele Eltern immer noch mit solchen Glaubenssätzen und unbewussten Entscheidungen. Frauen leben für ihren Mann oder für die Kinder. Männer leben und arbeiten für ihre Familie. Erwachsene Kinder leben für ihre Mutter und ihren Vater.

Andere opfern sich für die Firma auf, leben für den Verein, für andere.

Ist das nicht wunderbar, dass es so viele Menschen gibt, die für andere da sind und selbstlos und aufopferungsvoll leben? Haben uns nicht Mutter Teresa oder der heilige Franz von Assisi genau das vorgelebt, was heute noch Menschen nachleben?

An dieser Stelle bitte ich dich, sehr genau hinzusehen und dich zu fragen: Wie ist jemand, der für andere lebt? Wie sieht er aus? Mit welchem Gesichtsausdruck geht er durch sein Leben? Ist das ein glücklicher, gesunder und fröhlicher Mensch? Verbreitet er Frieden und Entspanntheit in seiner Umgebung?

Und wenn du selbst zu diesen sich aufopfernden Menschen gehörst, dann frage dich bitte: »Was für ein Gesicht schaut mir da aus dem Spiegel entgegen? Bin ich ein glücklicher, gesunder und fröhlicher Mensch?« – Und wenn deine ehrliche Antwort Nein lautet, dann weißt du, dass hier etwas schiefgelaufen ist. Dann lade ich dich ein, innezuhalten und nach innen zu gehen, um dir die wichtigsten Fragen des Lebens zu stellen: Was mache ich hier eigentlich? Was soll dieses ganze Leben hier? Was ist der Sinn von allem?

Das Bedauerliche ist, dass viele dieser Menschen, die viel für andere tun, für sich selbst nicht gut sorgen. Sie haben wenig Zeit für sich selbst, können selten richtig ausspannen, kaum etwas in Ruhe genießen. Sie gönnen sich kaum etwas Schönes und verbringen selten einen erholsamen Urlaub. Sie opfern sich für andere auf. Es ist wie eine Sucht. Und irgendwann fühlen sich diese Opfer-Menschen dann ausgebrannt. Sie arbeiten so lange, bis der Körper einfach nicht mehr kann. Als Erstes meldet sich häufig der Rücken mit Bandscheibenproblemen.

Denn diese Menschen tragen unsichtbare Lasten mit sich herum, vor allem unbewusste Schuldgefühle.

Gehörst du auch zu diesen Opfer-Menschen? Wenn ja, dann frage dich, ob du so weiterleben willst. Dieses Leben ist nicht dazu gedacht, dass du dich aufopferst. Und du wirst vom lieben Gott keinen Orden für deine Verdienste bekommen. Sich aufzuopfern ist ein Programm der Unliebe gegen sich selbst. Und auch den Menschen, für die du dich aufopferst, tust du keinen wirklichen Gefallen. Deinen Kindern zeigst du, wie man sich unglücklich macht. Willst du das?

Warum opfern sich Menschen in ihrer Geschäftigkeit für andere auf? Es ist der hilflose Versuch, Liebe zu bekommen. Es ist ein Programm, das wir früh von Mutter oder Vater gelernt haben. Entweder haben wir ihnen dieses Verhalten abgeschaut und uns gesagt: »So will ich auch leben.« Oder wir haben die Botschaft der Eltern verstanden, die da hieß: »Wenn du viel für andere tust, dann bist du in Ordnung und dann wirst du von uns gelobt und geliebt.« Schon als Kleinkind haben wir uns für dieses Opferprogramm entschieden. Damals hatten wir keine andere Wahl, aber später haben wir vergessen, dieses Programm zu ändern. Es hat sich verselbstständigt. Egal, ob du heute vierzig oder sechzig Jahre alt bist, du kannst auch diesen alten Schuh jederzeit ausziehen. Du kannst dich neu entscheiden.

Dich aufzuopfern für andere wird dich nie glücklich machen. Aber irgendwann wird es dich unglücklich und krank machen, wenn du es nicht schon bist. Wer sich aufopfert, gesteht sich meist nicht ein, dass er etwas haben will. Er sehnt sich nach Dankbarkeit des anderen, nach Lob und nach Anerkennung seiner Opferleistung. Dies geschieht nicht bewusst. »Die größten Geber sind oft die schurkischsten Nehmer«, sagte einmal ein Lehrer zu mir. Denn über dem Tisch geben sie und unter dem Tisch halten sie – unbewusst – die Hand auf und erwarten Gegenleistungen.

Was denkt »es« im Opfer-Menschen? Wie lautet die Entscheidung, die er einst getroffen hat? Es tönt in ihm: »So wie ich bin, bin ich nicht in Ordnung. Ich werde nicht um meiner selbst willen geliebt. Erst wenn ich Gutes tue, bin ich etwas wert und darf damit rechnen, geliebt zu werden. Ich muss mich erst nützlich machen. Ich muss erst beweisen, dass ich es wert bin, anerkannt, gelobt, geliebt zu werden. Ich muss mir Liebe verdienen!« Erkennst du deine Gedanken wieder? Erinnere dich daran, was deine Eltern von dir erwarteten. Unter welchen Umständen haben sie dich anerkannt und gelobt? Wann warst du ein guter Junge, ein gutes Mädchen? Die Aufforderung unzähliger Eltern war: »Mach dich nützlich. Sei fleißig. Zeig mir, dass du zu etwas zu gebrauchen bist. Dann bist du in Ordnung. Dann lobe ich dich.« Und wie haben sich diese Kinder schon im frühen Alter angestrengt, es ihren Eltern recht zu machen, ihnen zu beweisen, dass sie liebenswert sind. Erinnere dich, wie es bei dir zu Hause war.
Der sich aufopfernde Mensch denkt – im tiefsten Innern – schlecht über sich. Und diese unliebevollen Gedanken muss er von seiner Umwelt bestätigt bekommen, wie durch einen Spiegel. Es ist ein Unglücksprogramm. Ändere es! Hierzu ist es nie zu spät. Wenn du dieses Buch sorgfältig liest, wirst du eine Menge Anregungen finden, um auf einen neuen Weg zu gelangen, auf den Weg der Liebe zu dir selbst. Am Anfang steht die Entscheidung: »Ich wünsche mir von Herzen, mich selbst annehmen und lieben zu können. Ich öffne mein Herz für die Liebe zu mir selbst!«

Jeder Mensch sehnt sich nach Liebe und Anerkennung; er wünscht sich, wahrgenommen und gewürdigt zu werden; er wünscht sich, verstanden und angenommen zu werden, so wie er ist. Er wünscht sich Mitgefühl und Berührung, er wünscht sich ein Lächeln und Ermutigung; er wünscht sich Trost und die Rückmeldung: »So wie du bist, bist du in Ordnung!«

In unserer Kindheit haben die meisten gelernt, dass man das alles nicht gratis bekommt, dass man sich Liebe und Anerkennung verdienen muss. Das Kind in uns glaubt nach wie vor, es müsse viel dafür tun, um von anderen geliebt und geschätzt zu werden. Und so, wie es damals Mama oder Papa helfen oder gar retten wollte, kümmert es sich heute als Erwachsener um andere Menschen oder um Tiere.
Der in seinem Herzen hungernde, sich nach Liebe sehnende Mensch, der vor allem für andere da ist, hofft auf Entlohnung und Belohnung. Er läuft mit gebrochenem Herzen durch die Welt und hofft, durch sein Gutsein auf Heilung, auf Liebe, auf Mitgefühl und die Bestätigung, dass er ein guter, lieber Mensch ist. Zumindest hofft er darauf, dass die anderen ihm danken mögen. Aber seine Hoffnungen werden enttäuscht – ja, sie müssen enttäuscht werden. Menschen, die sich für andere aufopfern, werden nie zu glücklichen Menschen und ernten selten das, was sie sich erhoffen. Ja, nach Jahren des Aufopferns geschieht oft das Gegenteil ihrer Hoffnungen: Die Frau, die sich für ihren Mann aufopferte, die alles für ihn tat, wird von ihm nach zwanzig Jahren verlassen. Er sucht sich eine andere Frau, oft eine jüngere. Der Mann, der sich immer mehr nach den Wünschen seiner Frau richtete, seine Kleidung, seine Frisur, seine Freizeitaktivitäten ihrem Geschmack anpasste, wird von ihr am Ende als

Langweiler beschimpft und verlassen. Die Eltern, die sich ein Leben lang für ihre Kinder krummlegten, ihnen oft auch später noch finanziell aus der Klemme halfen – am Ende sind sie häufig allein und einsam, und warten sehnsüchtig darauf, dass ihre Kinder zumindest Weihnachten einmal vorbeischauen. Die Kinder, ihr Lebensinhalt, leben inzwischen ihr eigenes Leben.
Bitte frage dich: Lebe ich heute für mich oder für andere? Und wenn ich einen großen Teil meiner Energie und meiner Zeit für andere Menschen aufwende, bereitet mir diese Arbeit große Freude, erfüllt sie mich, macht sie mich glücklich?

⊞ Alter Schuh: Seine Gefühle verstecken und verdrängen

Mit ihren Gefühlen stehen die meisten Menschen auf Kriegsfuß. Dabei ist der Mensch von Natur ein Gefühlswesen, denn das Fühlen macht ihn erst menschlich. Würden wir uns von außen betrachten können, und wären wir in der Lage, unsere unterschiedlichen Gefühle in verschiedenen Farbtönen wahrzunehmen, unser Mund bliebe offen stehen vor Verwunderung und Staunen über die Vielfalt und Schönheit unseres Gefühlsreichtums.
Viele Menschen klagen darüber, dass sie nur wenig fühlen können, sie sehnen sich nach einem Leben mit intensiven Gefühlen. Besonders in ihren Beziehungen zum anderen Geschlecht bemerken sie, wie sehr sie im Kopf und wie wenig im Herzen sie sind. Unsere Welt ist voller Kopfmenschen. Begegnen sich zwei, dann begegnen sich zunächst einmal zwei Köpfe: Meinungen, Gedanken, Überzeugungen treffen aufeinander. Es wird abgeschätzt

und eingeschätzt, gemustert, geurteilt und verurteilt, anstatt dass Gefühle wahrgenommen und offen gezeigt werden. Stell dir einmal eine Welt vor, in der sich zwei Menschen begegnen mit Sätzen wie: »Sie haben aber eine schöne Ausstrahlung, da fühle ich mich sofort sehr wohl, wenn ich Sie sehe.« Oder: »Ich fühle mich gerade etwas verunsichert Ihnen gegenüber und weiß gar nicht, was ich sagen soll.«

Als wir als Kinder in diese Welt kamen, waren wir noch hundertprozentige Gefühlswesen; wir waren lebendig und offen und haben sowohl mit dem Körper als auch mit unserer Seele gefühlt. Wir haben zu allem erst einmal Ja gesagt, wollten alles umarmen und abknutschen. Aber diese Offenheit für das Fühlen wird von jedem Kind bereits in den ersten Jahren immer weiter eingeschränkt; es verschließt sich mehr und mehr und geht von seinem Herzen hin zum Kopf; es mutiert vom Herzmenschen zum Kopfmenschen. Auch du hast es so gemacht. Warum tut es dies? Ein Kind kommt mit offenem Herzen in die Welt, liebend, lachend, weinend, fühlend, alles umarmend. Ein Kind ist All-Liebe und ganz im Gefühl. Mit seinem all-liebenden Wesen trifft das Kind jedoch auf Erwachsene, die selbst aufgehört haben zu lieben und zu fühlen. Sie sind verletzte Kinder in erwachsenen Körpern, die vor langer Zeit aufgehört haben sich selbst zu lieben, weil auch ihre Liebe zurückgewiesen wurde. Sie haben ihr Herz vor langer Zeit für das Fühlen und Lieben verschlossen. Kinder laufen mit ihrem offenen, liebenden Herzen in offene Messer. Das klingt brutal und übertrieben, ist jedoch auch heute noch der Normalfall. Die offenen Messer, das sind die Bedingungen, die die Erwachsenen dem Kind entgegenhalten, ihre Forderungen, Wünsche und Erwartungen,

die sie vor ihre Liebe setzen. Liebe wird schon in den ersten Monaten an das Wohlverhalten des Kindes, an Leistung geknüpft. Mama ist liebevoller zu ihrem Kind, wenn es durchschläft, wenn es nicht schreit, wenn es brav den Brei schluckt und nicht ausspuckt, wenn man es lange allein lassen kann, ohne dass es aufmuckt, wenn es Mama oft anlächelt ...
Das nenne ich die Vertreibung aus dem Paradies. Ab dem sechsten Lebensjahr haben fast alle Kinder ihr Herz verschlossen und sagen sich: »Ich will das hier nicht mehr fühlen. Das tut mir zu weh.« Denn jede Zurückweisung, jede Kritik am Kind, jede Forderung nach Verhaltensänderung ist wie ein Stich ins Herz des Kindes. Weil das Kind sich schützen möchte und sich unterschiedlichsten Forderungen aus der Welt der Großen ausgesetzt sieht, geht es in den Kopf und beginnt, strategisch denkend durch das Leben zu gehen. Mit dem Kopf jedoch kann kein Mensch glücklich werden.

Im Erwachsenenalter beginnen dann viele, sich wieder nach dem Fühlen und nach schönen Gefühlen zu sehnen. Aber wir fühlen vor allen Dingen die nicht angenehmen Gefühle, unsere Emotionen. Bei den vielfältigen Emotionen unterscheiden wir Ängste, Wut, Zorn, Hass, Neid, Eifersucht, Schuld, Scham, Ohnmacht, Schwäche, Einsamkeit, Verlassenheit, Minderwertigkeit usw. All diese Gefühle besitzen wir seit den frühen Kindertagen, durften sie jedoch nicht zeigen. Kinder erleben bis heute nicht, dass sie mit ihren Gefühlen willkommen sind. Kommen sie voller Angst zu uns gelaufen, sagen wir: »Du musst doch keine Angst haben!« Das Kind hat aber Angst und möchte hören: »Du darfst Angst haben. Komm her in meine offenen Arme und erzähl mir von deiner Angst.« Kommt ein Kind wütend angelaufen, be-

kommt es sehr schnell zu spüren, dass es damit unerwünscht ist. Oder hast du schon einmal Eltern erlebt, die gesagt haben: »Schau, dieses wütende kleine Mädchen! Ist es nicht herrlich kraftvoll in seiner Wut?«
Erwachsene können mit der bunten Gefühlspalette eines Kindes nicht positiv umgehen, sie können weder die Wut noch den Neid noch die Hilflosigkeit des Kindes annehmen und lieben, weil sie selbst vor langer Zeit gelernt haben, diese Gefühle in sich abzulehnen und zu verdrängen. Wir haben das Verdrängen unserer Gefühle – der unangenehmen wie der angenehmen – zur Gewohnheit gemacht. Der normale Erwachsene läuft heute mit Tonnen von unterdrückten, abgelehnten Gefühlen durch sein Leben, die in seinen Zellen stecken und seinen Körper schwer belasten und krank machen. Die verdrängten Emotionen sind der Krankmacher Nummer eins. Physische Krankheiten entstehen zuallererst durch diese emotionalen Energien, die wir zwar selbst mit unseren Gedanken erschaffen haben, die wir dann jedoch ablehnen und nach innen verdrängen. Was wir aber verdrängen und ablehnen, kann unseren Körper nicht verlassen. Es füllt unsere feinstofflichen Körper, die mit dem physischen Körper aufs Engste verbunden sind, und am Ende macht es diesen krank. Ob Bandscheibenvorfall oder Herzinfarkt, ob Krebs, Multiple Sklerose oder Rheuma, ob Myome, Allergien oder andere Krankheiten: Bei so gut wie allen kann der Betroffene mit etwas Hilfe sehr schnell erkennen, wie er selbst diese Krankheiten erschaffen hat. Aber trotz vieler Bücher, die es zu diesem Thema gibt, sind nur wenige Menschen bereit, sich dieser Wahrheit zu stellen und ihre Verantwortung für die Erschaffung ihrer Krankheiten sowie ihrer gesamten Lebenswirklichkeit zu übernehmen.

Zurück zu den Gefühlen. Wir wünschen uns das Fühlen so schöner Gefühle, wie berührende Nähe, Zärtlichkeit, Freude, Vertrauen, Sicherheit, Geborgenheit, Annahme, Liebe usw. Diese Gefühle können wir jedoch nicht fühlen, solange die gegenteiligen Gefühle, vorneweg Angst, Trauer und Wut, unsere Körper bevölkern. Wie soll das auch funktionieren, dass ich ein Grundlebensgefühl von Freude und Geborgenheit fühlen soll, nachdem ich dreißig, vierzig Jahre lang meine Ängste abgelehnt und verdrängt habe? Das ist ein Ding der Unmöglichkeit. Alle diese abgelehnten Emotionen wünschen sich zunächst unsere ganze Annahme, unser bejahendes Fühlen, damit sie ins Fließen kommen und unsere Körper verlassen können.

Bitte schau dir in deinem Alltag genau an, wie du mit diesen unangenehmen Emotionen umgehst. Was machst du, wie lenkst du dich ab, wenn in dir Ängste hochkommen, wenn du dich unsicher fühlst, wenn du verärgert oder wütend bist, wenn du dich einsam oder verlassen fühlst? Komm dir auf die Spur und schau dir deine speziellen Ablenkmechanismen an. Gehst du regelmäßig an den Kühlschrank, suchst du was Süßes oder die Zigarette, das Bier oder das Schnäpschen? Stürzt du dich in deine Arbeit und ins Joggen? Womit genau lenkst du dich immer wieder von deinen unangenehmen Gefühlen ab?

Ich lade dich ein: Bevor du das nächste Mal zur Zigarette, zur Praline, zum Kaffee, zum Bier oder zu sonst etwas greifst oder dir deine Joggingschuhe anziehst, halte drei Minuten, also 180 Sekunden lang inne, schließe die Augen und fühle das, was es jetzt in dir zu fühlen gibt. Fühle sowohl die unmittelbare körperliche Empfindung (wie Enge, Druck, Spannung, Härte, Kälte etc.) als auch die Emotion, das Gefühl, das jetzt gerade gefühlt werden

will. Nach diesen drei Minuten des Fühlens gönn dir das, wonach es gerade in dir gelechzt hat und genieße die Zigarette, das Bier oder was immer dir gefällt ...
Ist es nicht verrückt? Was mussten wir nicht alles während der Schulzeit lernen. Aber wie wir mit unseren Emotionen, mit Angst, Wut, Trauer & Co. liebevoll und bejahend umgehen können, haben wir nicht gelernt. Niemand kommt darum herum, wenn er nicht an gebrochenem Herzen sterben will. Bis heute sterben die meisten von uns genau daran.

Alter Schuh: Seinen Körper missbrauchen und krank machen

Was Millionen Menschen täglich und ihr Leben lang mit ihrem Körper anstellen, ist nichts weniger als eine bodenlose Dummheit. Obwohl die Menschheit schon so lange auf dieser Mutter Erde existiert, scheint sie nur einen winzigen Schimmer von dem zu begreifen, was dieser Körper ist, wie er funktioniert und was er braucht, um ein langes Leben lang gesund, kraftvoll und schön zu sein, und damit ein Genuss für den, der in ihm wohnt.
Unsere Mediziner können zwar Herzen und andere Organe transplantieren, aber sie konzentrieren sich auf den kranken Körper und nicht auf die Frage: Wie können wir unseren Körper auf einfache Weise gesund erhalten? Wie können wir, wie kann jeder Einzelne von uns die Krankheitsursachen beseitigen? Oder: Was muss oder kann ein Mensch tun, um gesund und in einem guten Geisteszustand im hohen Alter aus diesem Körper zu gehen?
Wenn wir unseren Umgang mit unserem physischen Körper betrachten, erkennen wir schnell, dass wir diesen

Körper wie eine Art Maschine behandeln. Wir benutzen ihn, »ölen« ihn vielleicht mit ein wenig Bewegung oder Sport, geben ihm Essen und Trinken und das war's dann auch meist schon. Wir beobachten, dass unser Körper ab dreißig oder vierzig Jahren immer mehr »Zipperlein« aufweist und häufig in den Vierziger- und Fünfzigerjahren ernsthaft an etwas erkrankt und »repariert« werden muss. Mit sechzig oder siebzig Jahren – falls der Leib noch lebt – ist er in einem ziemlich schlechten Zustand. Locker, gut und aufrecht gehen, leicht Treppen steigen oder längere Zeit wandern können die wenigsten Körper mit sechzig, viele sogar schon mit fünfzig nicht mehr.
Solange wir keine größeren Beschwerden haben, schenken wir unserem Körper in der Regel wenig Aufmerksamkeit. Tauchen welche auf, ignorieren wir sie zunächst einmal: »Wie geht's?« – »Och, geht schon!« Notfalls schlucken wir ein paar Pillen; heute konsumiert jeder Deutsche im Schnitt tausend Tabletten pro Jahr! Falls du keine schluckst, dann muss sie jemand anderes für dich mitschlucken. Unsere Körper sind bei unserem Tod oft so verseucht, dass sie weit länger als früher brauchen, um zu verwesen. Dass wir diesen pharmazie-verseuchten Körper unserer Mutter Erde zumuten, wenn wir ihn in ihr begraben, ist schon ein starkes Stück, denn eigentlich müsste er als »Sondermüll« entsorgt werden.
Helfen keine Medikamente mehr, dann begeben wir uns ins Krankenhaus, wobei die Chancen, dort wirklich gesund zu werden, denkbar gering sind. Denn ein normales Krankenhaus »riecht« nach Krankheit. Es ist ein Wirtschaftsbetrieb, der Interesse daran haben muss, dass der Patient möglichst lange bleibt und nicht so schnell wieder nach Hause geht, in sein geliebtes oder zumindest vertrautes Umfeld. Im Krankenhaus stehen die Chirurgen an der Spitze der Ärztehierarchie. Sie genießen das

größte Ansehen, weil sie uns am besten helfen, nicht indem sie heilen, sondern indem sie das wegmachen, was krank ist und stört. Sie schneiden das Störende einfach heraus oder ersetzen es durch ein Ersatzorgan, sofern sich ein Spender findet. Das hat mit Heilung nichts zu tun, auch wenn der Mensch nach der Operation weiterlebt.

Der Normalmensch gibt die Verantwortung für seinen erkrankten Körper an den »Gott in Weiß«, den »Herrn Doktor« ab. Stellt der Arzt die Diagnose, glaubt ihm der Normalmensch selbstverständlich und wird erst richtig krank. Dass es Ärzte überhaupt wagen, einem verunsicherten Menschen Sätze zu sagen wie »Ich gebe Ihnen noch ein paar Monate« oder »ein, zwei Jahre« ist schlichtweg ein Skandal. Immer mehr begreifen: Erst der Glaube an die Diagnose des Arztes lässt die Krankheit zum Ausbruch kommen, lässt den Menschen häufig zusammenbrechen und aufgeben.

Ich verurteile die Ärzte und die Medizin und auch die Pharmaindustrie nicht. Wir haben sie alle gemeinsam erschaffen, somit haben wir (bisher) nichts Besseres verdient. Unser »Gesundheitswesen« spiegelt das Massenbewusstsein unserer Gesellschaft wider. Menschen, die ihre Verantwortung für ihr Lebensglück und ihre persönliche Macht über ihren gesunden Körper an andere abgeben, dürfen sich nicht wundern, dass sie sich dann machtlos und hilflos fühlen. Und, dass andere diese Macht nicht selten missbrauchen und die Patienten deshalb immer kränker und abhängiger werden.

Unser Körper war bei den meisten von uns perfekt und rundum gesund, als wir aus dem Bauch unserer Mutter rutschten. Wenn er es nach dreißig, vierzig oder siebzig Jahren nicht mehr ist, liegt dies nicht ursächlich an Ver-

erbung, Umweltbelastungen, Viren, am Schicksal oder am Karma. Stell dich bitte einmal nackt vor einen großen Spiegel und schau deinen Körper einmal in Ruhe bei guter Beleuchtung zehn Minuten lang an; achte auf deine Gedanken über ihn und deine Gefühle für ihn. Wenn du genau hineinhörst, vernimmst du vielleicht, wie es in dir stöhnt: »Oh, Gott!« Spüre bitte deine Abneigung, deine Ablehnung ihm gegenüber. Aber der liebe Gott hat mit dem jetzigen Aussehen und Zustand deines Körpers nichts zu tun. Er hat ihn dir einst anvertraut. Was du heute in deinem Spiegel siehst, das hast du aus diesem schönen, kleinen, knackigen Körper von damals gemacht. Kannst du dich dem Gedanken öffnen, dass nur du es bist, der diesen Körper jeden Tag gestaltet, ihn altern und erkranken lässt, ihn schwach und hässlich machst? Liebst du diesen deinen Körper etwa?
Viele Lehrer haben seit Jahrhunderten das Wissen um die Zusammenhänge zwischen Körper und Geist gelehrt (bei uns hat sich vor allem Ruediger Dahlke in der Nachfolge von Thorwald Dethlefsen auf diesem Gebiet große Verdienste erworben), aber den wenigsten ist es bis heute geläufig. Ob Bandscheibenvorfälle oder Migräne, ob Atembeschwerden oder Krebs, ob Ohrgeräusche oder Gelenkschmerzen, ob Allergien oder Zahnprobleme: Der Normalmensch ist taub für den Gedanken, dass alles, was sein Körper an Symptomen oder Krankheiten zeigt, von ihm auf unbewusste Weise erschaffen wurde; und, dass er in sehr kurzer Zeit, oft reicht ein halbstündiges Gespräch, erkennen könnte, wie er es geschafft hat, seinen Körper krank und »klein« zukriegen. Aber wer will das schon wissen? Das würde ja dann nach Konsequenzen, nach einem veränderten Leben rufen.
Wie machen wir unseren Körper krank und alt? Durch unseren Geist, konkret durch Gedanken und Gefühle,

durch unsere gesamte Einstellung zum Leben, zu uns selbst und unserem Körper. Allein die Tatsache, dass wir unseren Körper nicht lieben und nicht so mögen, wie er aussieht, unser Herz nicht für ihn öffnen, wenn er schmerzt oder Druck, Spannung, Enge, Schwere sich in einzelnen Körperregionen breitmachen, reicht aus, dass er sich weiter in Richtung Gebrechen und Krankheit und frühen Tod bewegen muss. Ich bin fest davon überzeugt, dass unser Körper heute weit über einhundert Jahre alt werden könnte in Gesundheit, Kraft und Schönheit. Nicht mithilfe einer verbesserten Medizin, sondern durch ein völlig neues Bewusstsein, durch ein neues Denken, Fühlen und Verhalten ihm gegenüber und ein radikal neues Verhältnis zu ihm. Am Zustand unserer Körper können wir am besten ablesen, dass diese Menschheit in ihrem Bewusstsein noch in den Windeln liegt. Sie fliegt zwar zum Mars, aber woher beispielsweise Migräne oder Rückenschmerzen kommen, was man – ohne Medikamente oder Krankengymnastik – tun kann, um einen klaren, entspannten Kopf bzw. Rücken zu erhalten, das will der Mensch der Masse (noch) nicht wissen. Unbewusst hat er sich weiter für das Leiden entschieden, obschon dies beinahe pervers klingt.

⊞ Alter Schuh: Sich mit anderen vergleichen und konkurrieren

Der Gedanke der Konkurrenz ist ein Virus, mit dem Kinder von ihren Eltern geimpft werden. Sie üben von klein auf ein Denken ein, das gekennzeichnet ist von Leistung und Belohnung für Leistung. Eltern wünschen sich Kinder, die sich anstrengen, die schon früh zeigen, dass sie besonders sind und vielleicht schon vor der Einschulung schreiben können. Sie wünschen sich Kinder, auf die sie stolz sein können. Und dieser Stolz ist an die Leistung und das Verhalten des Kindes geknüpft. Beinahe jedes Kind im Westen lernt folgenden Zusammenhang sehr schnell: »Wenn ich mich anstrenge, wenn ich die Erwartungen anderer erfülle, werde ich gelobt und belohnt. Wenn ich dies verweigere – weil ich z.B. keine Lust dazu habe –, werde ich kritisiert statt gelobt, erhalte keine Belohnung, sondern die Rückmeldung, dass mit mir etwas nicht stimmt, dass ich nicht in Ordnung, dass ich falsch bin. Ich erhalte deutlich weniger Zuwendung und Aufmerksamkeit. Folglich fühle ich mich wertlos, weil ich das Denken der Erwachsenen übernommen habe, das besagt: Wer nichts leistet, ist nicht viel wert.« Wer sich nicht anstrengt, ist in dieser Gesellschaft bald ein hoffnungsloser Fall. Die Frucht dieser Erziehung heißt Minderwertigkeit und Angst; Angst, es nicht zu schaffen, Angst, nicht gut genug zu sein.

Eltern haben feste Vorstellungen von dem, was ihr Kind wann können sollte, wann es »sauber« sein soll, wann es sprechen soll, wann es laufen soll, wann es schreiben soll. Die Mindestanforderung an ihr Kind lautet: Sei normal, erbringe Fertigkeiten, die alle Kinder in deinem Alter bringen und nicht weniger. Aber wenn es geht (denkt »es« in vielen Eltern) bring etwas mehr als der Durchschnitt. Sei normal, aber sei auch etwas Besonderes, schließlich bist du unser Kind. Und wir wollen stolz sein auf unser Kind.

Schon ein Kleinkind wird zu besonderen Leistungen angehalten und angefeuert. Der Grundgedanke vieler Eltern lautet: »Es soll es im Leben zu etwas bringen.« Aber wie viele Eltern sind stattdessen von dem Gedanken beseelt: »Mein Kind soll ein glücklicher Mensch werden.«?

Wären die Eltern ehrlich, müssten sie ergänzen: »Und ich maße mir nicht an zu wissen, was es dazu braucht, denn ich bin ja selbst kein glücklicher Mensch.« Unglückliche Menschen produzieren unglückliche Menschen, denn etwas anderes kennen sie nicht. Was haben wir unseren Kindern denn zu bieten außer unserer Art, uns unglücklich zu machen? Das Konkurrenzdenken hat hieran einen gewichtigen Anteil. Sich vergleichen und konkurrieren gehört zu den größten Unglücklichmachern.

Die Kinder werden schon ab den ersten Lebensjahren angehalten, sich selbst mit anderen Kindern zu vergleichen. Das vergleichende Denken wird so früh und so beständig in Elternhaus, im Kindergarten, auf dem Spiel- und Sportplatz, in der Schule und später in der Firma eingeübt, dass sich die meisten Menschen gar nicht vorstellen können, wie ein Leben ohne das Vergleichen aussehen könnte.

Die Befürworter dieses Konkurrenzsystems glauben, es würde dem Menschen Antrieb verleihen, etwas zu leisten, etwas Neues zu erschaffen. Was ist das für ein Menschenbild, dem der Vergleich als Antrieb zur Leistung zugrunde liegt? Ohne den Wunsch, besser zu sein als der Nachbar, bliebe der Mensch faul hinter seinem Ofen liegen? Der Mensch von Natur aus faul?

Die Anleitung, sich mit anderen Menschen zu vergleichen, ist eine Anleitung im trennenden Denken. Wir werden angeleitet zum Teilen, dem Ur-Teilen zwischen uns und dem anderen, zwischen uns und allen anderen. Wir hören schon früh die Botschaft, in dieser Welt müsse man sich anstrengen, um sich durchzusetzen, und dass die anderen die Konkurrenten seien. Nur wenige können es schaffen, die Masse schafft es nicht. Also fragt man dich: Willst du zur Masse gehören, die es nicht schafft, oder willst du zu den wenigen gehören, die es zu etwas bringen, was immer das sein mag? Zugespitzt lautet die Frage: Willst du Gewinner oder Verlierer sein in diesem Leben? Also: Streng dich an, hau rein, zeig, was du kannst!

Sobald wir anfangen, uns mit anderen Menschen zu vergleichen, lernen wir, den anderen als Gegner zu betrachten. Als Kind, noch nicht vom Erwachsenendenken verdorben, empfinden wir einen anderen Menschen natürlicherweise als Bruder oder Schwester. Wir sind neugierig, wollen Kontakt, Kommunikation und gemeinsam Freude haben, wir sind getragen von spielerischer Neugier und vorurteilslosem Blick auf den anderen.

Mit dieser Unschuld ist es bald zu Ende, oft schon lange vor dem Eintritt in den Kindergarten. Das Denken im Vergleich, das Konkurrenzdenken, führt im Menschen dazu,

- dass er sich innerlich von seinen Mitmenschen trennt, weil er lernt, sie als potenzielle Konkurrenten zu betrachten,
- dass er in sich Emotionen wie Missgunst, Neid und Eifersucht erschafft und nährt, die er aber nicht offen zeigen darf, weil das gesellschaftlich nicht erwünscht ist, sondern sie in sich verbergen muss,
- dass er seine eigene Wertschätzung, sein Selbstwertgefühl davon abhängig macht, ob er die Erwartungen der anderen (Eltern, Gesellschaft, Firma, Partner, Kinder etc.) erfüllt oder nicht. Er züchtet folglich Minderwertigkeitsgefühle und Selbsthass in sich. Das heißt, der Mensch trennt sich nicht nur von anderen, sondern letztlich auch von sich selbst. Er verliert sich selbst als Freund. Damit rückt die Selbstliebe in weite Ferne.

All dies sind die normalen Folgen westlicher Erziehung, denen sich kaum ein Mensch entziehen kann. Darum ist die Welt voller Menschen, die tief in ihrem Inneren sich selbst hassen und unglücklich sind; die aber auch in sich eine große Sehnsucht nach Liebe, Angenommensein und Geborgenheit haben. Prüfe bitte selbst, wie sehr du von diesem »alten Schuh« betroffen bist, und wie groß dein Wunsch ist, ihn auszuziehen.

⊞ Alter Schuh: Sich in die Angelegenheiten anderer einmischen

Eine sehr verbreitete Weise, sich ein Leben voller Probleme, Streit, Frustration und Einsamkeit zu erschaffen, liegt in unserer Gewohnheit, uns ständig in die Angelegenheiten anderer Menschen einzumischen, besonders in die der uns Nahestehenden. Dies rührt einerseits aus einem mangelnden Respekt für den eigenständigen Weg des anderen, andererseits daher, dass uns gar nicht bewusst ist, was unsere Angelegenheit ist und was nicht.

Byron Katie, die Begründerin von *The Work* (einer Methode, mit der wir unseren vielen unwahren, uns jedoch unbewussten Gedanken auf die Schliche kommen und uns auf diese Weise aus Leidenszuständen befreien können), unterscheidet zwischen drei verschiedenen Angelegenheiten, in denen wir uns jeweils befinden.
Etwas ist entweder deine eigene Angelegenheit oder die Angelegenheit eines anderen Menschen oder etwas, an dem weder du noch irgendein anderer Mensch etwas ändern kann. Das ist dann die Angelegenheit Gottes oder

des Lebens, falls du mit Gott noch nicht auf bestem Fuße stehst. Beispiele:

- Wessen Angelegenheit ist es, wie groß du bist?
- Wessen Angelegenheit ist es, dass du gerade im Verkehrsstau stehst?
- Wessen Angelegenheit ist es, was du zum Abendessen isst?
- Wessen Angelegenheit ist es, wie sich dein Mann/deine Frau ernährt?
- Wessen Angelegenheit ist es, ob deine Kinder zu spät nach Hause kommen?
- Wessen Angelegenheit ist es, ob dein Wohnzimmer aufgeräumt ist?
- Wessen Angelegenheit ist es, ob das Zimmer deiner Tochter aufgeräumt ist?
- Wessen Angelegenheit ist es, mit wem du Sex hast?
- Wessen Angelegenheit ist es, mit wem dein Partner ins Bett geht?

Immer dann, wenn du dich gedanklich in die Angelegenheit eines anderen Menschen einmischst – hierzu gehören auch dein Partner oder dein Kind –, dann befindest du dich in fremden Angelegenheiten und das führt immer zu Leiden.
Besonders Frauen haben diese Tradition des sich Einmischens oft von ihren Müttern übernommen und erzeugen unendliches Leid in ihrem Leben und im Leben ihrer Mitmenschen. Ich behaupte, die meisten Frauen sind während vieler Stunden des Tages mit ihren Gedanken und Worten nicht bei sich selbst. Ihre Gedanken kreisen vielmehr um ihren Mann, ihre Kinder, ihre Eltern oder die Schwiegereltern, um andere Menschen, wie Nachbarn, Verwandte, Kollegen oder Prominente. Allein die Auf-

lagen der Frauenzeitschriften in Deutschland zeigen, wie groß das Bedürfnis der Frauen ist, auch über das kleinste Detail ihrer Mitmenschen informiert zu sein, vom Horoskop bis zu banalsten Dingen des Alltags. Auch das »Tratschen und Ratschen« ist in erster Linie eine Domäne der Frau, obgleich sich manche Männer anstrengen, auf diesem Gebiet aufzuholen. Aber die Gedanken der meisten Männer scheinen sich mehr um ihre Arbeit zu drehen, um Aufgaben, die sie zu lösen haben, sowie um Sport, Politik, Autos und Sex.

Schauen wir uns genau an, was hier geschieht, und wie wir Leiden auf diesem Weg erzeugen. Wenn meine Gedanken häufig um die Angelegenheiten anderer kreisen, kann ich nicht gleichzeitig innerlich bei mir selbst sein. In mir selbst ist dann niemand für mich da, weil meine Aufmerksamkeit nicht auf mein eigenes inneres und äußeres Wohlergehen gerichtet ist. Immer an andere denkend und mich um andere kümmernd, bleibt es in mir selbst leer und einsam. Denn ich kann nicht gleichzeitig gut für mich sorgen, wenn ich gedanklich bei anderen bin (auch wenn Frauen immer wieder behaupten, sie könnten fünf Dinge zu gleicher Zeit tun.) »Kümmere dich endlich um das Wesentliche – um dich selbst« heißt einer meiner Vorträge und er hat vielen Frauen bereits geholfen, aus diesem »alten Schuh« auszusteigen.

Von der Mutter übernommen und über Jahrzehnte antrainiert, ist es heute für viele Frauen wie eine Sucht, sich ständig gedanklich in den Angelegenheiten anderer Menschen zu bewegen. Wessen Angelegenheit ist es, wie es im Zimmer deiner Tochter oder deines Sohnes aussieht? Nein, es ist nicht deine Angelegenheit. Nein, dein Sohn endet nicht unter der Brücke und deine Tochter endet nicht als »Schlampe«, wenn du aufhörst, dich in seine/ihre Unordnung oder sein/ihr Chaos einzumischen.

Warum heißt das Kinderzimmer wohl »Kinderzimmer«? Weil es nicht dein Zimmer ist und jedes Kind einen Raum braucht, um u.a. seine Erfahrungen mit Ordnung und Unordnung zu machen. Je mehr du dich über den Dreck und das Chaos bei deinem Kind aufregst, desto länger muss es im Zimmer von Tochter oder Sohn so aussehen.

Wenn ich glaube zu wissen, was du denkst und was gut für dich ist, dann lebe ich gedanklich in deiner Angelegenheit. Die Folge hiervon ist Trennung und Einsamkeit. Wenn du da drüben bist und dein Leben lebst und ich auch (in meinen Gedanken) bei dir da drüben bin und dadurch dein Leben (mit-)lebe, dann sind wir drüben bei dir, aber für mich ist keiner da. Natürlich fühle ich mich dann einsam und abgetrennt! Ich vereinsame mich selbst. Niemand anderer verursacht mein Gefühl des Alleinseins. Ich mache das.
Stelle also fest, wann du dich allein oder abgetrennt und frustriert fühlst. Immer wenn es dir nicht gut geht, halte inne, schließe kurz die Augen und frage dich: »An wen oder was habe ich im Moment gedacht?« Auf diese Weise merkst du immer öfter und schneller, dass du dich selbst in Gedanken verloren und verlassen hast. Frage dich immer wieder: »In wessen Angelegenheit befinde ich mich gerade in meinen Gedanken?« Bemerke auch, wenn du ohne gefragt zu werden Ratschläge erteilst, ob laut oder leise. In wessen Angelegenheit befindest du dich, wenn du anderen Ratschläge gibst?

Alter Schuh: An der Vergangenheit kleben und festhalten

Viele Menschen tragen schwer an ihrer Vergangenheit, ohne dass es ihnen bewusst ist. Sie bedauern und trauern, sie klagen oder wüten, sie bemitleiden sich oder sie hassen das, was sie erlebt haben. Egal, wie schwer deine Kindheit, deine Jugend oder dein bisheriges Leben war, egal, was du erlebt hast – es ist vorbei. Aber es fühlt sich meist nicht so an in uns, als ob es vorbei sei, weil wir nicht zulassen, dass es vorbei ist. Wir hängen mit Gedanken und Gefühlen in der Vergangenheit herum und belasten damit unsere Gegenwart.

Wer noch an seiner Vergangenheit leidet, der möge bitte seine Verantwortung für dieses Leiden übernehmen. Es ist nicht die Schuld deiner Mutter oder deines Vaters, dass du heute noch leidest. Dieses Leiden hast du ganz und gar selbst zu verantworten. Denn seit du von zu Hause weg bist, bist du frei, dein Leben zu gestalten, wie du willst. Was hast du seit dieser Zeit mit dir gemacht? Was für ein Leben hast du seitdem gelebt? Welchen Sinn auch immer eine schwere Vergangenheit mit verletzenden Erfahrungen und mit Gefühlen der Ohnmacht, der Kleinheit, der Verlassenheit, der Wut u. a. hatte, Fakt ist, dass sie schon lange vorbei ist. Wir aber, die Betroffenen, verlängern das Leiden der Vergangenheit, weil wir sie nicht loslassen.

»Ohne deine Vergangenheit bist du sofort frei!«, heißt einer der herrlichen Kernsätze aus dem schönen und anspruchsvollen Buch *Ein Kurs in Wundern*. Dieser Satz hat mich sofort fasziniert, als ich ihn zum ersten Mal las. Das Kleben an der Vergangenheit als Ursache meiner Unfreiheit. Wie werde ich aber »ohne Vergangenheit«?

Wie kann ich meine Vergangenheit hinter mir lassen? Viele Ratgeber empfehlen: »Lass sie los, die Vergangenheit!«, sagen aber nicht, wie das gehen soll. Wir können die Vergangenheit nicht loslassen, weil wir sie loswerden wollen. Wir wollen sie loswerden, weil wir sie ablehnen, denn sie war schwer, unangenehm bis unerträglich. Hier aber liegt der Schlüssel. Alles, was in der Vergangenheit geschah in mir, zwischen mir und den anderen, den Eltern, den Geschwistern, den Großeltern, wünscht sich Annahme, Würdigung, Anerkennung und deinen Segen. »Wie soll das gehen, wenn ich in meiner Kindheit geschlagen, missbraucht, weggegeben, mit Liebesentzug bestraft oder misshandelt wurde? Wie soll man solch eine Horrorzeit annehmen können? Das kann man doch nicht vergessen!«, sagt das verletzte Kind in uns. Niemand verlangt, dass du es vergisst, aber ich wünsche dir, dass du anfängst, diese ganze Geschichte aus einer neuen Perspektive anzuschauen und nicht mehr aus der Opferperspektive des Kindes, das du einmal warst. Das Kind, das du warst, wünscht sich, dass du dich seiner Gefühle annimmst und beginnst, diese endlich bejahend zu fühlen: seinen Hass, seine Verachtung, seine Trauer, seine Einsamkeit, seine Sehnsucht, seine Hoffnungslosigkeit. Erst wenn du anfängst, dich dieser Gefühle fühlend anzunehmen, und du lernst, sie bejahend zu fühlen, löst du dich aus dem Leidensszenario des kleinen Kindes, das in dir noch sehr lebendig lebt.

Mehr Hinweise zum Loslassen deiner Vergangenheit findest du im Kapitel 5 »Freiheit von der Vergangenheit«.

3

Fünf Schritte in ein neues Leben!

In diesem Kapitel erhältst du eine einfache und klare Anleitung dafür, wie du aus deinen »alten Schuhen«, das heißt aus deinem alten Leben aussteigen und ein Leben beginnen kannst, das diesen Namen verdient. Diese Anleitung setzt sich aus fünf Schritten zusammen. Sie spiegeln ein völlig anderes Bild vom Menschen und vom Leben wider, als es bisher an unseren Schulen gelehrt wird und in den Köpfen der »Normalen« kursiert.

Viele Hundert Menschen haben sich dieser Schritte bereits bedient, haben sie sich zu eigen gemacht und ihr Leben dadurch verändert. Sie stammen nicht von mir selbst, sondern von einem Lehrer der geistigen Welt namens P'taah, dessen Botschaften – gechannelt durch Jani King – ich nur jedem empfehlen kann. Lediglich den fünften Schritt habe ich ergänzt. Diese Schritte sind auch der Kern der von mir entwickelten Transformations-Therapie, in der ich seit dem Jahre 2000 jährlich Intensivseminare durchführe. In Ausbildungskursen werden Interessierte zu Therapeuten ausgebildet, die Menschen in nur wenigen Sitzungen durch große emotionale Probleme hindurchführen können.

Du kannst diese fünf Schritte auf alle Situationen deines Lebens anwenden, in denen es dir nicht gut geht oder mit denen du, wie der Verstand sagt, »ein Problem« hast. Jeder einzelne Schritt stellt eine Grundhaltung dar, die wir im Alltag unseres Lebens anwenden und einüben können. Wer dies tut, wird unendlich belohnt. Er erschafft sich ein Leben voll Leichtigkeit, innerem und äußerem Frieden und Gesundheit.

Die fünf Schritte in ein neues Leben heißen:

1. Übernimm deine Verantwortung als Schöpfer deiner Lebenswirklichkeit!
2. Das große Ja! – Anerkenne, was ist!
3. Nimm deine Urteile zurück – und lebe Vergebung!
4. Fühle deine (bisher abgelehnten und verdrängten) Gefühle bejahend!
5. Triff neue grundsätzliche Entscheidungen für dein Leben!

Erster Schritt:
Übernimm deine Verantwortung als Schöpfer deiner Lebenswirklichkeit!

Alles in deinem Leben hast du erschaffen, allein und in Koproduktion mit deinen Mitmenschen. Bisher hast du es meist unbewusst getan, aber du hast es getan. Wenn dir dieser Gedanke unangenehm ist, bist du noch im Opfer-Bewusstsein. Aber es gibt weder Opfer noch Täter, nur gemeinschaftlich erschaffende Meister. Übernimm deine Verantwortung für all deine Schöpfungen: für alle Gedanken, alle Gefühle, alle Handlungen und alle Ereignisse und Zustände deines Lebens; für deinen Körper, deine Beziehungen, dein Bankkonto, deine Süchte und Abhängigkeiten, deine Verstrickungen und insbesondere für alle Emotionen. Verantwortung heißt nicht schuld zu sein; seine Verantwortung zu übernehmen führt in die Kraft, um in Zukunft bewusst und in Liebe eine neue Lebenswirklichkeit zu erschaffen.

⊞ Du bist Schöpfer, du bist kein Opfer!

Du liest diesen Gedanken heute nicht zum ersten Mal! Ich will dich nur an ihn erinnern. Zu Hause hat man es uns nicht gesagt, im Kindergarten und in der Schule auch nicht; niemand hat uns gesagt, dass wir Erschaffende sind in diesem Leben, dass wir hochkreative, mächtige, mit größter Schöpferkraft ausgestattete Wesen sind. Würden wir uns sonst oft so klein, hilflos oder minderwertig fühlen?

Achte heute darauf, wo dein Verstand beim Annehmen dieses Gedankens die Grenze zieht, wo die »Aber« auftauchen. Wenn du deine »Aber« entdeckst, siehst du, wie du dein Leben erschaffen hast.

Das Auffälligste am Menschen ist, dass er ein schöpferisches Wesen ist, dass er ständig, jeden Tag, jede Stunde, jede Minute nichts anderes tut, als etwas zu erschaffen, und dass er sich dessen nur selten bewusst ist. Wir Menschen können gar nicht anders als erschaffen. Dazu brauchen wir zunächst keine Hände. Wir erschaffen, indem wir Gedanken denken. Jeder denkt. Du kannst nicht nicht denken. Du kannst höchstens unbewusst denken.

Gedanken sind immer schöpferisch. Gedanken erschaffen immer etwas Neues. Gedanken sind Energien, die du in die Welt hinausschickst. Deine Augen können sie nicht sehen, aber du kannst hören, was es in dir denkt. Gedanken sind der Stoff, aus dem die Welt gestrickt ist. Du kannst nicht nicht denken. Du kannst nicht nicht erschaffen! Diese Wahl hast du nicht. Aber was du denkst und was du damit erschaffst, das kannst du wählen. Wenn du dies wählen willst, musst du jedoch eine Entscheidung treffen, und die heißt: Statt weiterhin unbewusst, will ich in Zukunft bewusst erschaffen.

Alles, was du auf dieser Erde siehst und anfassen kannst, alles, was von Menschen erschaffen wurde, jedes Haus und jeder Stuhl, jeder Computer und jedes Handy, jeder Teller und jede Lampe – all das waren zunächst Gedanken. All diese Dinge sind zunächst im unsichtbaren (feinstofflichen) Bereich erschaffen worden. Sie haben zuerst als Gedanke existiert. Und dann hat sich zumindest ein Mensch dafür entschieden, diesen Gedanken in die materielle, anfassbare Wirklichkeit zu bringen, allein oder gemeinsam mit anderen. Alles, was nicht der Natur angehört, ist auf diese Weise erschaffen worden, durch Geisteskraft, durch einen schöpferischen Geist.

Auch du bist solch ein schöpferischer Geist; auch du erschaffst am laufenden Band. Was du erschaffst, fragst du? *Du erschaffst zwei Dinge: Erstens erschaffst du dein Leben, deine Wirklichkeit so, wie du sie erlebst.* Jeden Tag arbeitest du mit deinen vielen Gedanken, die dir durch den Kopf gehen, daran. Denn das Leben ist ein Kunstwerk. Und du bist der Künstler, du bist die Künstlerin!
Und zweitens erschaffst du noch etwas sehr Interessantes, nämlich dich selbst. Du arbeitest ständig an dir, oft ohne dass du es bemerkst. Denn du veränderst dich fortlaufend. Du bist ein Wesen im Werden. Morgen bist du bereits ein anderer als heute. Wenn du einen neuen Gedanken gedacht hast, veränderst du dich. Wenn du eine Begegnung mit einem Menschen hattest, veränderst du dich. Wenn du dieses Buch gelesen hast, bist du ein anderer als vorher. Du bemerkst dies oft nicht, weil du dir deiner selbst nicht besonders bewusst bist und du ein festes Bild von dir in deinem Kopf hast. Deine Freundin, dein Freund können diese Veränderungen eher registrieren als du.
Du bist also von Natur aus ein höchst schöpferisches Wesen, das sich seiner schöpferischen Fähigkeiten kaum oder gar nicht bewusst ist. Öffne dich für den Gedanken, dass du Schöpferkraft besitzt und dass du sie seit deiner frühesten Kindheit anwendest, ohne dass es dir jemand gesagt hat. Öffne dich für den Gedanken, dass du weit, weit mehr bist, als du dir in deinen kühnsten Träumen vorstellen kannst. Willst du dir anschauen, wie du Schöpfer bist, wie du Dinge, Ereignisse und Zustände erschaffst? Bist du wirklich neugierig darauf herauszufinden, wie du

dein Leben bisher erschaffen hast, wie du es fertig gebracht hast, dein Leben so zu erschaffen, wie es dir heute erscheint?

Klammern wir für einen Augenblick dein Elternhaus und deine Kindheit aus, also die Zeit, in der du dich nach deinen Eltern richten musstest, solange du deine Füße unter ihren Tisch gestreckt hast, wie es damals so schön hieß. Später kommen wir auf die Frage zurück, ob wir uns denn auch unsere Eltern und unsere Kindheit erschaffen haben.

Jetzt schau dir bitte einmal im Zeitraffer an, was du seit damals erlebt und gelebt hast. All die Stationen, die Beziehungen, die Schritte, die Erfolge, die Misserfolge, die Glücksmomente, das Leiden, das Schwere, das Schöne, deine Partner, deine Kinder, alle deine Mangelzustände und aller Überfluss in deinem Leben, alles Lachen und alle Tränen, alle Freude und aller Schmerz – *alles dies ist dein Werk, dein Kunstwerk*. Von all diesen Dingen, welches fällt dir am schwersten, es als deine Schöpfung zu betrachten? Deine gescheiterten Beziehungen? Deine Misserfolge im Beruf? Deine Krankheiten? Schau genau hin, wenn du sagst: »Das war nicht ich, das geht nicht auf mein Konto.«

⌗ Aus der Ohnmacht zur Macht

Wem, außer dir, gibst du noch die Schuld an deinem Leben? Auf wen schiebst du die Verantwortung für das, was dir nicht so gelang, wie du es gern gesehen hättest? Deinen Eltern, deinen Partnern, den Firmen, für die du gearbeitet hast, der Gesellschaft, dem Leben, dem lieben Gott?

Es geht nicht darum, dich selbst für schuldig zu erklären. Es geht überhaupt nicht um Schuld. Verantwortung hat nichts mit Schuld zu tun. Verantwortung übernehmen heißt, sich selbst als Schöpfer anzuerkennen, auch wenn ich noch nicht genau weiß, wie ich das alles erschaffen habe. *Verantwortung für mein Leben übernehmen bedeutet zu sagen: »Ich öffne mich dem Gedanken, dass ich es selbst war, der alles erschaffen hat, was mir begegnet und widerfahren ist, in meinem Körper und in meinem Leben, alle Ereignisse, alle Zustände, alles Negative wie alles Positive. Ich öffne mich dem Gedanken, dass ich Schöpfer bin und kein Opfer. Ich weiß nicht, wie ich es genau erschaffen habe. Aber ich bin neugierig, es herauszufinden.«*
Du warst nie Opfer. Du warst nur unbewusster Schöpfer deines Lebens. Du hast dich selbst zum Opfer erklärt, weil du andere verurteilt hast. Und darum hast du dich oft als Opfer gefühlt. Und darum hast du oft gelitten. Willst du das Leid beenden? Dann werde ab jetzt bewusste Schöpferin, bewusster Schöpfer deines Lebens. Und übernimm die Verantwortung für all deine Schöpfungen!

Mit diesem Schritt, mit dieser Haltung, dich selbst als Schöpfer deines bisherigen Lebens zu betrachten, vollziehst du den entscheidenden Wendepunkt hin zu einem neuen Leben, zu einer völlig neuen Lebensqualität. *Denn du gehst aus der Opferrolle hinaus. Und du nimmst dir deine Macht wieder zurück, deine Schöpfermacht.*
Fühl bitte für einen Augenblick dem Wort »Macht« nach. Fühlst du dich wohl bei diesem Wort oder eher etwas mulmig. Macht haben – willst du überhaupt Macht haben? Oder sagt da eine innere Stimme, dass mit Macht

nicht viel Gutes verbunden sein kann? Kläre diesen wichtigen Punkt für dich.

Macht ist eine Energie, eine Kraft, ein Potenzial, das dir vom Leben geschenkt wurde. Jeder Mensch hat von Natur aus Macht, weil er ein erschaffendes Wesen ist, weil göttliche Schöpferkraft sein natürliches Erbe ist. Was du mit dieser Energie machst, hängt von deiner Entscheidung ab; wofür du sie einsetzt, was du in deinem Leben erschaffst, das bestimmst nur du. Verbindest du deine Macht mit Liebe oder mit Kämpfen, Konkurrenz, Abgrenzung, Verurteilung?

Macht ist genauso gut oder schlecht wie ein Küchenmesser. Du kannst mit ihm Tomaten schneiden oder jemanden umbringen. Kann das Küchenmesser etwas dafür? Ist es deswegen schlecht? Natürlich nicht. Genauso wenig kann die Energie Macht etwas dafür, wenn sie jemand missbraucht, um jemand anderen zu unterdrücken oder auszubeuten. Macht ist immer schon da. Du kannst sie nicht wegzaubern. Macht ist das, was du daraus machst. Aber du kannst sagen: »Ich will keine Macht haben!« Du kannst dein natürliches Erbe ablehnen. Und das haben viele getan, weil sie Macht als etwas Schlechtes betrachten. Aber wer Macht ablehnt, trifft dennoch eine Wahl. Und diese Wahl heißt: »Ich wähle Ohnmacht. Ich wähle Hilflosigkeit, Kleinheit, Minderwertigkeit. Ich wähle das alte Opferspiel. Ich wähle das alte Spiel des Verurteilens.« Willst du dies weiterhin? Oder willst du dir deine Macht zurückholen?

Wenn du wieder handlungsfähig werden willst in deinem Leben, dann übernimm die Verantwortung für all deine Schöpfungen und schau dir diese genau an. Und erinnere dich jedes Mal an sie, wenn du wieder irgendetwas oder irgendjemanden verurteilst, und sage dir:

»Ich öffne mich dem Gedanken, dass ich dies selbst erschaffen und in mein Leben gezogen habe. Ich weiß noch nicht, wann und wie ich es getan habe. Aber ich habe es irgendwann gesät. Dies ist die Ernte meiner Saat. Ich akzeptiere, dass dies jetzt da ist. Es darf jetzt im Moment da sein. Es ist mein ›Baby‹, meine Schöpfung!«

⊞ Was du heute erlebst, hast du gestern gesät!

Alles, was du heute in deinem Leben erlebst, hast du vor einiger Zeit gesät. Manches letzte Woche, anderes im letzten Jahr, wieder anderes vor Jahren oder über viele Jahre hinweg. Schau dir nur deinen Körper an. Glaubst du, der liebe Gott hätte deine Nierensteine, deine Hautprobleme, deine Rückenschmerzen, deine Ohrgeräusche oder deine Cellulitis erschaffen? Es ist dein eigenes Werk. Hast du deinen Körper geliebt, hast du ihm oft gedankt für seine großartigen Leistungen? Hast du ihm reichlich gegeben, worüber er sich offenkundig freut: Sonne, Bewegung, gute Nahrung, Erholung, Berührung, guten Sex und vor allem Liebe und Dankbarkeit? Und hast du auf seine Signale reagiert, wenn er sich unwohl fühlte oder hast du sie ignoriert? Dein Körper spiegelt dir auf großartige Weise wider, wes Geistes Kind du bisher warst. Dein Körper hat keinen eigenen Willen, er ist hundertprozentig von dir abhängig. Was dein Körper dir zeigt, existierte vorher in deinem Geist, in deinem Denken. Zeigt er zum Beispiel Drucksymptome, wie Migräne oder Bandscheibenvorfälle, dann musst du dir vorher eine längere Zeit Druck gemacht und vieles in dir unterdrückt haben, was eigentlich ausgedrückt werden wollte, wie deine Wut, dein Ärger, deine Trauer oder andere Emotionen.

Schau dir deine Beziehungen an: deine Ehe oder Partnerschaft oder dein Singledasein, deine Exbeziehungen, deine Freundschaften, deine Kontakte, dein Gefühl von Geborgenheit in einer Gemeinschaft, dein Gefühl von Verbundensein oder deine Einsamkeit, deine Frustration, deine Bedürftigkeit. Alles ist dein Werk, nicht deine Schuld, aber deine Verantwortung. Wie sehr hast du das Verbundensein mit anderen genährt? Wie hast du deine Freundschaften gepflegt? Wie viel Liebe hast du verströmt? Und von wie vielen Menschen hast du dich getrennt, wie viele hast du verurteilt, weil sie nicht nach deinem Geschmack waren. Mit wie vielen liegst du noch heute im Clinch?

Schau dir die Energieflüsse in deinem Leben an. Fühlst du dich selbst so richtig in Saft und Kraft? Fühlst du dich im Zustand der Fülle und des Überflusses oder eher in Mangelzuständen? Wie sieht dein Bankkonto aus? Hast du Schulden, bist du oft knapp bei Kasse? Macht dir das Thema Geld oft Sorgen? Woher mag das kommen? Tröstest du dich damit, dass auch viele andere Probleme mit Geld haben? Auch diesen Mangelzustand hast du selbst in deinem Leben erzeugt. Wie du das gemacht hast, kannst du leicht herausfinden. Schau dir nur einmal deine Denkgewohnheiten an.

Wie viel Freude ist heute in deinem Leben? Wie viel Begeisterung? Wie viel Glücksgefühl? Wie viel Harmonie und Frieden? Wie viel Liebe? Wie viel Ekstase? – Wenn zu wenig da ist, dann hast du vielleicht nicht gut dafür gesorgt? Hast du erwartet, dass andere all dies in dein Leben bringen, zum Beispiel dein Mann oder deine Frau?

⊞ Deine Denkgewohnheiten sind dein Saatgut!

Was denkt es in dir? Ich frage nicht »Was denkst du?«, denn in der Regel lassen wir denken. »Es« denkt in uns. Das Denken läuft in uns weitgehend unbewusst ab, weil wir wenig Interesse am bewussten Denken haben. Die Frage, was denke ich wirklich über dies und jenes, ist uns in der Regel nicht angenehm; wir beschäftigen uns nur ungern mit unserem Denken. Manche finden, es sei anstrengend bewusst zu denken. Wenn du jedoch herausbekommen willst, wie du die Mängelzustände in deinem Leben erschaffen hast, wie du dein ganzes Leben, so wie es heute ist, erschaffen hast, dann darfst du dir Zeit nehmen für dein Denken.
Mangelzustände im Leben haben immer ihre Ursache in Gedanken des Mangels. Solche Gedanken werden wir uns im Folgenden anschauen. Alle Gedanken, die wir denken, erschaffen etwas. Was aber in unserem Leben so deutlich sichtbar wird wie der Zustand unseres Körpers, unserer Beziehungen oder unseres Bankkontos, das muss vorher schon sehr oft und sehr intensiv in uns gedacht worden sein.
Schauen wir uns die drei vielleicht wichtigsten Fragen an, mit deren Antworten wir unser Leben vor allem erschaffen. Diese Fragen lauten:

1. Was denkt es in mir über mich selbst?
2. Was denkt es in mir über das Leben?
3. Was denkt es in mir über meine Mitmenschen?

Auch du hast zu jeder dieser Fragen eine Unmenge Gedanken, selbst wenn dir diese meist nicht bewusst sind. Aber unsere unbewussten Gedanken erschaffen genauso wirkungsvoll wie die bewussten. Dem Gedanken ist es egal, ob er dir bewusst ist. Auf diese drei wichtigen Fragen haben wir schon in frühester Kindheit begonnen, ganz bestimmte Antworten zu denken. Wir haben uns damals wenig eigene Gedanken gemacht, sondern die der Eltern, Großeltern oder Geschwister übernommen, und sie sind uns zur Gewohnheit geworden. Seit dieser Zeit haben wir viele Gedanken nicht nur Hunderte, sondern Zigtausende Male in unserem Kopf wiederholt, meist ohne uns dessen bewusst zu sein.

Für ein Kind sind seine Eltern zunächst wie Götter. Was sie sagen oder tun, das ist Gesetz und Wahrheit, dass muss so sein. Da das Kind schnell merkt, dass es von diesen Göttern auch verdammt abhängig ist, tut es gut daran, ihnen zu folgen. Vor allem auch ihren Gedanken. Was Mutter und Vater gewohnheitsmäßig denken, wird zur Denkgewohnheit des Kindes. Und wenn das Kind entdeckt, wie glücklich es Mama und Papa machen kann, wenn es deren Lebensweisheiten nachplappert, dann lernt es sehr schnell, die Liebe von Mama und Papa zu gewinnen.

⁞⁚ Was denkst du über dich selbst?

Wie gut oder schlecht denkst du über dich? Denkst du von dir, dass du ein wunderbares Wesen bist? Dass du einmalig, einzigartig bist? Dass du schön bist, schöner als jede Rose? Dass du liebenswert bist? Dass du voller Geheimnisse, voller Schätze, voller Talente bist? Dass du ein herrliches Leben verdient hast; dass du ein Anrecht hast auf ein Leben voller Schönheit und in Fülle? Dass du so sein darfst, wie du bist? Dass du in Ordnung bist?

Du denkst das alles nicht über dich, sagst du? Ja, was denkst du dann über dich? Schreibe die Gedanken auf, die du über dich denkst, damit du sie schwarz auf weiß vor dir siehst. Was sind deine Grundgedanken? Was für ein Mensch bist du deiner Überzeugung nach? Du hast Tausende Gedanken über dich in dir. (Übungsvorschlag: Wenn du den Mut hast, dir deine Gedanken über dich, dein Selbstbild, anzuschauen, dann mach hier eine Pause von fünfzehn Minuten und fülle eine Seite mit diesen Gedanken. Gib dich nicht zufrieden, ehe du nicht eine Seite voller Gedanken vor dir liegen siehst.)

Unser Selbstbild ist in der Regel sehr »selbst-kritisch«. Wir haben gelernt, dass es gut ist, selbstkritisch zu sein. In Wirklichkeit steckt dahinter oft eine zutiefst negative und destruktive Haltung zum Leben und gegenüber uns selbst. Wenn du die positiven Gedanken über dich im ersten Absatz nicht teilen kannst, dann frage dich: Was ist an mir überhaupt positiv? Was finde ich gut? Was liebe ich an mir? – Was fällt dir hierzu ein? (Übungsvorschlag: Schreibe fünf Minuten lang auf, was du an dir liebst und was an dir liebenswert ist.)

Wenn ich Menschen in meinen Seminaren frage, was sie an sich selbst nicht gut finden, dann hat keiner Probleme, hier fündig zu werden. Manche können gar nicht mehr aufhören mit den Litaneien der Selbstkritik. Aber bei der Frage, was liebst du an dir selbst, kommt es nur noch tropfenweise und manch einem fällt schlicht nichts auf diese Frage ein.

Diese vielen negativen Gedanken, das wirklich miese Selbstbild – und glaube mir, ich übertreibe hier nicht –, das so gut wie alle Menschen mit sich herumschleppen, ist den wenigsten bewusst. Wäre es ihnen bewusst, wären viele entsetzt darüber. Deine negativen Gedanken über dich, dein negatives Selbstbild, hat mit dem, was du wirklich bist, nichts zu tun. In dem Kapitel über die »alten Schuhe« haben wir schon eine Reihe dieser Gedanken kennengelernt. Millionen Menschen sind sich im Urteil über sich selbst einig. Es denkt in ihnen, und aller Wahrscheinlichkeit nach auch in dir:

- Ich bin nicht gut. Ich bin schlecht. Ich muss besser werden.
- Ich muss mich anstrengen, keine Fehler mehr zu machen. Ich darf keine Fehler machen.
- Ich bin schuld. Ich habe Schuld an vielen Zuständen in meinem Leben und im Leben anderer.
- Ich habe Glück nicht verdient. Ich habe Liebe nicht verdient.
- Ich bin mit mir nicht zufrieden. Ich bin nicht so, wie ich sein sollte.
- Ich hasse mich.
- Ich habe es bisher nicht geschafft. Und ich werde es wahrscheinlich nie schaffen.
- Ich muss mir Liebe und Anerkennung verdienen.
- Ich muss beweisen, dass ich es wert bin, geliebt zu werden.
- Ich habe es verdient, dass es mir schlecht geht. Ich habe ja so viel falsch gemacht.
- Ich muss aufpassen, dass keiner merkt, wie ich wirklich bin. Ich muss vieles an mir verstecken. Ich muss lügen.
- Ich weiß selbst nicht, was ich von mir halten soll.

Dies sind nur einige wenige Gedanken. Manche sind dir bewusst, die meisten eher nicht. Kaum ein Mensch ist sich bewusst, wie viel Selbsthass in ihm steckt. Ich will dir nichts einreden. Finde es selbst heraus – und ändere es.

Mach dir bitte klar: Dies alles sind nicht wirklich deine Gedanken. Das heißt, sie stammen nicht ursprünglich von dir. Du hast sie übernommen von anderen, die das über dich gedacht oder gesagt haben. Jedes Kind – auch in den besten Familien – erhält weit mehr Botschaften über seine sogenannten Mängel, über das, was es falsch macht und falsch an ihm ist, als über seine Vorzüge, seine Einzigartigkeit, seine Schönheit, seine Klugheit, seine Liebenswürdigkeit. Das machen Eltern nicht mit böser Absicht. Sie glauben, sie tun ihr Bestes, sie wissen es nicht anders. Aber sie wurden auch nicht um ihrer selbst willen geliebt und – sollten sie noch leben – lieben sich bis heute nicht wirklich selbst, sind nicht mit sich im Frieden. Hab Verständnis und Mitgefühl mit ihnen und mit dir selbst.

Was du über dich denkst, das erlebst du im Außen an der Reaktion anderer Menschen. Was du über dich denkst, das spiegeln dir andere Menschen wider; sie bestätigen dir nur das, was du tief in dir über dich denkst und fühlst. Wenn du dich nicht für liebenswert hältst, dann wird dir nicht allzu viel Liebe im Leben begegnen. Dann kannst du keine Liebe empfangen. Selbst wenn dein Traummann oder deine Traumfrau vor dir stünde, würdest du denken: Das kann nicht wahr sein, er/sie meint nicht mich. Da muss ein Irrtum vorliegen. Deine Gedanken über dich selbst, deine Kritik oder dein Lob, deine Selbstverurteilung oder deine Selbstliebe, sind der Samen, der in deinem Leben aufgeht. Wie du über dich denkst, so reagieren die Menschen auf dich, so behandeln sie dich. Sie können gar nicht anders.

⊞ Was denkst du über das Leben?

Dies ist *die zweite zentrale Frage*, wenn es darum geht, herauszufinden, wie du deine bisherige Lebenswirklichkeit erschaffen hast. Was denkst du über das Leben, nicht nur über dein Leben, sondern über das Leben allgemein. Du hast auch diese Frage innerlich seit Langem beantwortet, aber kennst du deine Antwort? Willst du wirklich wissen, was du über das Leben denkst? Hierfür gibt es eine einfache Methode: Schau dir dein Leben an. Stelle fest, wie viel Mangel oder wie viel Fülle du in deinem Leben vorfindest, wie viel Harmonie oder Disharmonie, wie viel Freude oder wie viel Schmerz. Und frag dich selbst: Was denkt es wohl in jemandem, der sich solch ein Leben erschafft wie das meinige?

Wenn in deinem Leben Mangel herrscht, dann denkst du Mangelgedanken. Wenn dein Leben voller Fülle ist, dann denkst du Füllegedanken. Wenn dein Leben voller Konflikte ist, dann denkt es in dir viele verurteilende Gedanken. Wenn dein Leben voller Liebe ist, dann sind in dir viele liebevolle Gedanken. Was du heute über das Leben denkst, das wirst du morgen ernten. Das, was du bis heute geerntet hast, das hast du in deine Wirklichkeit hineingedacht und -gefühlt.

Nimm einmal wahr, wie du innerlich auf die folgenden Gedanken reagierst. Wie fühlen sich diese Gedanken an? Denkst du auch so? Sprich sie bitte einmal laut aus und höre, wie sie für dich klingen:

- Das Leben ist schön.
- Das Leben will mich nur beschenken. Das Leben ist ein Riesengeschenk.
- Das Leben ist voller interessanter Überraschungen.
- Das Leben ist gerecht.

- Das Leben ist leicht.
- Das Leben ist voller Wunder. Das Leben ist ein Wunder.
- Das Leben liebt mich.
- Ich liebe das Leben.

Wenn du diese Gedanken über das Leben denkst – wenn du dir angewöhnt hast so zu denken –, dann wird dir das Leben auf die gleiche Art antworten. Und du wirst seine Geschenke, seine Wunder, seine Liebe, seine Schönheit wahrnehmen und genießen.

Mach dir bitte klar, dass es hier nicht um »positives Denken« geht, wie manch einer jetzt vielleicht meint. Natürlich sind das sehr positive Sätze. Aber es geht nicht darum, solche Sätze jetzt herunterzubeten oder in dein Gehirn einzuhämmern. Es geht zunächst darum, festzustellen, was du bisher gedacht hast, und diese Gedanken zu klären und zurückzunehmen. Du hast das Leben für vieles verurteilt, was es dir vermeintlich angetan hat. Aber in Wirklichkeit hat es dir gar nichts angetan. Es hat dir nur das geschickt oder gespiegelt, was du dir in deinem Denken bestellt hast. Willst du es dafür verurteilen? Kommt dir der eine oder andere der folgenden Gedanken vielleicht bekannt vor?

- Das Leben ist ungerecht. Es ist unfair.
- Ich habe es schwer im Leben.
- Im Leben hat man es nicht leicht, aber leicht hat's einen.
- Im Leben muss man sich anstrengen, um zu etwas zu kommen.
- Im Leben bekommt man nichts geschenkt.
- Im Leben muss man sich durchschlagen, so gut man kann.
- Das Leben ist eine harte Schule.

- Das Leben ist ein Kampf.
- Das Leben ist wie eine Strafe.
- Das Leben ist eine Prüfung.
- Das Leben ist Glücksache.
- Ich hasse dieses Leben.
- Entweder schafft man das Leben oder das Leben schafft einen.
- Im Leben muss man aufpassen; das Leben ist unsicher.

All diese Gedanken sind schöpferisch. Sie erschaffen ein Leben, eine ganz bestimmte Art von Leben. Du kannst dir vorstellen, was für ein Leben solche Gedanken gebären müssen. In diesen Sätzen wird das Leben verurteilt, und das Leben dieses verurteilenden Menschen kann gar nicht anders, als sich ihm genau von dieser Seite zu zeigen. Er wird es zum Beispiel als schwer empfinden. Er wird einigen Schwierigkeiten begegnen. Und was denkt dieser Mensch daraufhin: »Siehste, ich hab's doch gewusst: Das Leben ist schwer.«

Werden Gedanken wie die obigen oft gedacht, dann wirken sie wie eine selbsterfüllende Prophezeiung. Sie können nicht anders. Und das Leben kann nicht anders. Auch wenn es dir dabei schlecht geht, du bist kein Opfer des Lebens und du warst nie eins; du hast es so bestellt. Das Leben hat unendliche Geduld mit dir. Das Leben liebt dich. Aber es lässt dir auch die freie Wahl. Es achtet dich als Schöpfer. Es pfuscht dir nicht ins Handwerk. Es zeigt sich dir so, wie du es siehst, so, wie du über es denkst.

Du hast Schwierigkeiten, all das über das Leben zu glauben? Du bezweifelst die Richtigkeit dieser Gedanken? Auch das ist in Ordnung. *Du wirst die Wahrheit auch*

nicht herausfinden, ehe du nicht entscheidest, dein Denken, trotz deiner Zweifel, in eine neue Richtung zu bewegen. Und ehe du dich nicht entschließt, neue Gedanken zu denken, dich an neue Gedanken zu gewöhnen – gegen alle bisherige Gewohnheit, trotz deiner Skepsis. Du kannst dich nur als Schöpfer deines Lebens erkennen, wenn du beginnst, etwas Neues zu erschaffen. Wie willst du dies sonst erkennen?
Schau dich um in deiner Umgebung. Du kennst mindestens einen Menschen, der seinem Leben eine vollkommen neue Richtung gegeben hat, der heute glücklicher ist als vor ein, zwei Jahren. Nicht weil er gerade verliebt ist. Sondern weil er etwas grundsätzlich anders macht als früher. Seine EIN-Stellung zum Leben ist eine andere; und als Folge davon ist seine AUS-Strahlung ins Leben eine andere. Deine Gedanken, deine Einstellungen sind Energien, die du ausstrahlst. Sie ziehen ähnliche Energien an. Zum Beispiel hast du dieses Buch angezogen, weil du angefangen hast, in dieser Richtung zu denken. Und du wirst feststellen – wenn du es nicht schon getan hast –, dass dir andere Menschen über den Weg laufen werden, Menschen, die sich in eine ähnliche neue Richtung bewegen.
Entscheide neu, was du denken willst. Kein Mensch zwingt dich, das Leben weiter zu verurteilen. Kein Mensch kann dich daran hindern, neu zu denken über dich selbst und über das Leben. Aber ich möchte dich warnen: Einige Menschen werden rebellieren, wenn du sie mit deinen neuen Gedanken konfrontierst. Versuche sie nicht davon zu überzeugen. Überzeuge dich erst einmal selbst. Deine neuen Gedanken können Menschen in deiner Umgebung sogar Angst machen. Und der eine oder andere wird sich abwenden von dir. Lass sie gehen in Frieden. Jeder hat das Recht auf seinen eigenen Weg.

Dein Freundes- und Bekanntenkreis wird sich höchstwahrscheinlich verändern, wenn du einen neuen Weg einschlägst. Ist das schlimm? Nein, so ist das Leben; es ist ständige Veränderung.

⁛ Was denkst du über deine Mitmenschen?

Dies ist *die dritte zentrale Frage*, mit deren Hilfe du klären kannst, warum es dir heute (noch) nicht besser geht, und die dir helfen kann, dein Leben zu einem wunderbaren, aufregenden, schönen Dauerfest zu machen. Hierzu ist dieses Leben nämlich vorgesehen; nur haben das noch nicht viele bemerkt, weil sie es noch nicht glauben wollen.

Welche Einstellung hast du zu den Menschen, nicht nur zu deinem Mann oder deiner Frau oder deiner Schwiegermutter? Nein, ich meine deine grundsätzliche Einstellung zu allen Menschen? Interessieren dich andere Menschen überhaupt? Bist du neugierig auf andere Menschen? Lernst du gerne neue Menschen kennen? Wie viele neue Menschen hast du zum Beispiel in der letzten Woche kennengelernt? Deine Einstellung und deine Gedanken zu deinen Mitmenschen sind dir wahrscheinlich nicht besonders bewusst. Aber es lohnt sich, dir diese genau anzuschauen. Glaube nicht, du hättest nicht viele Gedanken über andere. In dir wohnen Tausende von Gedanken über die anderen, über deine fast sieben Milliarden Mitbewohner auf dieser Erde.

Ich möchte dir einige Gedanken über deine Mitmenschen anbieten. Höre in dich hinein und stelle fest, was du ebenso denkst und was nicht:

- Ich freue mich, immer wieder neue Menschen kennenzulernen.
- Ich finde andere Menschen aufregend interessant.
- Ich suche immer das Schöne und Einzigartige im anderen Menschen zu entdecken.
- Jeder Mensch, der mir begegnet, hat eine Botschaft für mich.
- In jeder Begegnung mit einem anderen Menschen kann ich ein Geschenk finden.
- Jeder Mensch spiegelt etwas von mir selbst wider.
- Jeder Mensch ist in Wirklichkeit ein Engel.
- Jeder Mensch ist für mich ein Wunder.
- In jedem Menschen begegnet mir Gott.
- Ich liebe andere Menschen.

Nun, ist irgendeiner dieser Sätze für dich wahr? Und welcher dieser Sätze macht dir am meisten Bauchschmerzen? Fällt es dir schwer, in deinem Vater oder in deiner Schwiegermutter oder in deinem Chef einen Engel zu sehen? Im Leben eines jeden Menschen gibt es besonders »schwierige« Menschen, in denen wir nicht so schnell den Engel entdecken, die wir manchmal lieber zum Teufel jagen würden. Das ist menschlich. Es geht nicht darum, unsere Bauchschmerzen zu unterdrücken oder unsere Wut, unsere Enttäuschung, unseren Ärger. Alles hat seine Berechtigung. Wenn wir uns aber dafür interessieren, warum unser Zusammenleben mit anderen oft so schwierig ist, dann dürfen wir uns bewusst machen, wie wir diese Schwierigkeiten selbst erschaffen haben und sie weiter aufrechterhalten. Jeder von uns ist von anderen Menschen enttäuscht, betrogen, verletzt, gedemütigt oder missbraucht worden. Jeder von uns hat von den Eltern solche Enttäuschungen und Verletzungen zuhauf erlebt, egal, ob wir uns noch daran erinnern oder nicht. Die meisten haben diese Erinnerungen gut verdrängt. Das heißt, wir alle haben schon genug Anlässe gehabt, zu denken: »Vor anderen Menschen muss man auf der Hut sein. Von anderen Menschen wird man häufig enttäuscht oder verletzt.«

Dies ist auch einer der Grundgedanken, die Millionen von Menschen in sich herumtragen und im Alltag oft wiederholen. Zwischen den meisten Menschen herrscht Misstrauen statt Vertrauen. Wir gehen davon aus, dass in vielen Menschen etwas Böses, Hinterhältiges steckt, dass uns andere übers Ohr hauen wollen; dass uns andere wehtun, wenn wir uns zu sehr öffnen. Wir gehen nicht davon aus, dass in jedem Menschen ein Geschenk auf uns wartet. So naiv sind wir doch nicht. »Ich bin doch nicht blöd«, würdest du vielleicht sagen. Andere würden sagen: »Es ist nur vernünftig, misstrauisch oder vorsichtig zu sein, wenn es um andere Menschen geht.« Und auch folgende »Weisheiten« sind dir nicht unbekannt:

- Vertrauen ist gut, Kontrolle ist besser.
- Der Mensch ist des Menschen Feind.
- Vorsicht ist die Mutter der Porzellankiste.
- Nimm dich in Acht vor Fremden.
- Männer sind doch alle …
- Männer wollen immer nur das eine.
- Frauen sind doch alle …

Finde deine Grundglaubenssätze über andere Menschen und deine Grundeinstellung anderen gegenüber heraus. Am Zustand deiner Beziehungen kannst du ablesen, was es in dir hierzu denkt. Fühlst du dich oft einsam, dann hast du selbst hierfür gesorgt. Du hast dich innerlich von den anderen getrennt. Hast du nicht viele Freunde, wirst du nicht von vielen geliebt, dann hast du viel Misstrauen und Angst in dir gesät durch deine Gedanken über die Welt und die anderen.

Bist du heute bereit, die Verantwortung zu übernehmen dafür, dass du dir dies alles selbst erschaffen hast, durch deine Grundeinstellung, durch deine dir oft unbewussten Entscheidungen, so und nicht anders zu denken?

Wir haben uns alle irgendwann einmal getrennt von den anderen – zuerst in unserem Denken und dann auch in der Wirklichkeit –, wir haben selbst die Gräben gezogen und die Mauern gebaut, als wir anfingen zu verurteilen. Wir haben gesagt: »Du bist schuld an meinem Unglück.« Der alte Schuh »Verurteilen« ist uns so in Fleisch und Blut, besser in unser Gewohnheitsdenken, übergegangen, dass wir es häufig gar nicht mehr bemerken. Er ist wie ein Virus, der sich tief in unserem Denken eingenistet hat. Deshalb können sich viele gar nicht vorstellen, ohne Verurteilung zu denken.

Und du wirst diesen Virus nicht aufdecken, wenn du dich nicht ganz bewusst dazu entschließt. Dieser Virus ist dafür verantwortlich, dass wir uns voneinander immer weiter entfernt haben, dass immer mehr Menschen vereinsamen, obwohl es noch nie so viele Kommunikations- und Kontaktmöglichkeiten auf der Erde gab wie heute. Das Verurteilen des anderen, des Andersdenkenden, des Andershandelnden, des Anders-Aussehenden, des Andersgläubigen und das Verurteilen unseres Nächsten, unserer Frau und unseres Mannes, das Verurteilen unserer Eltern und unserer eigenen Kinder, das Verurteilen unseres Chefs und unserer Kollegen, unserer Nachbarn und unserer Expartner – dieses Verurteilen macht vor keinem Halt. Auch nicht vor uns selbst.

Wie das Kapitel »Was denkst du über dich selbst?« gezeigt hat, haben wir uns alle auch selbst verurteilt und tun es täglich neu.

Welche Beziehung hast du zu deinen Mitmenschen? Unterscheidet sie sich von der der Allgemeinheit. Wenn ja, dann hast du bereits bewusst eigene Entscheidungen gegen den Strom der Masse getroffen. Die meisten Beziehungen zwischen den Menschen sind grundsätzlich geprägt durch Angst, Vorsicht, Neid, Missgunst, Misstrauen, Eifersucht, Gier, Kampf und Konkurrenz. Und wir alle haben dieses Spiel des Verurteilens mitgemacht. Wie lange willst du es noch mitspielen?

Zweiter Schritt:
Das große JA! –
Anerkenne, was ist

Alles, was sich in deinem Leben zeigt, wünscht sich Anerkennung und Würdigung. Was ist, das ist. Ohne jede Bewertung. Es ist nicht gut, es ist nicht schlecht, es ist. Verurteile nicht, lehne nicht ab, was doch schon da ist. Zu verurteilen, Nein zu sagen zu dem, was bereits existiert, ist die Quelle allen Leidens. Alles wünscht sich Annahme und Liebe, genau wie du selbst: deine Gefühle, deine Krankheit, deine Mitmenschen, all deine Schöpfungen. JA sagen zu dem, was ist, bedeutet, mit dem Leben Frieden zu schließen. Du erkennst an: Es gibt nichts Unsinniges, nichts Sinnloses im Leben. Alles, was ist, hat Sinn und Berechtigung, auch wenn du diesen Sinn oft erst später erkennen kannst.

⌗ Alle deine Probleme entstehen durch dein NEIN!

Alles, was dir im Leben begegnet, wünscht sich, dass du es wahrnimmst, dass du es anschaust und dass du ihm mit einer bejahenden Haltung begegnest, die besagt: »Du darfst auch da sein! Auch du hast eine Existenzberechtigung.« Egal, ob es sich um deine Kopfschmerzen handelt oder um deine Wut, ob es sich um deinen mürrischen Mann handelt oder um das Minus auf deinem Konto oder schlicht um den Regen draußen. Denn all dies ist ja schon da, wenn du es registrierst, du kannst es nicht wegwischen, weder deine Kopfschmerzen noch deinen Mann, deine Frau oder den Regen draußen ...

Wir aber reagieren auf das Unangenehme in unserem Leben mit vielen NEINs. Unsere ganze Reaktion, unser Ärger, unsere Wut, unsere Gedanken sagen: »Nein. Ich will nicht, dass das jetzt da ist. Ich will keine Kopfschmerzen haben, ich will keinen mürrischen Mann, keine nervende Frau haben, ich will jetzt keinen Regen haben!« Kein Tier, keine Pflanze würde so reagieren, nur wir Menschen bringen es fertig, Nein zu etwas zu sagen, was doch schon da ist. Unser NEIN, diese Ablehnung vieler Dinge, Gefühle, Menschen und Ereignisse, erschafft erst das eigentliche Problem. Dass es draußen regnet, ist kein Problem. Erst wenn ich mich dagegen innerlich wehre und mir sage, dass ich jetzt aber lieber Sonnenschein hätte, entsteht mein Problem. Es ist also die Reaktion auf etwas in unserem Leben, was die Dinge für uns schwer macht, und nicht das Ereignis als solches. Jedes Ereignis ist erst einmal neutral. Es ist das, was ist. Aber wir wollen es nicht so hinnehmen, wie es ist. Obwohl wir in diesem Moment nichts, aber auch gar nichts daran ändern können, dass es jetzt gerade so ist oder bisher so war, nichts am mürrischen oder genervten Blick unseres Partners, nichts am Soll unseres Bankkontos, nichts an den Kopfschmerzen und auch nichts daran, dass es regnet. Wir lehnen eine Menge in unserem Leben ab. Wir wollen vieles nicht wahrhaben. Wir ärgern uns über vieles. Wir laufen vor vielem davon, wollen es nicht anschauen und nicht so annehmen, wie es uns jetzt, in diesem Augenblick, begegnet. Wenn du dem großen NEIN in deinem Leben auf die Spur kommst, wenn du dir bewusst machst, wie du dir deine Probleme erschaffst und verstärkst, dann machst du einen wichtigen Schritt, um dein Leben zu erleichtern, das Leidensspiel zu ändern.

Wenn du es leichter haben willst, dann stelle dir folgende Fragen und beantworte sie möglichst schriftlich:
Was lehne ich an meinem Leben und an mir selbst alles ab, was doch jetzt da ist? Wo sind die unaufgeräumten Ecken in meinem Leben, die ich mir bisher nicht anschauen will? Welche Themen sind mir bisher zu heiß, um überhaupt daran zu denken; was verdränge ich bis heute lieber? Worüber ärgere ich mich immer wieder? Was verachte ich an mir selbst und an anderen? Wovor habe ich Angst? Worum habe ich mich bisher nicht gekümmert, obwohl es mich doch schon lange bedrückt? Wovor laufe ich bisher davon? Was hasse ich? Was bekämpfe ich? Mit wem oder was bin ich nicht im Frieden?

All diese Fragen führen dich zu deinen speziellen NEINs zum Leben! Sie warten auf dich. Keines dieser Probleme wird von selbst verschwinden, solange du dein NEIN aufrechterhältst. (Übungsvorschlag: Nimm dir eine Stunde Zeit und beantworte die oben gestellten Fragen schriftlich. Schreibe alles auf, was dir in den Sinn kommt.)
Jedes NEIN stellt einen Konflikt dar. Dieser Konflikt befindet sich nur in dir. Und jeder dieser Konflikte nimmt dir Lebenskraft, macht dich schwer und zieht dich herunter. Nicht das Leben ist schwer, du hast dein Leben schwer gemacht, durch dein Nein. Wende das Blatt jetzt. Wenn wir Nein zu dem sagen, was doch schon da ist, rennen wir gegen ein Naturgesetz an, das wir nie bezwingen können. *Dieses Gesetz heißt: Das, was ich ablehne, das bleibt. Das, was ich annehme, das*

kann sich verändern und verändert sich. Jedes Nein bedeutet folglich eine unnatürliche Energieblockade, die Energie kann nicht fließen. P'taah, Lehrer der Geistigen Welt, sagt dazu: »Was du ablehnst, das ermächtigst du!« Das heißt, wir geben dem Kraft, das wir doch entkräften wollen. Das stärkste Nein liegt dann vor, wenn wir hassen: »Was du hasst, zu dem wirst du.« (P'taah)
Wie sehr dieser letzte Satz zutrifft, erfahren die meisten Ehepartner, wenn sie von ihrem lieben Gatten oder ihrer Gattin den Spruch zu hören bekommen: »Du bist genau wie deine Mutter!« Oder: »Du bist genau wie dein Vater!« Dieser Satz sitzt meist, das heißt, er schmerzt den Angesprochenen. Und je größer der Schmerz, desto mehr trifft der Satz zu. Denn wie viele von uns haben damals, als wir noch unter der Herrschaft unserer Eltern lebten, mit geballter Faust in der Tasche gesagt: »So wie meine Mutter, so wie mein Vater will ich nie werden.« Was du aber nie werden willst, zu dem wirst du mit großer Wahrscheinlichkeit. Die abgelehnten Eigenschaften und Verhaltensweisen von Mama oder Papa haften uns an, auch wenn wir uns für sie heftig schämen.

Schau dir auch bitte deine vielen NEIN-Reaktionen in deinem Alltag an, mit denen du dir das Leben unnötig schwer machst. Du wachst morgens auf, schaust aus dem Fenster, siehst den Regen und denkst: »Ach, so ein Scheißwetter.« Stell dir vor, ein Baum wacht morgens auf, sieht, dass es geschneit hat, und sagt: »So ein Scheißschnee.« Das klingt verrückt, aber genauso verrückt ist unser eigenes Nein. Ein Scheißwetter gibt es in der Natur nicht, nur in unserem Kopf und mit dem produzieren wir in uns ein Scheißgefühl; dieser Gedanke zieht uns runter, er macht uns schwerer und so tragen wir eine größere Last auf unseren Schultern. Erfolgreich haben wir unser Leben stärker beladen.

Jedes Mal, wenn wir protestieren, ablehnen, reklamieren – dann nennen wir das in unserer Sprache »beschweren«. Wir beschweren uns und erkennen nicht einmal, was wir da tun. Wir machen es uns schwer, wenn wir uns beim Universum beschweren, dass es uns Regen statt Sonnenschein geschickt hat. Denk das nächste Mal daran, wenn du dich wieder einmal bei jemandem beschweren willst. Lohnt sich das wirklich? Wogegen rennst du an? Was willst du nicht wahrhaben, was doch schon längst da ist?

Ein Beispiel, an dem du die Verrücktheit unseres Verhaltens gut erkennen kannst, ist, wenn du plötzlich auf der Autobahn in einen Stau gerätst. Nichts geht mehr, alles steht und du hast einen wichtigen Termin. Was ist jetzt in dir los? Da geht die Post ab, wirst du vielleicht sagen. Du tobst: »Das geht doch nicht. Ich muss gleich dort sein. Wieso geht das hier nicht weiter? Ich werd verrückt. Das darf doch nicht wahr sein...« Und dein Gesicht müsstest du dabei einmal sehen. Warum bist du in den Stau geraten? »Weil so ein Idiot da vorne wahrscheinlich nicht aufgepasst hat.« Ich sage: Weil du jetzt im Stau stehen sollst. Warum? Weil du im Stau stehst. Wer im Stau steht, soll im Stau stehen. Das ist die Sprache der Wirklichkeit. Mach dich auf, sie zu verstehen. Was ist, das ist, basta! Da kannst du zetern, schreien, wüten, grollen, hadern oder morden. Bringt alles nix. Was jetzt ist, das ist: der Stau, der Regen, dein überzogenes Konto, deine Allergie, dein frustrierter Partner oder was auch immer sich gerade in deinem Leben zeigt.

Jetzt magst du protestieren: Aber diesen Stau habe ich doch nicht erschaffen! Doch hast du, aber nicht allein,

sondern mit allen Autofahrern zusammen, die da im Stau stehen, das ist ein Gemeinschaftsstau und jeder im Stau darf sich liebevoll fragen: Könnte es sein, dass der Stau mir etwas von meinem Leben widerspiegelt? Was in meinem Leben befindet sich in einem Stau? Was habe ich in mir selbst die letzten Jahre immer wieder aufgestaut? Vielleicht ein paar unangenehme Gefühle wie Wut, Groll, Hader, Angst, Schuld oder Scham? Es gibt keine Zufälle im Leben, keinen einzigen – alles hat seinen Sinn, auch jeder Stau, in den du gerätst.
Jeder Stau, in den du gerätst, ruft dir zu: »Halt doch mal an! Atme tief durch. Geh nach innen. Spüre deinen Körper und horch, wie es ihm geht. Komm zur Besinnung und schau dir dein Leben an. Bist du damit zufrieden? Löse das endlich, womit du nicht im Frieden bist. Löse deine inneren Staus endlich auf, bevor es zu spät ist und dein Körper nicht mehr mitmacht.« Du siehst, der Stau ist eine einzige Aufforderung zur Meditation, zum Nach-innen-Gehen. Und wenn dir gar nichts mehr einfällt, was du Sinnvolles in einem Stau tun kannst, dann leg einmal eine meiner Vortrags-CDs in deinen CD-Spieler, zum Beispiel den Titel *Ich muss es schaffen!*. Ich sage dir, du freust dich bald auf den nächsten Stau.

Alle unsere Schöpfungen wünschen sich nur eins von uns: dass wir sie annehmen, wahrnehmen und würdigen. Dass wir uns selbst als ihren Schöpfer erkennen und uns zu ihnen bekennen. Dass wir uns diesen Ungeliebten zuwenden mit Aufmerksamkeit, Achtsamkeit, mit einem großen »JA, du darfst da sein«. Einer der kraftvollsten Sätze in meiner Therapie und in meinen Seminaren ist daher der Satz:

> »Alles, was jetzt da ist
> (in mir oder außerhalb in meinem Leben),
> darf jetzt da sein, weil ich selbst es erlaube!«

Das Neinsagen, das Ablehnen ist das Gegenteil von Lieben, es ist ein Akt der Unliebe. Annehmen, was ist, ist ein Akt der Liebe. Wie oben gesagt: Nur wenn etwas sich angenommen fühlt, kann es sich weiterentwickeln, kann es sich verändern. Das kannst du selbst am eigenen Körper nachspüren. Bei welchem Menschen musst du nichts verbergen, kannst ganz so sein, wie du bist? Wer nimmt dich ganz so an, wie du bist? Meistens ist es die beste Freundin oder der beste Freund. Erinnere dich, wie entspannt du bei ihr oder ihm in der Küche sitzen kannst, die Beine hochlegen darfst, nichts verstecken brauchst, keine Rolle spielen musst? Es tut dir einfach gut, da sein zu können, ohne darauf zu achten, ob dem anderen etwas nicht passt. Denn deine Freundin/dein Freund sagt: »Du darfst genauso sein, wie du bist. So nehme ich dich an.« Das ist Annahme, und das ist Liebe. Genauso wünscht sich alles in deinem Leben deine Liebe und Annahme.
Forsche systematisch nach allem, was du bisher ablehnst, in dir und in deinen Beziehungen und wandle dein NEIN in JA um. Und möge dir Erich Fried mit seinem folgenden Gedicht Gelassenheit bei diesem Prozess schenken.

Was es ist

Es ist Unsinn
sagt die Vernunft
Es ist was es ist
sagt die Liebe

Es ist Unglück
sagt die Berechnung
Es ist nichts als Schmerz
sagt die Angst
Es ist aussichtslos
sagt die Einsicht
Es ist was es ist
sagt die Liebe

Es ist lächerlich
sagt der Stolz
Es ist leichtsinnig
sagt die Vorsicht
Es ist unmöglich
sagt die Erfahrung
Es ist was es ist
sagt die Liebe

Erich Fried

(Aus: Erich Fried, Es ist was es ist,
© Verlag Klaus Wagenbach, Berlin 1983.)

⊞ Alle Lösungen beginnen mit einem JA!

Du selbst bist in der Lage, alle deine NEINs zu verwandeln, deine vielen kleinen Neins im Alltag als auch deine großen NEINs in deinem Leben. Der erste Schritt war, dir mutig bewusst zu machen, zu was du bisher alles Nein gesagt hast. Der zweite Schritt wird sein, deine NEINs systematisch in JAs zu verwandeln. Jedes NEIN zum Leben, zu dem, was schon da ist, ist das Gegenteil von Liebe, das Gegenteil von Annahme. Und darum erzeugt es Reibung, wirft Sand in dein Getriebe, und es beginnt zu knirschen. Jedes JA bedeutet Annahme dessen, was jetzt ist, bedeutet akzeptieren, mitgehen, mitfühlen, mitfließen. Jedes JA erschafft Harmonie und Frieden in deinem Leben. Wie sieht dieses Jasagen aus? Es bedeutet nicht, »Ja und Amen« zu sagen, dich mit einem Zustand auf Dauer abzufinden. Der heilsamste Satz, den du in dein Leben mit hineinnehmen kannst, lautet: *»Alles, was ist, darf jetzt da sein!«* Er bezieht sich auf alles in dir *(»Alles in mir darf da sein!«)* und auf alles, was du im Außen wahrnimmst.

Schließe für ein paar Sekunden die Augen und sprich den Satz ein paarmal laut aus: »Alles in mir darf jetzt da sein!« Wenn du jetzt Kopfschmerzen oder sonst welche Schmerzen hast, dann erlaubst du diesem Schmerz jetzt da zu sein. Es heißt nicht, dass der Schmerz morgen noch da sein soll. Aber jetzt im Moment ist er bereits da. Und dein Widerstand ihm gegenüber, dein NEIN, und dass du dich über ihn ärgerst, das hält ihn erst recht fest und lässt ihn nicht gehen.

Dies ist eines der wichtigsten Grundgesetze der Natur, das du von nun an in deinem Leben anwenden kannst: *Alles, wozu wir NEIN sagen, alles, was wir ablehnen (auf welche Weise auch immer wir dies tun), das bleibt in unserem Leben, das kann sich nicht verändern. Alles, was wir annehmen, wozu wir jetzt JA sagen, das kann sich verändern, das kommt ins Fließen.*

Spürst du, was für ein Werkzeug dies für dich sein kann? Alle Schwere kannst du in Leichtigkeit verwandeln, alle Konflikte in Frieden, alles Leiden in Freude. Willst du das? Oder denkst du dir: »Das ist zu schön, um wahr zu sein«? Wenn du es willst, dann entscheide dich immer und immer wieder für dieses JA, für das Annehmen dessen, was doch schon da ist, was zum Teil schon sehr lange in deinem Leben ist und was du meist schon sehr lange abgelehnt hast.
Das Leben ist wie ein Fluss, ständig in Bewegung, ständig verändert sich alles – in dir und um dich herum. Halte diesen Fluss nicht auf. Gib dein NEIN auf, diesen Gedanken, dass etwas nicht sein darf oder soll, obwohl es doch schon da ist. Nein sagen zum Leben heißt Nein sagen zur Liebe. Aber das Leben liebt dich, es will nur dein Bestes, es will dich beschenken. Ja sagen zum Leben und zu allen Erscheinungen (insbesondere, zu dem, was du selbst erschaffen hast), heißt lieben. Dieses Lieben öffnet den Weg zur Veränderung, bringt die Dinge wieder in die Mitte des Lebensflusses hinein. Die Dinge kommen ins Fließen.

Dritter Schritt:
Nimm deine Urteile zurück –
und lebe Vergebung!

Mach dir bewusst, dass du geurteilt und verurteilt hast. Du hast Dinge oder Menschen abgelehnt, hast in gut und böse, richtig und falsch eingeteilt, hast – seit deiner Kindheit – trennendes Denken gepflegt. Das hat dein Leiden erzeugt. Du hast dich selbst verurteilt, du hast die anderen verurteilt und du hast das Leben verurteilt. Damit hast du dich getrennt vom Leben und von der Liebe. Nimm deine Urteile jetzt zurück! Erkenne: Ich habe mich geirrt. Übe dich in Vergebung! Vergebung heißt erkennen und bekennen: »Ich habe mich geirrt; ich dachte, du seiest der Täter und ich das Opfer; ich dachte, ich sei schlecht und andere gut. Heute erkenne ich, dass ich mit jedem Urteil mich nur selbst verurteilt und Trennung und Leid in meinem Leben erzeugt habe.«

⊞ Vergib dir selbst!

Den meisten Menschen ist nicht bewusst, dass sie sich selbst verurteilt haben und es jeden Tag aufs Neue tun. In unserem Kulturkreis gilt es als verpönt, sich selbst zu ehren und zu würdigen. Stell dir einmal vor, du würdest dir morgens im Spiegel deines Badezimmers begegnen, innehalten, schauen und dich dann vor dir selbst verneigen. Diesen Gedanken würden die meisten Menschen als »absurd, verrückt, spinnert« oder sonst wie abtun. Aber genau hieran können wir ablesen, wo wir stehen im Verhältnis zu uns selbst.

Ein anderer Test der Selbstliebe besteht in der folgenden Übung: Lies dir die nächsten Sätze einmal selbst laut vor und spüre in dich hinein. Nimm wahr, wie dein Kopf und wie dein Herz oder dein Körper hierauf reagieren. Die Sätze lauten: »*Ich bin ein wunderbares und schönes Wesen voller Liebe. Ich bin unendlich liebenswert und ich werde unendlich geliebt. Und ich bin ein Segen für alle, die mir begegnen.*« Was denkt dein Verstand, was sagt dein Herz, wenn du diese Sätze aussprichst?

Noch jeder von uns hat sich seit seiner frühen Kindheit selbst die Ehre genommen und ein kritisches, negatives, destruktives Selbstbild eingeübt. Wir haben den Gedanken und Reaktionen der Erwachsenen Glauben geschenkt und aus ihrem Verhalten uns gegenüber geschlossen, dass mit uns etwas nicht stimmt. Niemand von uns wurde so angenommen und geliebt, wie er war und wie er sich verhielt. Unsere Eltern haben vor die Liebe und Anerkennung zunächst Bedingungen gesetzt: »Erst wenn du sauberer, braver, ruhiger, angepasster, fleißiger, pünktlicher bist, wenn du Danke und Bitte sagst, wenn du von deinem Stück etwas abgibst, wenn du dich mehr anstrengst, wenn du nicht so wild, laut, wütend oder frech bist, dann ...« – ja, dann wurden wir mit Brosamen der Liebe, mit ein wenig Aufmerksamkeit belohnt. Aber aus diesem ganzen Prozess sind wir als uns selbst Verurteilende hervorgegangen.

Der Grundgedanke jedes Kindes lautet spätestens ab dem sechsten Lebensjahr: »So, wie ich bin, bin ich nicht liebenswert oder in Ordnung. Ich muss mich anstrengen, gut zu werden. Ich muss etwas tun, um belohnt zu werden.« Wer denkt, er müsse oder wolle ein guter Mensch sein, der denkt im Hintergrund eigentlich: »Heute bin ich noch kein guter Mensch, ich bin fehlerhaft, ich muss mich bessern.« Das ist ein Verrat an uns selbst. Denn jeder Mensch ist von Haus aus gut. Von Natur aus gibt es keine schlechten Menschen. Es gibt lediglich unglückliche Menschen, verwirrte Menschen, Menschen voller Angst, voller verzerrter und unwahrer Gedanken über sich, Menschen, die mit ihren selbst erschaffenen Emotionen nicht mehr klarkommen.

Diese verurteilende, mir selbst die Liebe entziehende Grundeinstellung muss und kann korrigiert werden. Nur wir selbst können das. Und diese Korrektur des Denkens nenne ich Vergebung. Ich nehme meine Urteile mehr und mehr zurück, die ich über mich selbst gefällt habe, weil ich erkenne: Ich habe mich geirrt. Ich bin nicht schlecht. Aber ich habe es geglaubt. Und weil ich es geglaubt habe, haben sich in mir Schuld- und Schamgefühle gehäuft sowie die Angst. Ich hatte Angst, nicht gut genug zu sein, Angst, von anderen abgelehnt zu werden, Angst, dass andere entdecken könnten, dass ich ein schlechter Mensch bin, Angst, mich zu blamieren, Angst, allein dazustehen, Angst, verlassen zu werden. All dies waren meine eigenen Schöpfungen, mein Werk. Heute will ich diesen Weg der Verurteilung beenden und ein neues Kapitel im Umgang mit mir selbst öffnen. Ich vergebe mir all das, was ich mir antat, in Gedanken, Worten und Werken.
Mir selbst zu vergeben, ist kein einmaliger Akt. Dies ist ein Weg. Das geht nicht einfach so mit einer Übung. Selbstvergebung bedeutet u.a. die Bereitschaft, alles infrage zu stellen, was ich bisher über mich selbst gedacht habe. Selbstvergebung bedeutet, sich einmal vorzustellen, wir würden uns selbst noch gar nicht wirklich kennen. Sie bedeutet, sich vorzustellen, dass in uns noch

viele ungeahnte, schöne Seiten, ja Schätze stecken, die darauf warten, entdeckt und ans Licht gehoben zu werden. Sie bedeutet, dass dieses Leben dazu da ist, es zu feiern, um zu lachen, zu lieben und zu tanzen. Ich weiß, dazu gehört heute schon Mut. Aber das hat nichts mit der berühmten Spaßgesellschaft zu tun, sondern mit wahrhaftiger, tiefer Freude.

Mir selbst zu vergeben, bedeutet vor allem, ab jetzt anders und neu im Alltag mit mir umzugehen, ein wirklich bewusstes Verhältnis zu mir aufzubauen. Das muss man sich einmal vorstellen: Zu der mit Abstand wichtigsten Person in unserem Leben, nämlich zu uns selbst, haben die allermeisten kein bewusst gepflegtes Verhältnis. Zu ihrem Auto haben die meisten eine bessere Beziehung als zu sich selbst. Es bedeutet die Entscheidung, mich selbst ganz kennen, ganz annehmen und ganz lieben zu lernen.

Und es bedeutet, Frieden zu machen mit meiner ganzen Vergangenheit. Es bedeutet, sie zu segnen und mich dem Gedanken zu öffnen, dass alles in meiner Vergangenheit sinnvoll war und dazu angelegt, genau zu diesem Punkt zu kommen, an dem ich heute stehe.

Vielen Menschen ist nicht klar, wie es funktioniert, die Vergangenheit loszulassen in ihrem Innern, denn sie existiert nirgends sonst als dort. Aber *wie* sie existiert, das hängt ganz von uns selbst ab. Vergangenheit ist nichts Objektives. Vergangenheit loszulassen bedeutet, sie als meinen Weg anzuerkennen und alles Geschehene anzunehmen. Loslassen geschieht durch annehmen; damit ist nicht Loswerden gemeint. Und Vergangenheit loslassen geschieht durch Frieden machen mit allem, was war: mit allen Menschen und allen Ereignissen, allen Verletzungen und allen Enttäuschungen usw.

Fest steht: die meiste bisherige Zeit unseres Lebens haben wir uns nicht geliebt. Und das haben wir damals nicht bewusst beschlossen, das haben wir übernommen. Fest steht aber auch: Wir können das um hundertachtzig Grad drehen! Wir können uns lieben lernen. Aber wir müssen uns dazu bewusst entschließen, egal, ob wir schon wissen, wie das geht oder nicht. Du musst, du darfst, du kannst dich entscheiden für die Liebe zu dir selbst. Du darfst und du kannst dein Herz öffnen für alles, was du bisher an dir abgelehnt hast. *Öffne dein Herz für die Liebe zu dir selbst!* Das hört sich nicht nur gut an. Das ist auch gut. Und das geht auch ganz praktisch. Der Weg des Herzens, der Weg der Liebe ist der einzige Weg, der zu Frieden, zu Klarheit und zur Harmonie führt.

⌸ Vergib allen Menschen deines Lebens!

Jemand, der sich selbst nicht wirklich vergeben hat und keine positive, liebevolle Beziehung zu sich sucht und aufbaut, ist auch nicht in der Lage, anderen wirklich zu vergeben. Denn auch in der Beziehung zu anderen ist die Vergebung das Schlüsselelement. Um Frieden in uns und in unserem Leben zu erlangen, müssen wir vergeben lernen. Daran führt kein Weg vorbei. Unfrieden heißt Verurteilung, Frieden heißt Vergebung, heißt Zurücknahme der Urteile, bedeutet neue Sichtweise auf den, den ich bisher verurteilt habe.
Wie können wir anderen vergeben? Unseren Eltern, Partnern und Expartnern, allen, die uns vermeintlich verletzt haben, bei denen wir Wut, Zorn, Enttäuschung, Verlassenheit, Angst, Eifersucht u. a. gespürt haben? Wie schon erwähnt, stehen all diese Personen zwischen uns und dem Frieden unseres Herzens.

Dem anderen zu vergeben beginnt mit dem Wunsch deines Herzens, vergeben zu können, mit dem Wunsch deines Herzens nach Frieden mit dir und allen anderen. Vergeben können ist eine Gnade, die sich ergibt, wenn ich mich diesem Wunsch öffne und innerlich darum bitte. Solange ich mich jedoch immer noch als Opfer verstehe und fühle, ist Vergebung vergebliche Liebesmühe. Was soll das auch für eine Vergebung sein, wenn der andere in meiner Sicht immer noch der Täter ist? Täter haben Schuld, da ist kein Platz für Vergebung.
Vergebung bedeutet, bereit zu sein, den anderen in einem völlig neuen Licht zu sehen. Beispielsweise als jemanden, der mich durch sein Verhalten auf alte Wunden in mir aufmerksam macht, der seinen Finger in die Wunde legt und sie für mich schmerzhaft fühlbar macht. All die Menschen in deinem Leben, bei denen du dich klein, hilflos und ohnmächtig gefühlt hast oder fühlst, das sind in Wahrheit Engel. Warum? Ohne diese Menschen würdest du dir einbilden, mit dir wäre alles in Butter. Du würdest weiter die Gefühle von Kleinheit und Ohnmacht in dir verdrängen und verstecken, in der Hoffnung, dass sie niemand bemerkt. Aber du kannst sie gar nicht wirklich verstecken. Denn du strahlst sie aus, zwar unsichtbar, aber andere fühlen sie. Dein Chef, der dich herunterputzt wegen kleinster Fehler, spürt, dass er dies mit dir machen kann und dass du dich innerlich selbst heruntermachst. Mit deiner Kollegin oder deinem Kollegen kann er das nicht, obwohl sie oder er sogar größere Fehler machen. Merkwürdig, nicht wahr? Aber diese Frau oder dieser Mann stehen zu sich, sie haben ein größeres Selbstbewusstsein. Bei dir ist unsichtbar auf die Stirn geschrieben: »Mit mir kann man's machen!«
Vergebung bedeutet, bereit zu sein, den anderen aus seiner Sicht verstehen zu wollen. Wir wissen doch alle, dass un-

sere »bösen und unfähigen« Eltern es nicht besser wussten. Dass in ihrem Elternhaus auch nicht alles »reine Sahne« war, dass sie selbst auch nicht bedingungslos geliebt wurden. Diese Bereitschaft, sich einmal in die »alten Schuhe« des anderen zu versetzen, hilft auf dem Weg der Vergebung. Die Frage ist, ob wir bereit sind, zu sagen: »Du wusstest, du konntest es nicht besser, ich kann dich verstehen! Es gibt auf dieser Welt keine vollkommene Mutter, keinen vollkommenen Vater. Alle Eltern haben Fehler und dürfen Fehler machen. Ich gestehe dir heute deine Fehler zu, denn ich weiß, auch ich habe viele Unvollkommenheiten und ich darf sie haben. Dafür bin ich Mensch.« Vergebung bedeutet also zu sagen: »Du darfst so sein, wie du bist!« Kannst du das zu deinem jetzigen Lebenspartner sagen, falls du einen hast? Wenn du es noch nicht kannst, wundere dich nicht, wenn es kriselt oder kracht.

▦ Achtung Falle! – Die mentale Vergebung

Manche Menschen, besonders solche mit »spirituellem Anspruch«, sind mit der Vergebung schnell bei der Hand. Ihr Kopf will vergeben und denkt: »Ich muss vergeben, wenn ich gut sein will, wenn ich spirituell sein will.« Diese Art von Vergebung geht ein wenig zu schnell, denn sie bleibt auf der mentalen Ebene hängen. Bevor wir wirklich vergeben können, ist es notwendig, den Emotionen nachzuspüren, die der von uns Verurteilte durch sein verletzendes Verhalten in uns ausgelöst hat: unsere Wut, unsere Ohnmacht, unsere Enttäuschung usw.
Eine Teilnehmerin meiner Seminare auf Lesbos beschrieb das so: »Jetzt wird mir klar, was ich vor vierzehn Jahren

getan habe, als mich mein Mann wegen einer Jüngeren verlassen hat. Ich dachte damals: ›Du musst ihm vergeben!‹, und habe deshalb gleich zwei Kerzen angezündet. Heute – nach vierzehn Jahren – spüre ich, wie viel Wut in mir noch hochkommt, wenn ich daran zurückdenke. Das ist überhaupt nicht verarbeitet!«

Bevor wir vergeben, also unsere Urteile zurücknehmen können, gilt es, unsere Wunde zu versorgen, die wir uns selbst geschlagen haben. Wir dürfen erst einmal wahrnehmen, welche Emotionen in uns sind. Sie wollen gefühlt und angenommen werden. Wie dies geht, davon handelt der vierte Schritt.

⌗ Achtung Falle! – »Vergebung« als erneute Verurteilung

Immer noch missverstehen viele den Weg der Vergebung, wenn sie sagen: »Ich will dir (noch einmal) vergeben, was du mir angetan hast. Du warst zwar der Täter und ich das Opfer, aber ich will es gut sein lassen und dir verzeihen.« In diesen Gedanken steckt eine erneute Verurteilung. Drastischer ausgedrückt lautet sie: »Du warst zwar ein Schwein, aber ich will großzügig sein und verzeihe dir noch einmal.« Dieser Mensch hat noch nicht verstanden, was hier wirklich geschehen ist. Er versteht Vergebung noch nicht als Mittel zur Heilung von Beziehungen und der eigenen inneren Wunde.

Um es nochmals zu verdeutlichen: Kein »Täter« tritt umsonst auf die Bühne deines Lebens. Wenn dich einer durch sein unbewusstes Verhalten verletzt, dann liegt hierin immer ein »Geschenk«, auch wenn es Schmerz auslöst. Jeder »Arsch« (du nennst ihn vielleicht »Idiot« oder »Blödmann«), der dir in deinem Leben als solcher begegnet, ist in Wirklichkeit ein »Arsch-Engel«. Dein Kopf nennt ihn einen »Arsch«, aber in Wirklichkeit ist er ein Engel, der dir geschickt wurde, um aufzuwachen. Er drückt deine »Knöpfe«, und du gehst in die Luft oder schreist auf, empört, verletzt, voller Wut oder Enttäuschung. Oft sind es die eigenen Kinder, meist der Partner, der Expartner, die Mutter, die Schwiegermutter, der Vater oder der Schwiegervater. Sie können dich nur dann verletzen, weil deine Wunde bisher nicht geheilt ist, weil du dich selbst verurteilt hast. Jeder Mensch also, der dir in deinem Leben begegnet und dich vermeintlich verletzt, ist einer deiner »Arsch-Engel« und bietet dir in Wirklichkeit das Geschenk der Heilung an. Denn er kann dich nur dann verletzen, wenn du noch eine Resonanzfläche für seinen Angriff in dir hast. Nennt dich jemand zum Beispiel »Arschloch« und du bist hierüber empört oder beleidigt, zeigt das eindeutig, dass du mit dir selbst noch nicht im Reinen bist. Denn sonst würdest du lachen und fragen: »Wen meinst du, mich? Hier ist kein Arschloch, also kannst du mich nicht meinen.«

Wer den Vorgang der »Verletzung« also nicht versteht, dem kann auch Vergebung noch nicht gelingen, dem gerät sie zur Neuauflage einer Verurteilung. Ein Schlüsselsatz aus dem herrlichen Buch *Ein Kurs in Wundern* mag dich an diesen Zusammenhang immer erinnern. Er lautet:

»Niemand kann dich verletzen.
Du kannst dich nur selbst verletzen.«

Übungsempfehlung: Teile ein Blatt Papier in drei Längsspalten, die mittlere etwas breiter als die beiden links und rechts davon. In die erste Spalte trage all die Namen der Menschen ein, mit denen du bis heute nicht im Frieden bist, die noch eine negative Erinnerung oder ein unangenehmes Gefühl in dir auslösen, wenn du an sie denkst. Denke weit zurück, bis in deine ersten Schuljahre oder noch weiter. Auf dieser Liste können auftauchen: Lehrer, von denen du dich missachtet oder gepiesackt gefühlt hast; ehemalige Mitschüler, mit denen du ständig Zoff hattest oder die stärker waren als du und es dich haben spüren lassen; Exvorgesetzte, Exfreunde und -partner, Exmieter und Exmakler usw. Die Ex sind oft eine wahre Fundgrube für »Arsch-Engel«, mit denen bis heute kein Frieden besteht. All diese kannst du als Leichen im Keller deines Unbewussten betrachten. Jede Leiche und jeder »Arsch-Engel« belastet dein Leben, auch wenn du sie schon lange verdrängt hast. Sie machen dich schwer und lassen dich nicht freudig leicht durchs Leben tanzen.

Dann trägst du in die breite mittlere Spalte ein, was du dieser Person innerlich bis heute vorwirfst, was sie getan hat oder ausstrahlt, was dich bis heute trifft. Zum Beispiel: »spielt sich immer in den Vordergrund«, »fährt mir über den Mund, lässt mich nicht ausreden«, »weiß immer alles besser«, »hat mich belogen und betrogen«, »hat seine Versprechen nicht gehalten«, »ist mir viel zu arrogant«, »war immer aggressiv zu mir, hat mich sogar geschlagen«.

Und in die dritte Spalte trägst du ein, welches Gefühl dieser Mensch mit dieser Eigenschaft oder diesem Verhalten in dir ausgelöst hat, das bis heute in deinem Innern vorhanden ist. Der eine mag nur leichten Ärger auslösen, der andere große Wut oder gar Hass, Bitterkeit und Groll; wieder andere lösen Enttäuschung und Trauer oder sonst eine Emotion aus.

An dieser »Arsch-Engel«- oder Unfriedensliste kannst du sehr genau ablesen, welche Eigenschaft und welches Verhalten du bis heute an dir selbst ablehnst, welche Emotion bis heute verdrängt in dir schlummert. Innerlich sagst du vielleicht bis heute: »Ich bin ehrlich und nicht unehrlich.« – »Ich bin friedlich und nicht aggressiv.« – »Ich bin ordentlich und nicht schlampig.« Wenn du ehrlich nach innen gehst und nachforschst, wo du auch das Gegenteil bist und warst, dann geht dir ein Kronleuchter nach dem anderen auf. Denn die Wahrheit lautet: Jeder von uns ist immer beides, wir sind friedlich und aggressiv, ehrlich und unehrlich (wir sagen nicht immer die Wahrheit oder verraten unsere innere Wahrheit), wir sind ordentlich und auch unordentlich (schau mal in deinen Gedanken, deinem Keller oder in deinen Steuerunterlagen nach). Entscheide dich, mit den Menschen, mit denen du einmal im Unfrieden warst, Frieden zu schließen. Mit jedem Menschen, dem du vergeben kannst, und mit jedem alten Groll, den du in Liebe zu verwandeln vermagst (ja, du hast richtig gelesen: Liebe), kommst du dem Himmel auf Erden ein Stück näher.

Vierter Schritt:
Fühle das Gefühl bewusst und bejahend!

Du bist hier auf der Erde, um intensive Gefühlserfahrungen zu machen. Das ist der Wunsch deiner Seele und aller Seelen. Deine Seele liebt es, neue Erfahrungen zu machen, deine Seele liebt »E-Motion«, Energie in Bewegung. Dein Verstand aber lehnt sie ab. Du bist Schöpferin/Schöpfer jeder Emotion, die du fühlst: der Angst, der Wut, des Hasses, des Neids, der Eifersucht, der Ohnmacht, der Schwäche, der Einsamkeit, der Scham und der Schuld. Dies sind deine »Babys«, deine Schöpfungen. Und sie wünschen sich deine Annahme, deine Liebe. Fühle deine Gefühle – aber bejahend. Bis jetzt hast du meist nur Schmerz gefühlt. Aber Schmerz ist keine Emotion, kein Gefühl. Schmerz ist das Gegenteil, es ist der Widerstand vor dem Fühlen. Diesen Schmerz aber zu ertragen, erfordert viel mehr Energie, als das Gefühl bejahend zu fühlen. Ein Gefühl will (bejahend) gefühlt sein, dann kann es sich verwandeln. Es ist die Liebe in der Bejahung, die verwandelt.

Wenn es uns nicht gut geht, dann sagen wir: »Ich fühle mich schlecht.« Wir sagen nicht: »Ich denke mich schlecht«, obwohl das der Wahrheit näher käme. Unsere Gefühle sind es, worunter wir am meisten leiden, abgesehen von körperlichen Schmerzen. Beide aber hängen eng zusammen. Von klein auf erzeugen wir diese Gefühle in uns. Ich nenne sie »Emotionen«, damit wir sie von körperlichen Empfindungen wie Enge, Druck, Spannung unterscheiden können. Ich lade auch dich ein, wie meine Seminarteilnehmer, in Zukunft immer genau hinzufühlen, was du gerade spürst, wenn es dir nicht gut geht. Jede Emotion geht mit bestimmten Empfindungen einher, und es ist sehr hilfreich, diese Verbindung am eigenen Körper immer genauer zu beobachten. Tauchen zum Beispiel Ängste auf, wird es uns oft eng im Hals oder in der Brust. Bei stärkeren Ängsten wird die Haut feucht, der Atem wird flacher; verstärken sich die Ängste noch mehr, kommt es zu Starre, Hitze oder Kälte, Sehschwierigkeiten und Verwirrung im Kopf usw. Wut führt zu Spannungen und Verhärtungen der Muskeln und Gelenke, im Kopf wird es eng, Hitze steigt druckvoll auf. Bei jeder Emotion, ob Trauer oder Neid, Schuld oder Scham, kannst du an bestimmten Körperstellen oder im gesamten Körper Reaktionen spüren, die sich deutlich voneinander unterscheiden. Dies kann für uns sehr hilfreich sein. Zunächst macht sich der Körper bemerkbar. Es wird uns unwohl, mulmig oder schlecht, aber uns ist nicht bewusst, woher das kommt. Sind wir jedoch mit dem Zusammenhang von Emotion und Körper vertraut, wird uns sehr schnell klar: »Ah, hier kommt Angst hoch, hier zeigen sich Wut und Ohnmacht in mir.«

Woher kommen aber unsere Gefühle? Und warum werden sie oft in uns so übermächtig, dass sie uns hilflos machen? Wir erschaffen unsere Gefühle mit unseren Gedanken. Da wir jedoch weitgehend unbewusst denken, ist uns dieser Vorgang selten klar. Wie ich in den letzten Kapiteln erläutert habe, denken wir – als Reaktion auf das kritisierende Verhalten unserer Eltern – bereits als Kind Gedanken wie: »Ich bin nicht in Ordnung. Ich bin nicht liebenswert. Ich muss mich bessern.« Solche Gedanken erzeugen in uns Trauer, Minderwertigkeit, Schuld- und Schamgefühle. Gedanken wie »Ich bin allein. Niemand hilft mir. Die Welt ist unsicher. Menschen kommen und verlassen einen wieder« erzeugen die Emotion Angst. Auf dieselbe Weise entstehen Wut, Trauer oder Ohnmacht.

Es gehört offensichtlich zu unserem Menschsein, all diese Emotionen zu erfahren. Ich halte es jedoch nicht für natürlich, dass wir so lange unter unseren Emotionen leiden, dass sie schließlich unseren Körper zerstören und uns töten. Denn so gut wie alle Menschen sterben an einem »gebrochenen Herzen«, wie Lehrer P'taah sagt, und ich stimme ihm da voll zu. Schau dich nur auf der Straße um, schau dir die Gesichter an, die trüben, traurigen Augen, die bedrückten Schultern, den schleppend schweren Gang auch schon vieler junger Menschen. Das hat mit unserer Natur nicht das Geringste zu tun, obwohl dieses Aussehen als normal gilt. Und schau dir im Spiegel selbst in die Augen. Wie viel Freude, Begeisterung, Liebe und Glanz strahlen deine Augen aus? Dies liegt nicht daran, dass das Leben so schwer ist, sondern weil du bis heute Energien in dir und mit dir herumschleppst, die nicht in deinen Körper gehören, die du zwar erschaffen oder übernommen hast, die aber schon lange weiterziehen wollen.

Wir lernen in der Schule und auf der Universität unendlich viel Kram, den wir nie wieder im Leben benötigen. Aber das Basiswissen für ein glückliches Leben in einem gesunden Körper, wird Kindern bis heute nicht vermittelt. Fragen wie »Was mache ich, wenn ich Angst bekomme?« oder »Wie kann ich einen Streit beenden?« oder »Was kann ich tun, wenn ich mich nicht gut fühle?« werden nicht beantwortet. In meinen Seminaren fragen Fünfzig- oder Sechzigjährige immer wieder: »Warum hat mir das früher niemand gesagt?«

Bis heute weigern sich Millionen Menschen, die Verantwortung für ihre Gefühle zu übernehmen und ihnen das zu geben, was sie sich wünschen: Annahme und Liebe.

Gefühle wollen gefühlt werden, und zwar mit offenem Herzen, mit Bejahung. Wenn alle Gefühle unsere eigenen »Babys« sind, dann ist es doch nur verständlich, dass diese eigenen Schöpfungen unsere Liebe und Wertschätzung suchen, genauso wie wir selbst die Liebe und Annahme durch unsere Eltern gesucht haben. Unsere Emotionen, die wir in unserer Kindheit erschufen und die uns damals, bei unserem Überlebensslalom durch die Erwartungen, Forderungen und Bedingungen von Eltern und Umwelt halfen, haben wir jahrzehntelang immer wieder verdrängt, abgelehnt und in unseren Körper zurückgedrängt. Ärger und Wut wurden hinuntergeschluckt, Enttäuschung und Trauer haben wir in uns hineingefressen, Tonnen von Schuld- und Schamgefühlen haben wir uns aufgeladen und vieles zu Herzen genommen. Darum ist es auf unserer Brust schwer, um unser Herz eng, im Bauch hart, an den Füßen kalt, sind Rücken und Nacken verspannt. Ja, auch die kalten Füße (und andere oft kalte Körperteile) der Erwachsenen stammen aus der Kindheit, wo wir »kalte Füße« bekamen, nämlich große Angst: Das Leben (das Blut) zog sich aus Beinen und Armen in den Körper zurück, weil wir das Gefühl hatten, die Situation auf diese Weise besser aushalten zu können. Und auch hinter körperlichen Schmerzen stecken Emotionen, die bis heute nicht angenommen und verwandelt wurden. *Gefühle aber wollen vor allem eins, sie wollen bejahend gefühlt werden.* So wie ein Bonbon gelutscht werden will, will ein Gefühl gefühlt werden.

Wann kommt eines dieser Gefühle in uns hoch und sagt: »Jetzt fühle mich bitte! Ich habe schon so oft bei dir angeklopft, aber du hast mich wieder weggeschickt.«? Dies geschieht immer dann, wenn eine Person oder ein Ereignis in mir etwas anrührt und mir etwas zeigt, womit ich nicht im Frieden bin. Das kann eine Ablehnung, ein Nein

oder eine Kritik sein, vielleicht die Botschaft »So bist du nicht in Ordnung für mich«, der Verlust eines Gegenstandes, einer Arbeitsstelle oder von Geld. Immer, wenn durch das Verhalten eines Menschen oder durch ein Geschehen im Außen eine innere Wunde berührt wird, tauchen unsere Emotionen auf, seien es Trauer, Wut, Ohnmacht, Kleinheit, Verlassenheit, Wertlosigkeit, Schuld, Scham, Neid oder Eifersucht. Besonders unsere Verlassenheitswunde ist Anlass für viele schmerzliche Erlebnisse, die wir im Außen immer wieder produzieren, denn diese Wunde will geheilt sein.
Die meisten von uns haben in der Kindheit Erfahrungen gemacht, in denen sie sich allein und verlassen fühlten. Wir haben uns angewöhnt zu denken: »In dieser Welt ist auf keinen Verlass. Du musst aufpassen, nicht allein zu bleiben, denn allein sein ist schlecht. Wer allein ist, ist hilflos. Aber gleichzeitig kannst du dich nicht wirklich auf einen Menschen verlassen. Du musst aufpassen, dass du nicht verlassen wirst. Du musst etwas dafür tun, dass dich Menschen mögen und bei dir bleiben.« Das ist ein Gedankenprogramm, mit dem Angst, Unsicherheit und innere Einsamkeit aufrechterhalten werden. Wer solche Gedanken in der Kindheit zu denken gelernt hat, in dem steckt die Angst, wieder verlassen zu werden, und zwar auch noch nach vierzig Jahren. Denn weder Gedanken noch Gefühle kennen Zeit und Raum. Die Zeit heilt keine Wunden. Mit diesem Märchen dürfen wir endlich aufräumen. Die Zeit heilt gar nichts. Jede Minute, die wir in diesem Körper seit unserer Zeugung erlebt haben, ist lebendig in uns gespeichert.

Gedanken können nur dann ihre Kraft verlieren und gehen, wenn wir sie erstens erkennen, zweitens auf ihre Wahrheit überprüfen und uns drittens entscheiden, etwas Neues zu denken. Gefühle können nur dann gehen, wenn wir bereit sind, unsere Verantwortung für ihr Erschaffen zu übernehmen, wir uns ihnen mit Liebe und Zeit widmen, um sie wirklich bejahend zu fühlen, nicht um sie auszuhalten.

Wie geht das, Gefühle bejahend zu fühlen? Wenn du dich das nächste Mal nicht gut fühlst, halte inne, atme tief durch und schließe für ein paar Sekunden die Augen, nimm dir etwas Zeit, um zu spüren, was du in dir fühlst. Als Erstes wirst du oft ein Gefühl der Unruhe in deinem Körper spüren, verbunden mit Enge, Druck, Spannung oder Schwere. Auf diese Unruhe hast du bisher meist auf eine typische Weise reagiert, z. B. mit einer Zigarette, einem Kaugummi, etwas Süßem oder dem Öffnen der Kühlschranktür. Andere lenken sich ab, indem sie jemanden anrufen, sich in die Arbeit stürzen oder in den Jogginganzug. Ich möchte dich jedoch auffordern, dich endlich der Hauptursache all dieser Aktivitäten zu widmen: deinen nicht gefühlten und nicht geliebten Emotionen, die seit Jahrzehnten darauf warten, fließen zu können, um deinen Körper nicht weiter zu belasten. Lerne, deinen inneren Vorgängen, deinen körperlichen Empfindungen und deinen Emotionen, Aufmerksamkeit zu widmen, und wenn es jeweils nur für eine halbe Minute ist. Komm deinem Nicht-gut-Fühlen auf die Schliche, finde heraus, welche Energie es genau ist, die dich seit Jahren »verfolgt«, wie dein Kopf vielleicht behauptet, die aber nichts weiter von dir will, als endlich bejahend gefühlt zu werden, damit sie gehen kann. Solange wir Nein sagen zu einem Gefühl, solange wir es weghaben oder wegmachen wollen, solange kann es nicht gehen. Auch hier gilt der Energiesatz: Was du ablehnst, das ermächtigst du, das nährst du durch dein Nein. Die meisten Menschen wissen, welche Hauptemotion es ist, die in ihnen immer

wieder hochsteigt. Bei dem einen sind es mehr die Ängste, beim anderen ist es mehr die Wut, dem Dritten wird die unterdrückte Trauer zur tonnenschweren Last.
Ich lade dich ein und bitte dich herzlich: Setze dich an einen stillen Ort und nimm dir Zeit zum bejahenden Fühlen deiner Gefühle, die du bisher abgelehnt hast. Lege mit dir selbst einen Termin fest in der Woche, für eine Dreiviertelstunde. Sorge dafür, dass du nicht gestört wirst. Lege eine schöne Musik auf, die dein Herz berührt, zünde eine Kerze an. Und wenn die Musik zu Ende ist, lass es still sein um dich herum. Denn in dir ist es schon laut genug. Gehe in einen tiefen Atemrhythmus und mit deiner Aufmerksamkeit nach innen. Sprich laut die Worte aus: »*Alle Wut in mir (oder alle Angst, Trauer, Scham …) darf jetzt da sein. Ich bin bereit, sie zu fühlen.*« Dann atme weiter und richte deine Aufmerksamkeit ganz auf das Fühlen. Lass das Denken los, spüre deinen Körper, fühle das Gefühl oder die Gefühle. Nimm wahr, wo in deinem Körper sich Enge, Schwere, Druck, Spannung oder einfach die Unruhe zeigt. Bejahe auch diese körperliche Empfindung ausdrücklich und sage: »Dieser Druck in meinem Kopf, die Schwere in meiner Brust, sie dürfen jetzt da sein. Ich bin bereit, sie zu fühlen.« Und dann tue nichts weiter als zu atmen und neugierig wie ein Forscher zu beobachten (nicht zu denken) und wahrzunehmen, wie sich diese körperlichen Empfindungen sowie die mit ihnen verbundenen Emotionen anfühlen. Das bewusste, tiefere Atmen hilft dir beim Durchfühlen deiner Gefühle sehr. Bewusst tief zu atmen ist wie ein JA zum Gefühl. Du erinnerst dich noch: Damals, als du Angst hattest oder dich sehr schlecht fühltest, hast du nur sehr flach geatmet, am liebsten hättest du ganz aufgehört zu atmen. Wer flach atmet, fühlt weniger, wer tief atmet, fühlt mehr. Darum ist das Atmen

selbst ein wirkungsvoller Weg, wieder zurückzukommen in ein lebendiges Fühlen und Leben. (Wenn du eine sehr kraftvolle Unterstützung wünschst beim tiefen Fühlen und anschließenden Verwandeln deiner Emotionen, dann empfehle ich dir eine meiner Meditations-CDs. Hier bieten sich verschiedene Titel an, besonders *Negative Gefühle in Freude verwandeln* und *Befreie und heile das Kind in dir*)

⊞ Frauen und Wut

Am Schluss dieses Kapitels möchte ich an zwei Emotionen noch einmal aufzeigen, welche verheerenden und schmerzhaften Ausmaße unser bisheriger Umgang mit Emotionen hat. Kleine Mädchen dürfen bis heute nicht laut, wütend, frech oder wild sein. Das ideale kleine Mädchen ist süß, brav, nett, hübsch und sauber. Was diesem Ideal nicht entspricht, wird kleinen und größeren Mädchen bis heute systematisch ausgetrieben – vor allem von ihren Müttern. Denn auch sie haben das Domestizierungsprogramm durchlaufen und sich nie klargemacht, was das für ihr Leben bedeutet. Ein wütendes, lautes Mädchen wird mit allen Mitteln zur Ruhe gebracht, ihm wird buchstäblich der Mund gestopft. Die Drohung »Wütende Mädchen wollen wir hier nicht. So bist du für uns nicht liebenswert. Schäm dich« reicht aus, um dem Kind zu zeigen, wo es langgeht.

Warum ist das Hals-Chakra so vieler Frauen verschlossen? Warum hören wir bei so vielen Frauen eine krächzende oder piepsende Kleinmädchenstimme? Warum haben unendlich viele Frauen Schilddrüsenprobleme und lassen sich nicht wenige diese Drüse ganz wegoperieren?

Weil sie den Hals gestopft bekamen, weil sie ihre Wut hinunterwürgen mussten, weil sie nach innen schreien mussten, statt ihrem Zorn, ihrer Wildheit und ihrer Enttäuschung laut Ausdruck geben zu können. Bis heute ist der Spruch bestens bekannt (und wird meist mit einem verständigen Schmunzeln begleitet – auch von Frauen): »Mädchen, die pfeifen, und Hühnern, die krähen, soll man beizeiten den Hals umdrehen.« Warum haben weit mehr Frauen mit Migräne zu kämpfen als Männer? Weil die braven Mädchen ihre Wut systematisch unterdrücken mussten. Wer chronisch Energien wie die Emotionen unterdrückt, der produziert Enge, Druck und Spannung in seinem Körper. Migräne ist nichts anders als chronisch unterdrückte Emotion, allen voran die Wut.

⊞ Männer und Angst

Der Wut der Frauen entspricht die Angst der Männer. Kein Junge wird für seine Angst geliebt oder geschätzt. Jungs sollen mutig, stark und tapfer sein, dann werden sie von Mama und Papa gelobt. Ein Indianer kennt auch heute noch keinen Schmerz. Schau dir das Männerbild in fast allen Spielfilmen an, dann weißt du, wie kleine Jungen sein möchten: stark, durchsetzungsfähig, selbstbewusst, cool (also gefühlskalt), eisern, diszipliniert, überlegen, hart gegen sich selbst und von Frauen begehrt. Kommt ein ängstlicher Junge heute zu seinen Eltern, hört er den gleichen Spruch wie sein Vater und sein Großvater: »Du musst doch keine Angst haben!« Dieser Satz ist nett gemeint, aber er hilft dem Kind überhaupt nicht. Im Gegenteil, er zeigt ihm: Mit dieser Angst bist du nicht in Ordnung. »Warum hast du nur Angst? Das muss doch

nicht sein!« Wäre das Kind schlagfertig und selbstbewusst, würde es antworten: »Ich habe aber schon Angst. Hast du mir nichts Besseres zu bieten für meine Angst?«
So gewöhnen sich kleine Jungen schnell ab, ihre Ängste zu zeigen oder darüber zu sprechen. Sie verstehen die Botschaft ihrer Mütter und Väter, die in Wirklichkeit heißt: »Wir wissen selbst nicht, wie wir mit Ängsten umgehen sollen. Wir haben sie auch hinuntergeschluckt. Tu das auch. Denn deine Ängste machen uns Angst. Sie erinnern uns an unsere eigenen Ängste. Damit schaffst du uns ein Problem. Und das mögen wir gar nicht.«
Und so haben die Männer gelernt, ihre Ängste zu verbergen und zu verdrängen. Sie haben gelernt, die große Show abzuziehen, den Starken zu mimen und durchzuhalten. Das geht natürlich nur eine begrenzte Zeit lang gut. Denn alle seine verdrängten Ängste stecken dem Mann bis heute in den Knochen, sie legen sich um sein Herz, auch die Trauer, die entstand, als er als Junge nicht mit seiner Angst geliebt wurde. Und so marschieren Männer bis heute mit dem Motto »Ich muss es schaffen!« durch ihr Leben, das weitgehend ein Arbeitsleben ist (denn hier muss der Mann seinen Wert beweisen, hier definiert sich das Selbstbewusstsein der meisten Männer). Sie verstecken ihre Gefühle (von den Ausnahmen abgesehen, wenn sie vor Jähzorn ausrasten) und halten so lange durch, bis entweder ihr Herz bricht und der erste Bypass fällig ist, oder sie in einer dumpfen Depression versinken. Wenn du glaubst, das sei übertrieben, dann schaue dir die Männer in deinem Umfeld doch einmal genauer an.

⊞ Wenn Eltern an ihren Kindern verzweifeln

Wie könnten wir mit den Gefühlen unserer Kinder anders umgehen, mit ihrer Wut, ihrer Angst, ihrer Trauer? Ich empfehle Müttern und Vätern, Omas und Opas, auf diesem Gebiet radikal umzudenken. Wenn das Kind eine dieser Emotionen zeigt, dann nimm es in deine Arme und gib ihm das Signal: »Komm her mit deiner Angst (Wut, Trauer). Du darfst Angst haben. Es ist normal, Ängste zu haben, und du musst nicht davor weglaufen. Komm, erzähl mir von deiner Angst. Schau mal, wo sie gerade in deinem Körper steckt. Lass uns mal zusammen deine Angst fühlen. Und dann schauen wir, was passiert. Übrigens Mama und Papa haben auch manchmal Angst, aber das ist nichts Schlimmes.«

Und wenn ein Junge oder ein Mädchen wütend ist, dann nimm das Kind kraft- und liebevoll in den Arm und sage: »Zeig mir mal, wie wütend du bist. Zeig mir, wie stark du bist.« Und ringe und rangele mit dem Kind, biete ihm ein Gegengewicht zu seiner Wut, an dem es sich »abarbeiten« und die Energie entladen kann. Mache daraus ein lustvolles Ereignis. Und lobe dein Kind für die Kraft, die in ihm und seiner Wut steckt. Kinder wollen hören, dass sie in Ordnung sind, wenn sie Ängste, Wut oder Trauer empfinden, dass sie mit diesen Gefühlen geliebt werden. Aber so können natürlich nur Eltern reagieren, die bereits angefangen haben, ihre eigenen Gefühle bejahend zu fühlen und nicht weiter vor ihnen davonlaufen. Eltern, die das noch nicht können, neigen dazu, ihr Kind zum »Problemkind« zu erklären. Wird das Problem übergroß, läuft das Kind den Eltern aus dem Ruder; dann wird es schließlich zum Therapeuten gebracht, der es »reparieren«, wieder in Ordnung bringen soll.

Ich habe so gut wie allen Müttern, die mich als Therapeut anriefen und fragten: »Kann ich Ihnen meine Tochter oder meinen Sohn vorbeibringen, er hat dies oder jenes Problem...«, gesagt: »Nein, Sie dürfen selbst kommen, und zwar allein.« Und noch jedes Mal konnte diese Mutter oder dieser Vater in einer Sitzung erstaunt erkennen: »Die Auffälligkeit, das Symptom meines Kindes hat ja mit mir selbst zu tun, das kenne ich ja in mir auch.« Den meisten Eltern ist dies natürlich nicht bewusst, obwohl es viele ahnen. Angstvolle, traurige, wütende, aufsässige, unordentliche, faule oder sich verweigernde, trotzige Kinder zeigen diese Gefühle und das entsprechende Verhalten, weil sie nicht anders können. Und sie tun es für ihre Eltern. Das, was die Eltern unterdrücken, verdrängen, verleugnen und in und an sich selbst ablehnen, das müssen die Kinder umso deutlicher auf die Bühne der gemeinsamen Wohnung und des Lebens bringen. Jede Familie ist ein geschlossenes System, das ist seit Bert Hellinger bekannt. Was an der einen Stelle unterdrückt wird, muss sich an einer anderen Stelle zeigen.

Am Beispiel unordentlicher, schlampiger und oft chaotischer Söhne oder Töchter können das die meisten verzweifelten Mütter oder Väter nachvollziehen. Sie müssen sich lediglich fragen: »Darf ich selbst unordentlich, schlampig oder chaotisch sein?« Und viele würden noch nicht einmal antworten: »Nein!«, sondern sagen: »Ich bin nicht unordentlich oder schlampig. Ich bin ordentlich, und so will ich auch sein.« Dies aber ist ein Irrtum, ein Selbstbetrug. Seit der Kindheit versuchen diese Frauen und Männer die ordentlichen, angepassten, braven und erfolgreichen Kinder ihrer Eltern zu sein, und im Außen ist ihnen das auch oft gelungen. Das Häuschen ist abbezahlt, die Rente gesichert, vor der Tür stehen zwei Autos und im Wohnzimmer ist aufgeräumt. Aber wie sieht es im inneren Wohnzimmer von Mama und Papa aus. Wie viel Frieden, Gelassenheit, Ruhe und Freude und Erfüllung empfinden sie im Innern? Wie geordnet sieht es in ihrer eigenen Gefühls- und Gedankenwelt aus? Oft sehr chaotisch. Und genau dieses Chaos müssen Söhne und Töchter im Außen ausleben. Wo die Eltern Unangenehmes und Unerwünschtes unter den Teppich kehren, geht schon der Fünfjährige hin, nimmt den Teppich hoch und zeigt auf den »Dreck« des Hauses, zum Ärger der Eltern. Unsere Kinder sind Engel, die uns geschickt wurden, um uns unter anderem auf unsere abgelehnten, ungeliebten Seiten aufmerksam zu machen, bis wir verstehen und auch diese annehmen und integrieren.

Fünfter Schritt:
Triff eine neue Wahl! –
Die Macht der Entscheidung

Du hast jederzeit die Freiheit der Wahl! An welcher Stelle des Weges auch immer du bist, mach dir bewusst: »Ich kann neu wählen!« Was du bisher in deinem Leben erfahren hast, hast du gewählt, das meiste davon natürlich unbewusst. Wähle neu, wenn du etwas anderes wünschst. Entscheide dich für neue Gedanken; für Gedanken, die mit Leichtigkeit, Frieden und Freude verbunden sind. Entscheide dich für Bewusstheit, für ein bewusstes Erschaffen in Liebe! Entscheide dich für Macht; ermächtige dich wieder zum göttlichen Schöpfer deines Lebens. Entscheide dich, dich wieder an das zu erinnern, was du wirklich bist: an das göttliche, unendliche, schöpferische, liebevolle Wesen – Gott im Menschen, Gott-Mensch. Du bist LIEBE. Entscheide dich, wieder die Liebe zu sein, die du immer schon warst und immer sein wirst.

Die Macht der Entscheidung ist den wenigsten Menschen bewusst. Wir treffen am laufenden Band Entscheidungen und merken es nicht. Du stehst morgens aus deinem Bett auf und gehst in die Welt. Noch bevor du dem ersten Menschen begegnest, vielleicht im Badezimmer, hast du dich schon entschieden, so oder so durch den Tag zu gehen, bewusst oder unbewusst, liebevoll zu dir oder lieblos, mürrisch oder freundlich, neugierig oder nichts Neues erwartend. Die ganze Art, wie du deinen Tag lebst, spiegelt solche inneren Entscheidungen wider. Mach dir bitte klar: Dein ganzer Tag und dein ganzes Leben stellt eine endlose Kette von Entscheidungen dar. Und die

Grundentscheidung ist die Entscheidung darüber, wes Geistes Kind du sein willst, mit welcher Grundeinstellung du dir selbst, dem Leben und deinen Mitmenschen gegenüber durch dein Leben gehen willst.

Dem Himmel oder dem Leben ist es egal, wie du deine Entscheidungen triffst, bewusst oder unbewusst. Du bedienst dich jede Stunde, jede Minute der unendlich verfügbaren Lebensenergie, um hieraus etwas zu formen, etwas zu erschaffen. Was erschaffst du damit? Jeden Tag deines Lebens, den Zustand deines Körpers, alle Begegnungen, alle Zustände und Ereignisse, deine Emotionen, deine Gedanken, deine Körperempfindungen, deine Beziehungen, deinen Zustand von Mangel oder Fülle im Materiellen wie im Geistigen. Du erschaffst Klarheit oder Unklarheit, Frieden oder Streit, Freiheit oder Unfreiheit, Freude oder Depression, Angst oder Liebe. All das ist deine Wahl. Mach dir bewusst, welche Macht das Leben dir gegeben hat. Was machst du daraus?

4

Die Freiheit der Wahl – Was willst du wählen?

Nachdem du nun eine ganze Reihe von Instrumenten und Wegen kennengelernt hast, das Alte zu klären und hinter dir zu lassen (Programme, Gefühle, Konflikte, Unfrieden), möchte ich mit dir nach vorne schauen, auf das neu Ausrichten, auf das Erschaffen eines Lebens, wie es dein Herz sich wünscht. Diesen Teil nenne ich gerne das »Nähren« im Unterschied zum »Klären«. Du kannst auch das Bild des Samens nehmen, den du jetzt, heute, jeden Tag säst in deinem Leben. Es geht darum, dass du ab jetzt deinen Samen bewusst auswählst und ihn bewusst säst, damit dich das Ergebnis glücklich macht. Das ist es doch, was du sein willst, oder nicht?
Du hast die Wahl, welchen Samen du säen willst und in welche Richtung du dein Leben erschaffen willst. Schauen wir uns genauer an, welche Möglichkeiten uns offenstehen, zwischen welchen Möglichkeiten du wählen kannst, ja jeden Tag wählst. Denn du kannst nicht nicht wählen. Entweder wählst du bewusst oder unbewusst. Dies ist also deine erste Wahlmöglichkeit. Ich lade dich ein: Wähle bewusster und bewusster, welches Leben du leben willst. Die folgenden Punkte mögen dir helfen, dir darüber klar zu werden, was du bisher gewählt hast.
Das große Geschenk des Lebens an uns heißt: Freiheit der Wahl. Über diese Freiheit kann man lange diskutieren, trotzdem wird man so nicht erfahren, ob es sie gibt. Es gibt nur einen Weg, um herauszufinden, ob du wählen kannst: indem du wählst. Wirkliche Erkenntnis entsteht immer nur durch Erfahrung.

⊞ Deine Wahl: Bewusstheit oder Unbewusstheit

Entscheide dich für Bewusstheit. Was genau bedeutet Bewusstheit im Leben? Ich meine damit, dass ich tatsächlich wach und da bin, wenn ich etwas tue und zwar unabhängig von dem, was es ist. Die meisten Menschen sind nicht da, sie sind nicht präsent, nicht wach, nicht wirklich anwesend bei dem, was sie gerade tun. Ihr Körper ist anwesend, aber der Geist ist woanders oder schläft. Viele Menschen laufen sehr fleißig, sehr geschäftig durch ihr Leben, aber innen sind sie nicht bei sich und spüren sich selbst nicht. Es ist, als ob Roboter oder leere Menschenhüllen durch das Leben eilen.
Wachheit, Aufmerksamkeit, Achtsamkeit, Gegenwärtigkeit, Präsenz sind andere Namen für Bewusstheit.
Wie wach, wie präsent bist du bei dem, was du tust? Wie präsent bist du jetzt gerade beim Lesen dieser Zeilen? Bist du selbst auch da oder nur dein Gehirn? Spürst du gerade deinen Körper, deinen Atem? Jetzt, beim Lesen bist du ziemlich präsent; du döst nicht, du denkst jetzt nicht an etwas anderes. Aber wie aufmerksam für das Geschehen im Jetzt bist du, wenn du von hier nach da gehst, wenn du Kartoffeln schälst oder abwäschst, wenn du den Müll wegbringst oder im Badezimmer vor dem Spiegel stehst?

Ich lade dich ein, dich für Bewusstheit in deinem Alltag zu entscheiden. Denn jede Minute gelebten Lebens – völlig unabhängig von dem, was du tust – ist einzigartig wertvolle Lebenszeit. Das Wesentliche im Leben ist nicht das, was du tust, sondern wie du es tust, ob wach oder schlafend, achtsam oder achtlos, bewusst oder nebenbei. Die Entscheidung für Bewusstheit bedeutet: »Ich will üben, *alles,* was ich tue, mehr und mehr bewusst zu tun.

Ich will gleichermaßen bewusst die Zähne putzen, den Nachbarn grüßen, meine Morgengymnastik machen, die Zeitung lesen, in der Warteschlange stehen oder mit meinem Partner sprechen.«

Bewusst denken: Gewöhne dir immer mehr an, dir deiner Gedanken bewusst zu werden, dir bewusst zu machen, was es gerade in dir denkt. Und frage dich dann: »Ist es das, was ich denken will?« Und wenn dein Herz dich spüren lässt, dass diese Gedanken hier keine Gedanken des Friedens, des Verstehens, der Unterstützung und der Liebe sind, dann denke neu, fasse einen neuen Gedanken in der Richtung deines Herzens.

Wenn du nicht bewusst über deine Gedankenrichtung entscheidest, dann lässt du andere entscheiden, dann denkst du automatisch, was andere denken, dann denkst du mit der Masse mit und wirst auch von diesem Massenbewusstsein gelenkt. Oder deine alten Gedankenmuster, deine Vergangenheit, entscheiden weiterhin, in welche Richtung du erschaffst. Mache dir noch einmal klar: *Deine Gedanken sind das wertvollste Baumaterial deines Lebens. Du erschaffst alles mit ihnen. Wähle dir nur das in deinen Augen beste Material aus. Und alles, was nicht deinen Qualitätsansprüchen genügt, das segne und lass gehen. Denke den höchsten Gedanken über dich, den du denken kannst. Und dann lebe ihn.*

⊞ Deine Wahl: Selbst-Zentriertheit oder Du-Sucht

Die meisten Menschen sind in ihren Gedanken fast ständig bei anderen. Sie sind erzogen worden zu glauben, man müsse sich ständig um andere kümmern. Damit befinden sie sich gedanklich in den Angelegenheiten anderer. Wer dies tut, kann nicht gleichzeitig bei sich selbst sein und sich um seine eigenen Angelegenheiten kümmern. Und er produziert Verstrickungen und Leid in seinen Beziehungen. Es ist wunderbar, wenn wir andere Menschen unterstützen können. Aber es gibt eine Art der Unterstützung, insbesondere vonseiten der Frauen, die eher einer Dauereinmischung in die Angelegenheiten ihrer Männer, ihrer Kinder, ihrer Eltern, ihrer Nachbarn entspricht. Wer nicht unterscheiden lernt, was die eigenen Angelegenheiten und die der anderen sind – oder was Angelegenheit Gottes ist –, der erschafft sich viel Leiden.

Ob es regnet, schneit oder die Sonne scheint, ist Sache Gottes. Das kannst du nicht beeinflussen. Viele Menschen verurteilen aber schon am Morgen das »Scheißwetter«. Sie ziehen sich psychisch runter, anstatt das Beste draus zu machen: die Schönheit am Regen, am Nebel oder am Schnee zu entdecken.

Ob dein Partner sich um sich selbst und seine Gesundheit kümmert, ist seine Angelegenheit, wie es deine Angelegenheit ist, ob und wie du dich um deinen Körper kümmerst. Diese Grenze wird aber ständig mit dem Argument überschritten, der andere wäre dazu nicht in der Lage oder zu faul oder sonst etwas. Anderen Menschen Dinge abzunehmen, die in ihren Verantwortungsbereich gehören, ist eine gute Methode, den anderen zu schwächen, ihn abhängig und sich selbst wichtig zu machen.

Die meisten Menschen sind tagsüber in ihren Gedanken nicht bei sich selbst; sie konzentrieren sich nicht auf das, was für sie in diesem Moment am wichtigsten ist. Sie verlieren sich in der Du-Sucht: Sie benutzen den anderen als Beschäftigungstherapie für sich selbst. Sich wirklich auf sich zu konzentrieren und mit sich selbst zu beschäf-

tigen, dazu sind viele Menschen schlichtweg noch nicht in der Lage. Sie haben es nie gelernt oder wissen mit sich kaum etwas anzufangen. Viele Menschen benutzen das Sichkümmern um ihren Partner und ihre Kinder, um sich nicht allein begegnen zu müssen.
Wenn du auch zu diesen »Kümmerer-Menschen« gehörst, dann höre auf damit. Wenn du dich oft und ständig um andere kümmerst, wenn du nicht bei dir selbst bist, dann ist es in dir leer, da ist niemand in dir, der für dich da ist. Deine erste heilige Pflicht ist es, für dich selbst da zu sein und gut für dich zu sorgen. Damit bist du auch das beste Vorbild für deine Mitmenschen, besonders für deine Kinder und deinen Partner. Kümmere dich um das Wesentliche, um dich selbst, um deine Gedanken, deine Gefühle, deinen Körper, deine Herzenswünsche, deine Freude, deine Liebe. Das hat nichts mit Egoismus zu tun, sondern mit Klugheit und Liebe. Wer sich nicht gut um sich selbst kümmert, der wird auf Dauer zu einer Belastung für sein Umfeld, da er nicht glücklich und selten gesund ist. Er muss auf die eine oder andere Art Leiden erzeugen, für sich und für seine Mitmenschen.

Entscheide dich für Selbst-Zentriertheit und sage dir: »Ich wende ab jetzt meine ganze Aufmerksamkeit mir selbst zu und kümmere mich um meine Angelegenheiten. Ich schaue mir meine inneren und äußeren ›Baustellen‹ an und löse sie eine nach der anderen auf. Ich laufe nicht mehr weg vor meinen unangenehmen Gefühlen, sondern nehme mir Zeit für sie und gehe nach innen. Ich werde darauf achten, dass es mir gut geht, und werde selbst für mein Glück und mein Wohlergehen sorgen. Ich werde meine Mitmenschen liebevoll begleiten, aber ihnen zutrauen, ihre eigenen Angelegenheiten zu klären. Ich respektiere den Weg eines jeden. Ich werde anbieten, andere zu unterstützen, aber ich dränge mich keinem auf und mische mich nicht mehr ein.«

⊞ Deine Wahl: Freude oder Depression

Wie viel Freude ist bisher in deinem Leben? Wie viel hast du zu lachen im Alltag? Freust du dich am Morgen auf den neuen Tag? Freust du dich über deine Familie? Freust du dich über deine Arbeit? Freust du dich über die Fülle und Schönheit, die dir das Leben bietet? Erfreust du dich an den tausend kleinen Dingen des Lebens? – Wenn du das Gefühl hast, dass nicht genug Freude in deinem Leben ist, dann übernimm bitte die Verantwortung hierfür. Es ist nicht dein Sohn oder deine Tochter, die dir deine Freude rauben. Es ist nicht deine Schwiegermutter, es ist nicht dein Mann oder deine Frau. Du selbst hast dich (noch) nicht für ein Leben in großer Freude entschieden, sondern für das Gegenteil. Natürlich hast du diese Entscheidung unbewusst getroffen. Wer nicht viel Freude in seinem Leben hat, der hat sich nicht bewusst für Freude entschieden, ist meist in vielen unwahren Gedanken über sich und das Leben verstrickt. Ich lade dich zu dieser Grundsatzentscheidung ein: »Ich entscheide mich für große Freude, ja, für Lachen und Begeisterung in meinem Leben.« Diese Entscheidung kannst du treffen, völlig unabhängig davon, wie viel Freude heute in deinem Leben ist.

Der Kopf will natürlich immer schnell wissen, wie das wohl gehen soll. Wie soll sich ein Arbeitsloser freuen? Wie soll sich eine Mutter von vier Kindern freuen? Wie soll sich jemand freuen, wenn er krank ist? Wie soll sich

jemand freuen, wenn er nicht viel Geld zum Leben hat? – Ja, in solchen Situationen ist es erst recht wichtig und hilfreich, sich auf Freude im Leben zu besinnen und sich zu entscheiden, ein Leben der Freude leben zu wollen. Triff mit dir selbst ein Abkommen; geh diese Selbstverpflichtung ein, die da heißen kann:
»Ich entscheide mich dafür, mich ab heute der Energie der Freude zu öffnen. Ich lade Freude als Energiezustand in mein Leben ein.« Das ist kein »positives Denken«, sondern eine grundlegende Entscheidung, der du dich selbst verpflichtest. Du kannst auch sagen: »Ich lade den Engel der Freude in mein Leben ein.« Engel ist nämlich nur ein anderes Wort für Energie. Jeder positive Energiezustand ist ein Engel.
Du kannst sagen: »Ich bin nicht mehr bereit, mir selbst ein Leben ohne Freude zu bieten. Ich verpflichte mich, ab heute ein Leben zu leben, in dem die Freude und das Lachen Raum erhalten. Ich will herausfinden, welche Umstände es braucht, damit ich Freude habe in meinem Leben, und ich will selbst für diese Umstände sorgen. Ich will nicht weiter andere Menschen dafür verantwortlich machen, dass in meinem Leben nicht viel Freude ist, sondern nehme dies selbst in die Hand. Es ist nicht die Aufgabe meiner Frau, meines Mannes, meiner Kinder oder meines Chefs, mir Freude zu bereiten, das ist meine ureigene Aufgabe.
Ich bin bereit, mich nicht nur an wenigen sogenannten großen, zukünftigen Dingen zu erfreuen, wie an dem Urlaub, der in sechs Monaten ansteht, oder an meinem Geburtstag, der in neun Monaten ist, oder an meiner Rente, die in fünfzehn Jahren endlich erreicht ist. Ich will mich jetzt und jeden Tag erfreuen an den kleinen Dingen des Lebens, an dem gedeckten Frühstückstisch, an dem Genuss von Kaffee und Tee, an meinen Mitmenschen, an

Pflanzen oder Tieren, an der Musik oder an der Stille, an meinem Auto und meiner Wohnung, am Regen oder am Sonnenschein, an all meinen Erfahrungen hier als Mensch, will ich meine Freude finden.
Ich will mein Herz befragen: ›Herz, was macht dir Freude? Herz, was bringt dich zum Singen? Ich horche auf das, was sich mein Herz ersehnt, und entscheide mich dafür, genau dies in mein Leben hineinzuziehen.‹«

Wenn wir einen Zustand wie Freude in unserem Leben erreichen wollen, heute aber eher das Gegenteil unser Leben bestimmt, wie Bedrücktheit, Trauer oder gar Depression, dann ist es sehr hilfreich, *ein Energiegesetz* zu kennen und anwenden zu lernen, das heißt: *Wenn ich zu einem Zielzustand gelangen will, dann kann ich diesen nur über die Wahrnehmung, Anerkennung und Annahme des Gegenteils erreichen.* Konkret auf die Freude bezogen: Wenn ich Freude haben und halten will in meinem Leben, dann darf ich mich mutig und neugierig all dem widmen, was heute noch nicht in der Freude ist in mir und in meinem Leben. Ich darf mir Zeit nehmen, um nach innen zu gehen, um meine Gefühle der Unfreude, des Ärgers, der Wut, der Trauer, der Depression wahrzunehmen, sie tief und bejahend zu fühlen und mich hindurchzuatmen. Denn zwischen uns und der Freude stehen genau diese Energien, die wir selbst einmal erschaffen haben in früheren Jahren. Zum Beispiel sitzt in den meisten Männern und Frauen bis heute ein kleines trauriges, verzagtes, verlassenes Kind, das sie bisher einfach nicht in die Freude kommen lässt. Dieses Kind wartet auch in dir darauf, dass du nach innen gehst, mit ihm mitzufühlen lernst, um seine Emotionen der Trauer, der Einsamkeit und des Verlassenseins aufzulösen. Hierzu lege ich dir meine Meditations-CDs *Befreie und heile das Kind in dir* und *Negative Gefühle in Freude verwandeln* ans Herz und den Vortrag *Angst, Wut, Schmerz & Co. in Freude verwandeln.* Mach eine der Meditationen einmal pro Woche und höre dir den Vortrag zehnmal an und du wirst schon bald spüren, was sich in dir alles verändert in Richtung Freude.

Hunderttausende von Menschen leiden heute in Deutschland unter Depression, und die Pharmaindustrie hat ihre helle Freude daran, denn Antidepressiva sind ein Milliardengeschäft, heilen jedoch keine Depression. Sie drücken sie nur wieder weg. Wie aber entstehen Depressionen? Sie entstehen durch die Verweigerung, unangenehme Gefühle zu fühlen, besonders das Gefühl der Trauer. Trauer wie andere Emotionen, allen voran die Angst, werden systematisch unterdrückt, verdrängt, verleugnet, versteckt. Trauer hat keinen Platz in unserer Spaßgesellschaft. Aber Trauer ist ein zutiefst menschliches Gefühl und nichts Schlimmes. Jeder hat in seinem Leben, besonders in der Kindheit, eine Menge traurig stimmender Erlebnisse gehabt. Aber die damals erzeugte und immer weiter genährte Trauer verdrängen wir im Alltag und lenken uns durch alle möglichen Dinge ab, vor allem durch das »Unterhaltungsprogramm« dieser Welt. Es ist in Wirklichkeit ein Trauer/Angst-Ablenkprogramm und ein Schmerz-Betäubungsprogramm. Da sitzen Millionen Menschen allabendlich vor der Glotze und schauen sich den größten Schwachsinn an, nur damit sie nicht fühlen müssen, was in ihnen nach Mitgefühl schreit. Noch einmal: Chronisch unterdrückte Trauer führt zu Depression, chronisch unterdrückte Angst zu Panikattacken. Auch Letztere sind auf dem besten Weg, zur »Volkskrankheit« zu werden.

⊞ Deine Wahl: Gesundheit oder Krankheit

Hast du das Gefühl, Macht über deinen Körper zu besitzen? Glaubst du, dass du es bist, der über Krankheit oder Gesundheit entscheidet? Kannst du dir vorstellen, dass du es bist, der darüber entscheidet, wann du einmal diesen Körper verlässt? Wenn die Antworten »nein« lauten, dann lade ich dich ein, auch aus diesem »alten Schuh« auszusteigen und dich für andere Sichtweisen zu öffnen.

Ich habe im zweiten Kapitel klargemacht, dass die meisten von uns die Macht über ihren Körper an andere abgegeben haben, an die Gedanken des Massenbewusstseins, an Schicksal, Ärzte oder Spezialisten. »Solange wir noch können, fahren wir in Urlaub«, hörte ich einmal eine Frau sagen. An diesem Satz können wir die geistige Machtabgabe über den Körper deutlich ablesen. Denn der Gedanke hinter diesem Satz lautet: »Irgendwann können wir nicht mehr!« Wir sehen die vielen alten Menschen, die vollen Altersheime, die dahinsiechenden Körper, die jeden Tag mit Medikamenten (darunter eine Unmenge von Beruhigungs- und Schmerzmittel) »versorgt« werden. Sieht so das normale Altsein aus? Werden auch wir einmal so enden? Keine fröhlichen Aussichten!

Wenn du nicht so enden willst, sondern einmal gesund und mit klarem Geist aus diesem Körper gehen willst, dann kannst du das tun. Wie? Als Erstes darfst du in dich hineinspüren und prüfen, ob du dir die Macht zutraust und zugestehst, über solche Fragen selbst zu entscheiden, statt es dem lieben Gott oder dem Schicksal zu überlassen. Solange du glaubst, du hättest auf den Zustand deines Körpers am Ende deines Lebens nur wenig Einfluss, sind deine Hände noch gebunden.

Frage dich bitte: »Wie alt will ich einmal werden in diesem Körper?« Beantworte dir diese Frage. Und schreibe alle Gedanken auf, die dir bei der Entscheidungsfindung kommen. Spüre auch die auftauchenden Gefühle und schau dir die Bilder von Alter, Gebrechen, Sterben und Tod an, die in dir schlummern. Ich behaupte: Wenn du Lust hast, wirklich Lust hast, einhundert Jahre in diesem Körper zu bleiben, wenn du dieses Alter mit einem Bild von Gesundheit, Lebensfreude und geistiger Klarheit verbindest, dann kannst du dich hierfür entscheiden. Diese Entscheidung findet nicht außerhalb von dir statt, sondern in dir und zwar in deinem Geist. Darum ist es so wesentlich, immer besser zu erlauschen, welche grundlegenden Gedanken »es« bisher in uns denkt über den Körper und seinen Zustand. Wie dein Körper aussieht, wie gesund er ist und wie lange er das bleibt bzw. ob und wie schnell du wieder gesund wirst, wenn dein Körper zurzeit krank ist – das liegt zuallererst an dir, an deiner geistigen Grundeinstellung und an deinen unbewussten Entscheidungen zu diesem Thema.

Wenn unser Körper erkrankt, dann sagen und denken wir: »Ich bin krank!« Allein dieser Gedanke sorgt dafür, dass unser Körper erst richtig erkranken muss. Solange wir so etwas denken, steht der Gedanke dahinter: »Ich bin mein Körper.« Wenn das wahr wäre, dann wärst du ein sterbliches Wesen, das in einigen Jahren oder Jahrzehnten von der Bildfläche verschwindet und seine Existenz verliert. Mein Herz sagt mir, dass dies ein Irrglaube ist. Ja, dieser Körper wird einmal verwesen und wieder zu Humus werden, aus dem neues Leben hervorgeht, aber selbst dies ist keine Vernichtung, sondern nur eine Verwandlung. Du aber bist nicht dieser Körper. Deine, unsere Natur heißt GEIST. Wir sind Geistwesen, die zur-

zeit diesen Körper bewohnen und Macht haben über dessen Gesundheit, Alterung oder Jungerhaltung, auch über die Art und den Zeitpunkt des Hinausgehens aus diesem Körper. Nur vergessen haben wir dies.
Wenn es um unseren Körper geht, um Gesundheit oder Heilung, dann dürfen wir wieder einfachen Geistes werden. Die klassische Medizin und das »Gesundheitswesen«, das besser »Krankheitswesen« getauft werden müsste, haben die Dinge so kompliziert gemacht, dass es der Normalmensch nicht mehr wagt, auf diesem Gebiet Eigenkompetenz und Selbstbewusstsein zu entwickeln. In dieser Krankheitsindustrie gibt es mittlerweile mehr als zehn Millionen Arbeitsplätze: Der Kranke und die Krankheit sind also heute notwendig, um diesen Wirtschaftszweig zu erhalten. Und wir brauchen immer mehr Kranke, damit auf diesem Gebiet das »Wachstum« anhält. Das klingt pervers und ist es auch.
Diesen üblen Zustand haben wir alle gemeinsam erschaffen und wir alle erhalten ihn aufrecht, weil wir in Geist und Alltagspraxis mitmachen. Wenn der Normalmensch Kopfschmerzen hat, nimmt er Aspirin oder Ähnliches, damit sie weggehen. An der Behandlung der Ursachen seiner Schmerzen, die mit einer Veränderung von Geisteseinstellung und Verhalten verbunden wäre, hat der Normalmensch noch wenig bis kein Interesse.

Ich lade dich herzlich ein zu einem neuen Verhältnis und Verhalten deinem wunderbaren Körper gegenüber. Dein Körper ist ein solches Wunderwerk, dass es mich immer wieder verblüfft, wie selbstverständlich, wie wenig bewundernd, staunend, ehrend und würdigend wir ihm täglich begegnen und ihn nicht verstehen. Dieser dein Körper besteht aus über einer Billiarde lebender Zellen, die alle in größter Präzision und Harmonie zusammenwirken. Versuche einmal, dir ein Orchester vorzustellen mit einer Billiarde musizierender Wesen, die gemeinsam eine großartige, wunderbare, ja perfekte Symphonie spielen. Das können wir uns nicht vorstellen. Aber in deinem Körper ist so etwas verwirklicht. Dieses Wunderwerk von Körper wird regiert, gepulst und geatmet von einer Quelle, nenne sie Leben, Gott oder All-Geist. Mit dieser Quelle ist nicht nur dein Körper untrennbar verbunden, sondern auch dein Geist. Du bist Geist von seinem Geiste und nicht getrennt von ihm, sondern untrennbar verbunden, ja eins mit ihm. Dieser All-Geist hat deinem Geist Macht gegeben zu erschaffen, Leben zu erhalten, zu verschönern oder zu zerstören. Von dieser Macht machen wir – jeder von uns – jeden Tag Gebrauch, nur fast immer unbewusst. Wir erschaffen ständig, ununterbrochen, nur fast immer unbewusst. »Sie wissen nicht, was sie tun«, könnte über dieser Menschheit stehen.

Du kannst deinem Tun, deinem unbewussten Erschaffen und auch den Ursachen von Gesundheit und Krankheit wieder auf die Spur kommen, wenn du das willst. Die unzähligen Zellen deines Körpers wissen genau, wes Geistes Kind du bist. Sie hören, was es in dir denkt; sie fühlen, was es in dir fühlt, denn sie sind untrennbar mit dir verbunden und von deinem Geist abhängig. Denkt es in deinem Geist immer wieder Gedanken gegen das Leben, z.B. »Es macht keine Freude zu leben!« oder »Das Leben ist schwer!«, dann entstehen entsprechende Gefühle von Bedrücktheit, Trauer oder Depression. Dein Körper beginnt in der Folge, das Spiegelbild deiner Gedanken und Gefühle auf der physischen Ebene zu manifestieren.

Dein Körper hat keine eigene Macht und keinen eigenen Willen. Ob krank oder gesund, diese Entscheidung findet nicht in deinem Körper, sondern in deinem Geist statt.

Erforsche nur einmal, ob es in dir ein großes, freudvolles »JA!« sagt zum Leben in diesem deinem Körper. Sagst du uneingeschränkt »JA« zu dir und diesem Leben? Strahlst du dieses »JA!« aus, kann man es auf deinem Gesicht ablesen und an deinem Gang, kann man es aus deinen Worten heraushören und spiegeln deine Handlungen es täglich wider? Du brauchst nur fünf Minuten, um zu erspüren, ob es in dir eher »NEIN!« sagt oder bestenfalls ein »Jein«. Auf dein »JA«, »NEIN« oder »JEIN« reagiert dein Körper ständig; er reagiert auf dein höchst eingeschränkt gesprochenes und gedachtes Ja. Und nichts anderes als dies ist die Ursache für die eingeschränkte, begrenzte, beschädigte Gesundheit unseres physischen Körpers.

Deine Gedanken und Gefühle sind nichts als Schwingungen und ebenso ist dein physischer Körper vor allem Schwingung. Alle Materie, auch all deine Blutgefäße und Blutkörperchen befinden sich in Schwingung. Das billiardenstarke Orchester deines physischen Körpers ist ein einziger großer Schwingungs- oder Klangkörper mit unendlich vielen Schwingungsuntereinheiten (Organe, Zellverbände etc.), die zusammen harmonieren. Die Schwingungen deiner Gedanken und deiner Gefühle, besonders die zu dir selbst und zum Leben, übertragen sich ununterbrochen auf die Schwingungen deines Körpers. Jeder deiner Gedanken, vor allem die immer wieder gedachten, ähnlichen Gedanken, formt jeden Tag das Innere und das Äußere deines Körpers. Wenn du ihn nackt vor einem Spiegel betrachtest, stehst du vor deiner eigenen Schöpfung, du hast ihn täglich modelliert durch die Kraft deiner Gedanken und Gefühle. Übernimm hierfür deine Verantwortung, damit du auch wieder die Macht übernimmst, ihn in Zukunft gesund zu machen und zu erhalten.

Am meisten belasten diesen Körper jedoch all die Gefühle oder Emotionen, die du zwar erschaffen hast und laufend nährst und mehrst, die du aber bis heute nicht als deine eigenen Schöpfungen annehmen und bejahend fühlen willst. Unendlich viel Wut, Hass, Ohnmacht, Trauer, Angst, Minderwertigkeit, Schuld, Scham oder Verlassenheit, die du seit deiner Kindheit erschaffen hast, hast du vermutlich bis heute nicht bejahend gefühlt. Solange das nicht geschieht, können sie nicht fließen, wie im dritten Kapitel beschrieben. Dein armer Körper muss diese, ihn so belastenden Energien, über Jahrzehnte mit sich herumschleppen, welche du hinuntergeschluckt, in dich hineingefressen oder dir aufgeladen hast. Fängst du an, diese Gefühle bejahend zu fühlen, erholt sich dein Körper bereits in Tagen. Das ist an vielen Gesichtern meiner Seminarteilnehmer bestens abzulesen.

Wenn du gesund werden oder bleiben willst, dann fang an, deinem Körper und all seinen Zellen Liebe und Dank entgegenzubringen. Auf diese beiden Energien reagieren deine Zellen am stärksten. Dr. Masaru Emoto, der mit seiner Wasserkristallforschung in den letzten Jahren große Anerkennung erhalten hat, fand heraus, dass Wasser auf die beiden Energien »Liebe« und »Dank« in Kombination am positivsten reagierte und in gefrorenem Zustand die schönsten Kristalle zeigte. Wenn jedoch Wasser in einem Glas auf die geschriebenen Worte »Danke« oder »Dummkopf« so stark reagiert, dass im ersten Fall ein wunderschöner Kristall unter dem Mikroskop sichtbar wird, im zweiten Fall stattdessen nur ein ungeformtes Etwas, um wie viel mehr muss das Wasser deines Körpers und alle Zellen auf deine ihm gewidmete Haltung von Liebe und Dank reagieren? (Dein Körper besteht zu über siebzig Prozent aus Wasser.)

Emotos Experiment mit gekochtem Reis zeigte Ergebnisse, die du selbst zu Hause nachvollziehen kannst. Er gab in drei Gläser gekochten Reis, verschloss sie und »verordnete« jedem Glas eine andere Behandlungsform. Das eine Glas erhielt täglich das Wort »Danke«, das zweite Glas das Wort »Dummkopf« und das dritte Glas wurde ignoriert. Das Experiment wurde hundertfach unter Beteiligung von Kindern oder Erwachsenen durchgeführt. Das erstaunliche Ergebnis war immer: Der ignorierte Reis schimmelte ganz schnell und stank schon nach kurzer Zeit fürchterlich. Der mit dem Wort »Dummkopf« behandelte Reis hielt sich viele Tage länger, während der »Danke«-Reis überhaupt nicht schlecht wurde, sondern fermentierte und auch nach vielen Wochen noch gut genießbar war. An diesem Experiment können wir auch ablesen, dass es für ein Kind die schlimmste Behandlung ist, wenn es ignoriert oder durch Schweigen bestraft wird. Aber solange es im Innern verletzte Mütter gibt, wird diese »Folterart« noch nicht aussterben.

Fang also an, deinem Körper, deinen Zellen und Organen mit Liebe und Dank zu begegnen. Nimm zu deinem Körper einen ganz persönlichen Kontakt auf und sei gewiss: er versteht alles, was du sagst und denkst, aber am meisten, was du fühlst. Entschuldige dich bei ihm, für deine langjährige unbewusste und destruktive Haltung, als du ihn immer nur benutzt oder wie eine Maschine behandelt hast. Sage ihm, dass du in ihm ab jetzt einen liebevollen Partner siehst. Danke ihm für seine unendlichen Dienste. Was dieser Körper leistet, müsste in uns größte Ehrfurcht hervorrufen. Aber wir sind ihm zu nahe, als dass wir ihn angemessen ehren, würdigen und wahrnehmen können. Wir haben ihn für ganz selbstverständlich hingenommen. Je näher an uns oder in uns

Wunder geschehen, desto weniger nehmen wir sie offenbar war. Gerade lese ich in einem Text über die unglaubliche Leistung unseres Verdauungstrakts: In einem fünfundsiebzigjährigen Leben wandern durch ihn mehr als dreißig Tonnen Nahrung und fünfzigtausend Liter Flüssigkeit. Fast unvorstellbar.

Natürlich freut sich unser Körper auch über Bewegung, Sport, frische Luft, gute Nahrungsmittel, genussvolles, langsames Essen und Trinken, energiereiches Wasser, aber weise alle Angstprogramme rund um das Thema Essen und Umwelt zurück. Wenn du Lust hast, dich vegetarisch zu ernähren und es schmeckt dir, dann tue es mit Genuss. Aber lass die Fleischesser in Ruhe ihr Steak oder ihre Currywurst essen. Mit Liebe und Genuss gegessen, richtet kein Nahrungsmittel Übles in deinem Körper an. Angst aber frisst nicht nur die Seele auf, sondern auch die Zellen deines Körpers.

Wer zu seinem Körper eine völlig neue, herzliche und liebevolle Verbindung aufbauen möchte, dem empfehle ich meine Meditations-CD *Meinen Körper mit Liebe heilen*. Hierauf findest du zwei Meditationen: Eine für den ganzen Körper und eine speziell für ein geschwächtes oder erkranktes Organ. Ich freue mich sehr über Rückmeldungen derjenigen, die sich und ihrem Körper segensreiche Geschenke gemacht haben mit solchen Meditationen.

⊞ Deine Wahl: Frieden oder Krieg

Viele Menschen regen sich über die Kriege in der Welt auf, sie wettern gegen die Kriegstreiber und fordern mit wütender Stimme Frieden. Aber sie sehen den »Balken

im eigenen Auge« nicht. Sie erregen sich über die Gewalt unter Jugendlichen und Kindern, aber sehen die offensichtlichsten Zusammenhänge nicht. Sie haben nicht nur einen Balken im Auge, sie sind blind für die eigene Gewalt in ihren Gedanken und Gefühlen. Sie spüren oft nicht einmal, wie viel Unfrieden in ihnen und in ihren Familien herrscht. Wie viele Familien genießen denn ein friedliches Miteinander? In welcher Familie gibt es keine Mitglieder, die ausgegrenzt werden wegen ihres Andersseins oder ihres »schlechten Charakters«. Wie viele Geschwister reden schon seit Jahren nicht mehr miteinander? Spätestens, wenn es etwas zu erben gibt, wissen wir, wie weit es mit dem eigenen Frieden her ist.
Wir erlernen dieses Leben im Unfrieden von Kindheit an. Schon kleine Kinder beobachten die Eltern sehr genau. Sie hören und spüren, wie die Mutter den Vater verurteilt und angreift, und der Vater die Mutter. Sie hören und erfahren aus erster Hand, wie der eine den anderen verantwortlich macht für das eigene Unglück, wie der eine Opfer und der andere Täter spielt. In kaum einer Schule gibt es das Fach »Frieden«. Und wenn Kinder dieses verurteilende Verhalten vorgelebt bekommen, müssen sie annehmen, dass dies normal und richtig ist, dass so das Leben funktioniert. In wie vielen Schulen wird unterrichtet, wie man Streit schlichtet, woher Aggressionen kommen und wie man Streit in Frieden verwandelt? Stattdessen lernen Schüler viele Dinge, die sie im Leben nie benötigen oder längst veraltet sind, wenn ihr Berufsleben beginnt. Und sie werden im Geiste der Konkurrenz, im Geiste trennenden Denkens erzogen, in dem es Verlierer und Gewinner gibt. Wie weit sind wir noch vom Bewusstsein einer verstehenden, vergebenden und liebevollen Gemeinschaft entfernt!

Die Bedeutung des Friedens und Friedenschließens für das persönliche Lebensglück erkennen erst sehr wenige. In den meisten Menschen und in den meisten Familien herrscht Krieg, nicht Frieden. Viele führen mit sich selbst Krieg. Wenn im Geist, im Denken und Fühlen der Menschen Unfrieden herrscht, muss er sich im Außen widerspiegeln.
Wir lernen von früh auf, uns selbst zu verurteilen, abzuwerten, uns zu kritisieren und zu beschimpfen. Die Folge: Energien wie Schuldgefühle, Scham, Minderwertigkeit, Kleinheit, Ohnmacht, Wut, Neid, Ärger, Eifersucht, Gier u.a. quälen uns. Niemand hat sie in uns hineingesteckt. Wir selbst haben sie gezüchtet, und wissen uns ihrer nicht mehr zu erwehren. Die Eigenverurteilung und die Selbstabwertung sind den wenigsten Menschen bewusst. Daher projiziert der Verstand diese Selbstverurteilungen auf andere Menschen: der Krieg wird im Außen aufrechterhalten, ob zwischen Familienmitgliedern oder Nationen, Religionsgruppen oder Wirtschaftsunternehmen. Da dieser innere Krieg, die innere Verurteilung, die Ursache für die Konflikte im Außen sind, müssen wir auch hier ansetzen, um Frieden zu schaffen. *Frieden im Außen ist unmöglich herzustellen, wenn wir nicht in der Lage sind, in uns selbst Frieden zu schaffen.*
Auch du triffst jeden Morgen die Wahl »Krieg oder Frieden«. Die meisten wählen den Krieg, ohne sich dessen bewusst zu sein. Sie bemerken nicht, wie sie in ihren Gedanken ständig andere und sich selbst verurteilen. Dieses unbewusste Kriegsspiel kannst du durch eine klare Entscheidung beenden, durch eine neue Wahl. Sie könnte lauten: »*Ich entscheide mich für Frieden. Ich entscheide mich für ein Leben in Frieden. Ich will in den Frieden gelangen mit mir selbst, mit all meinen Mitmenschen, mit dem Leben und das heißt letztlich*

auch – mit Gott.« Du musst dich entscheiden, denn du kannst nicht »ein bisschen« im Frieden sein oder »ein bisschen« im Unfrieden. Entweder ist Frieden in deinem Leben oder Unfrieden.

Wie schon einmal an anderer Stelle empfohlen: Liste die Namen all der Menschen auf, mit denen du bisher nicht ganz im Frieden bist, deren Beitrag zu deinem Wachstum, deinem Erwachen als bewusstes, schöpferisches Wesen du bisher noch nicht erkannt und gewürdigt hast. Und strebe mit jedem von ihnen Frieden an. Schreibe einen Brief, schicke eine Karte, bitte sie innerlich oder auch – wenn das möglich ist – in der äußeren Begegnung um Vergebung und vergib ihnen. Sie konnten damals nicht anders handeln, auch wenn es dir wehgetan hat. Auch dein Verhalten ihnen gegenüber war vermutlich nicht engelsgleich. Wenn wir uns gegenseitig verletzen, dann geschieht dies aus Unbewusstheit und aus der eigenen inneren Verletzung heraus. Wenn wir das unbewusste Verhalten bei uns selbst erkennen und Verantwortung übernehmen, dann wächst in uns auch das Verständnis für den anderen.

Frieden zu machen ist keine einmalige Aktion. Es geschieht nicht per Knopfdruck, sondern es ist ein Weg, ein Prozess. Nicht jeder wird schlagartig vom Saulus zum Paulus, aber auch das geschieht zuweilen heute noch. Der wirksame Weg zum Frieden beginnt mit dem laut ausgesprochenen Satz: »Ich wünsche mir von Herzen Frieden mit … und ich bitte um Führung und Unterstützung auf diesem Weg.«

Die größten Baustellen des Unfriedens in uns sind unsere Mutter und unser Vater der Kindheit. Darum nenne ich sie zugleich unsere größten Türen in die Freiheit. Ist das innere Verhältnis mit diesen ersten beiden Menschen meines Lebens, aus deren Geschlechtsakt ich als menschliches Wesen hervorgegangen bin, in Klarheit, in Frieden und in Freiheit, gelöst von allen Verstrickungen, dann bin ich ein neuer Mensch. Ja, es ist die zweite Geburt in diesem Leben, die eigentliche Geburt als freies, schöpferisches und liebendes Wesen. Erst wenn du mit beiden tiefen Frieden und große Herzensverbundenheit erreicht hast, vermählen sich die beiden in deinem Herzen erneut. Aus dieser inneren Hochzeit von Mutter und Vater gehst du erneut hervor. Mehr Informationen darüber, wie wir mit unseren Eltern Frieden erreichen können, findest du in dem Kapitel »Freiheit von der Vergangenheit«.

⊞ Deine Wahl: Ordnung oder Chaos

Bring Ordnung in dein Leben, denn Ordnung ist das erste Gesetz des Himmels. Das Leben, das Universum, das All stellen ein System in vollkommener Ordnung dar. Alles ist in vollkommener Harmonie, sonst würden wir nicht mit über einhunderttausend Stundenkilometern mit Mutter Erde durch das Weltall fliegen, ohne etwas davon zu merken. Und sonst würde das Wunderwerk deines physischen Körpers nicht seit Jahrzehnten ununterbrochen so hervorragend funktionieren, auch wenn du es vielleicht schon geschafft hast, ihn an den Rand des Zusammenbruchs zu bringen.

Zu Ordnung und Unordnung haben viele Menschen ein höchst schwieriges Verhältnis. Sie wünschen sich verzweifelt Ordnung, produzieren jedoch ständig mehr Unordnung. Das hat verschiedene Ursachen. Zum einen übersehen viele, dass die Unordnung im Außen, ob in deinem Wohnzimmer, in deinen Beziehungen oder in deinen Geldangelegenheiten im Geiste, also in deinem Kopf entsteht. Folglich ist dies auch der Ort, wo wir ansetzen müssen, wenn wir Ordnung schaffen wollen. Ich habe bereits viel über die Unordnung in unseren Gedanken gesagt, die wir mithilfe von Stift und Papier, Büchern (z. B. *The Work* von Byron Katie) oder vielleicht einem Seminar wirkungsvoll in Ordnung verwandeln können.

Auch mit unseren Gefühlen befinden wir uns sehr in der Unordnung, da wir kein klares Verhältnis zu ihnen haben und unter ihnen leiden. Hierüber habe ich in dem Kapitel »Vierter Schritt: Fühle das Gefühl bewusst und bejahend!« bereits Wesentliches gesagt. Es gilt stets, die Gedanken auf Wahrheit hin zu überprüfen, erst dann kann ich neu entscheiden, was ich denken und glauben will. Gefühle, unter denen ich bisher gelitten habe, kann ich bejahend fühlen lernen und verwandeln. So entsteht Ordnung im Innen, in meinen feinstofflichen Körpern. Auch mein physischer Körper ruft nach Ordnung. Diese stellen wir ebenfalls durch die bewusste Übernahme unserer Verantwortung für seinen Zustand wieder her. Und durch ein neues, wertschätzendes, liebendes Verhältnis zu ihm, das sich in liebevollen und pflegenden Gedanken, Gefühlen und Handlungen ihm gegenüber ausdrückt, und durch die Verwandlung der Unordnung in unseren feinstofflichen Körpern.

Eine der größten Schwierigkeiten, Ordnung im Leben zu schaffen, entsteht durch unser vertracktes Verhältnis zur Unordnung. Die Strategie vieler Menschen um Ordnung herzustellen besteht darin, die Unordnung zu bekämpfen. Diese Strategie muss immer wieder scheitern. Warum? Ordnung und Unordnung kann man nicht trennen, denn

sie gehören zusammen, genau wie das Gute und das Böse, das Weibliche und das Männliche.
Stell dir bitte einmal vor: Deine Küche ist blitzblank sauber und aufgeräumt, alle Tassen sind im Schrank, keine Essensreste zu sehen, kein Körnchen. Welch ein Anblick und Genuss für die fleißige Hausfrau oder den ehrgeizigen Hausmann! Jetzt bekommst du Lust auf eine Tasse Kaffee; du holst Tasse, Untertasse, kleinen Löffel, Kaffeepulver, Milch, Zucker, Filter etc. aus dem Schrank und fängst an, Kaffee zu kochen. Was hat jetzt in deiner Küche begonnen? Die Unordnung hat Einzug gehalten. Der Zustand der Ordnung ist schon dahin. Ob eine einzige schmutzige Tasse oder fünf oder zehn, das sind nur graduelle Unterschiede von Unordnung. Was denkst oder empfindest du angesichts deiner unaufgeräumten Küche? Was denkst und fühlst du, wenn du das Chaos im Zimmer deines Kindes siehst? Wie geht es dir als Frau, wenn dein Mann immer wieder seine Socken dort liegen lässt, wo er sie ausgezogen hat? Regt dich das (immer noch) auf? Dann ist dies eben sehr wichtig für dich, dann brauchst du das, um deinen Weg in Klarheit, Frieden und Ordnung zu finden. Und das ist nicht zynisch gemeint.
Am Beispiel der Küche kannst du auch schnell erkennen: Nur selten haben wir alle Tassen im Schrank, selten herrscht der Zustand völliger Ordnung. Hast du ein Problem damit?
Ich frage dich: Liebst du Unordnung? Darfst du unordentlich sein? Bist du unordentlich? Wenn du eine dieser Fragen mit Nein beantwortest, dann wundert es mich nicht, dass es dir schwerfällt, in deinem Leben Ordnung zu halten, und mit der Unordnung deiner Mitmenschen im Frieden zu sein.
Die meisten Menschen verurteilen das Unordentliche im Außen sowie im eigenen Innern und sagen: »Ich darf und

ich will nicht unordentlich sein! Ich will ordentlich sein!«
Das stammt noch aus unserer Kindheit, als man uns zu
Ordnung, Fleiß und Sauberkeit anhielt, und es davon abhing, ob und wie sehr wir gelobt und geliebt wurden. Das
war eine Erziehung zur Einseitigkeit, zum trennenden
Denken. Wir haben gelernt, zwischen Unordnung und
Ordnung, zwischen Faulheit und Fleiß und zwischen
Trauer und Freude zu trennen. Unordnung, Faulheit und
Trauer wollten und wollen wir nicht haben und wundern
uns zugleich, dass wir Ordnung, Fleiß und Freude nicht
so oft vorfinden in unserem Leben, wie wir es gerne hätten. In Wahrheit wollen beide geliebt werden: die Unordnung und die Ordnung. Wer unordentlich sein darf, der
hat auch mit der Unordnung seiner Mitmenschen wenig
oder keine Probleme. Was ich aber an mir selbst massiv
ablehne, dass muss mich am anderen stören. Die Hausfrau und Mutter, die penibel nach Ordnung strebt und
die Unordnung in sich selbst (z. B. in ihren Gefühlen und
Gedanken) nicht sieht oder ablehnt, ruft den Mann oder
die Kinder oder beide auf den Plan. Diese müssen dann
für sie die Unordnung leben und demonstrieren, die die
Gattin und Mutter bekämpft. Mach deinen Frieden mit
deiner Unordnung und sage: »Ich darf auch unordentlich
sein, weil ich es mir selbst erlaube.« Und sage deiner
Mutter innerlich: »Mutter, ich entscheide mich jetzt für
meinen eigenen Weg der Ordnung und Unordnung. Ich
höre jetzt auf, deine Erwartungen zu erfüllen, denn ich
lebe jetzt mein Leben. Und wenn du mich so nicht mehr
liebst, dann ist das dein Problem. Ich liebe mich, auch mit
meiner Unordnung.« Wenn du spürst, dass dein Ordnungsprogramm von deiner Mutter stammt, lege ich dir
nahe, ein paarmal meine Meditation durchzuführen mit
dem Titel: *Die Mutter meiner Kindheit – eine Begegnung
mit ihr für Klarheit, Frieden und Freiheit.* In dieser Medi-

tation kannst du all diese Energien vonseiten deiner Mutter, u.a. ihre Erwartungen, Wünsche, Forderungen, Glaubenssätze und Lebenssprüche zurückgeben. Du hast sie dir damals »aufgeladen«, weil du nicht frei warst in deiner Entscheidung.

Noch einmal: Ordnung und Unordnung gehören zusammen, genauso wie Freude und Trauer. Wer das eine ablehnt, kann das andere nicht erreichen. Es sind die beiden Seiten einer Münze: Wenn du eine der beiden Seiten ablehnst und wirfst die Münze weg, dann hast du auch die bevorzugte Seite verloren. Vielleicht hilft dir die Erkenntnis: Es gibt in Wirklichkeit keine Unordnung, es gibt immer nur unterschiedliche Grade von Ordnung. Und wie gesagt, wer hat schon alle seine Tassen im Schrank?

⌗ Deine Wahl: Freiheit oder Unfreiheit

Welchen Klang erzeugt das Wort Freiheit in dir? Spürst du den Drang oder die Sehnsucht nach einem Leben in Freiheit? Oder empfindest du dich bereits als frei? Freiheit macht vielen Menschen Angst, weil sie sich ein freies Leben (noch) gar nicht vorstellen können. Wir haben uns über die Jahre an tausend Regeln und Zwänge des Alltags gewöhnt, die sich unter anderem in den Gedanken widerspiegeln: »Hier kann doch nicht jeder machen, was er will!« oder »Wo kämen wir denn da hin, wenn jeder machen würde, was er will?« Solche Sätze basieren auf einem Bild des Menschen als rohes, liebloses Wesen, das erzogen, domestiziert und in ein Geflecht aus Regeln und Gesetzen eingezwängt werden muss, im Sinne von: »Im Grunde ist der Mensch böse. Er muss zum Gutsein angehalten und erzogen werden.«

Interessant ist, dass dieser Gedanke nicht nur von denen gedacht wird, die gerne Macht über andere ausüben, sondern von fast allen Menschen. Wie ich an früherer Stelle ausführlich erläutert habe, hat der Normalmensch ein geradezu fürchterliches Selbstbild von sich entwickelt. Er hat gelernt, sich selbst zutiefst zu hassen, muss diesen Selbsthass jedoch täglich verdrängen und auf andere ablenken, denn sonst könnte er es kaum aushalten. Beobachte bitte an dir selbst, was du dir täglich an Lieblosigkeiten zufügst, in deinen Gedanken, Selbstgesprächen und Handlungen. Und du wirst erkennen, wie sehr du zu der Gemeinschaft der Unfreien gehörst. Wie glücklich, wie gesund bist du? Und wie liebevoll zu dir selbst?

Wenn wir einem Vogel, der bisher in einem Käfig gelebt hat, sagen, er sei frei und könne jetzt davonfliegen, oder einem Delfin, der von klein auf im Delfinarium geschwommen ist, die Weite der Meere stünde ihm jetzt zur Verfügung, dann muss das Angst auslösen. Deshalb steht vor der Freiheit die Klarheit. Bevor ich Freiheit wählen und leben kann, bevor ich anfange zu leben, was und wie ich will, muss ein Mindestmaß an Klarheit darüber herrschen, wer ich bin und was ich will. Das Leben, das die meisten leben, mag es noch so eng, so voller Regeln, voller »Ich muss«, »Ich sollte« und »Ich kann nicht« sein, es ist ihnen vertraut.

Frage an dich: Wie sehr hast du dich in deiner Welt eingerichtet? Wie eng stehen die Wände um dich herum, wie offen bist du für Neues in deinem Leben? Weißt du morgens schon, wie der Tag abends voraussichtlich endet? Wie frei fühlst du dich, in deinem Leben, in deinen Beziehungen, in deiner Partnerschaft, in deiner Arbeit, in deinem Körper und generell in deinem Leben?

Das Maß an Unfreiheit, das du bisher täglich erfährst, hast du unbewusst gewählt, wie dir inzwischen klar sein dürfte. Das war kein Fehler, sondern es geschah durch Nachahmung und aus dem Wunsch heraus, von anderen anerkannt und geliebt zu werden. Diese Sucht nach Anerkennung, Lob und Bestätigung ist vermutlich die maßgebliche Ursache für die Unfreiheit unseres Lebens. Wie können wir diese Unfreiheit in Freiheit verwandeln? Indem wir neue Entscheidungen treffen: Erstens, die Entscheidung, uns selbst alle Anerkennung und alle Liebe zu schenken, die wir uns wünschen; und unserem Lebensglück die volle Aufmerksamkeit zu geben und uns ihm zu verpflichten. Zweitens, die Entscheidung, anderen die Freiheit zu lassen, über uns zu denken und zu sprechen, was sie wollen. Das ist die große Freiheitserklärung, die jeder irgendwann abgeben darf. Sie könnte lauten: *»Meine lieben Mitmenschen. Ihr dürft über mich denken und sprechen, wie ihr wollt und was ihr wollt. Ihr dürft mich verurteilen und verachten, ihr dürft mich aus euren Kreisen ausschließen und mich auslachen – und ich werde es euch nicht heimzahlen –, weder in meinen Gedanken noch in meinen Taten. Ich gestehe euch diese Freiheit einfach zu, so, wie ich mir selbst die Freiheit schenke, meinen ganz eigenen Weg zu gehen und meinem Herzen treu zu sein. Ich suche meine Wahrheit in mir und lebe sie, und wer mich fragt, dem erzähle ich gerne von ihr. Ich lebe nicht, um es anderen recht zu machen, sondern einzig und allein, um meiner inneren Stimme, der Stimme meines Herzens zu folgen.«*

Unser Leben bietet uns einen großartigen Weg an, der aus Unklarheit in Klarheit, aus Unfrieden in Frieden und aus Unfreiheit in Freiheit führt. Die Werkzeuge hierfür findest du in meinen Büchern, Vorträgen und Meditationen sowie in den Büchern anderer Autoren. Aber wie gesagt, dies ist ein Angebot des Lebens, und es bedarf der bewussten Entscheidung, diesen Weg zu gehen und diese Wandlungen zu erfahren. Allzu viele Menschen sterben bei uns noch im Zustand der Verwirrung, der Altersdemenz oder mit dem Alzheimer-Syndrom; und viele Menschen gehen aus diesem Körper in tiefem Unfrieden mit sich und der Welt; von einem Zustand der Freiheit kann bei der Mehrheit am Ende des Lebens keine Rede sein. Die vielen »alten Schuhe«, die eingeübten Programme und Muster des Denkens, Sprechens und Handelns, halten uns in den einmal geschaffenen Grenzen gefangen, wenn wir ihnen nicht irgendwann ein kraftvolles »Jetzt reicht's!« entgegenrufen und uns neu entscheiden. *Freiheit ist ein Geschenk, das ich mir abholen muss, das ich mir er-leben darf und kann. Es wird uns nicht frei Haus geliefert. Wenn du den Mut und die Neugier auf ein freies Leben innerhalb dieser Gemeinschaft von meist unfreien Menschen hast, dann entscheide dich hierzu.* Aber erwarte nicht, dass dich die anderen dafür lieben und loben. Die dir bisher nahestanden, werden dich vielleicht verlassen, weil du aus ihren Reihen ausscherst. Sorge dich nicht, du wirst neue Menschen treffen, mit denen du den Wunsch nach Freiheit teilen wirst. Wenn sich Menschen begegnen, die sich befreien von alten Fesseln, dann wird das Leben zur großen Feier. Wenn sich Menschen begegnen, die sich selbst lieben, dann wird das Zusammensein zum Fest, zur Kommunion freier, liebender Menschen.

⊞ Deine Wahl: Liebe oder Angst

Habe den Mut und entscheide dich für diesen neuen, diesen radikal neuen Weg. Gib deinem Herzen die Führungskompetenz, mach dein Herz zum König in dir. Wann immer es in deinem Leben um die Frage geht: »Was soll ich tun?«, frag dein Herz. Es weiß die Antwort schon. Der erste spontane Impuls, den du wahrnimmst, kommt von deinem Herzen. Kurz danach setzt der Verstand ein und präsentiert dir seine Bedenken, seine Ängste, seine Vorsichtsmaßnahmen, seine Kritik am Vorschlag des Herzens. Du hast ihn darauf trainiert. Sei ihm nicht böse, aber lerne, seine Stimme deutlich von der Stimme deines Herzens zu unterscheiden. Und wenn du die Stimme der Angst vernimmst, sage jedes Mal: »Nein danke, ich entscheide mich für das Vertrauen. Das Leben liebt mich. Und ich setze auf die Stimme der Liebe.«

Du kannst dich in jeder Situation fragen: »Was würde die Liebe jetzt tun oder denken?« Und dein inneres Gefühl, dein Herz sagt dir sofort durch einen Impuls, was nach Liebe duftet und was nach Angst riecht. Dein Kopf, dein Denken, dein Verstand spricht sich meist für die Angst aus und wird dir viele Vernunft- und Sicherheitsgründe präsentieren. Triff deine Wahl bewusst. Liebe erkennst du auch an allem, was mit Freude verbunden ist. Das, was wirklich Freude macht, das kann nie falsch sein. Freude und Liebe sind Geschwister. Und ebenso Wahrheit und Liebe. Alles, was sich für dich wahr anfühlt, das ist immer mit Liebe verbunden. Freude, Wahrheit und Liebe sind drei göttliche Kriterien, mit denen du deine Gedanken steuern und deine Entscheidungen treffen kannst.

Dein Verstand ist ein Meister im Analysieren, im Organisieren, im Aufteilen. Benutze ihn hierfür. Lass ihn die

Frage beantworten: Wie soll ich dies jetzt umsetzen? Die Grundsatzfrage WAS gib deinem Herzen, zur Frage WIE befrage deinen Verstand. Darüber, wie entscheidend das Denken, ganz besonders deine Grundgedanken sind, ist schon viel gesagt worden. Aber was du in dir von deinem Verstand denken lässt – die Inhalte deines Denkens –, das lass immer dein Herz entscheiden.

Liebe oder Angst? Das ist die große Prüfungsfrage, die du an alle Entscheidungen anlegen kannst. *Liebe und Angst, das sind die beiden Grundenergien, zwischen denen du dich jeden Tag entscheiden darfst und kannst. Warum Grundenergien? Weil auf Liebe alles beruht, was zu deiner wahren Natur gehört, alles, was dich stärkt, alles, was wirklich ist:* hierzu gehören Wahrheit, Klarheit, Freude, Weite, Ehrlichkeit, Mut, Schönheit, Toleranz, Annahme, Kraft, Macht, Geduld, Beharrlichkeit, Zärtlichkeit, Freundschaft und Gesundheit. All diese Eigenschaften und Energien werden von Liebe erschaffen und genährt. *Alles, was auf Angst beruht, schwächt dich und gehört nicht zu deiner wahren Natur; es fühlt sich oft sehr wirklich an, aber in Wirklichkeit ist es innen hohl, es hat keine wirkliche Kraft.* Die Angst erschafft und nährt unter anderem Ohnmacht, Hilflosigkeit, Enge, Wut, Zorn, Hass, Depression, Schuld, Scham, Neid, Eifersucht, Gier und Krankheit.
Liebe und Angst, das sind die großen Gegenspieler in uns. Die meisten Menschen haben sich seit Langem entschieden: für die Angst. Sie trauen der Liebe nichts zu, sie glauben, Liebe sei schwach. Sie täuschen sich. Das Verhältnis zwischen Liebe und Angst ist wie das Verhältnis zwischen Licht und Dunkelheit. Sie erscheinen uns zunächst wie gleichstarke Gegenkräfte. Sind sie aber gleich stark? Nein. *Das Licht gewinnt immer. Bringe Licht in irgendeine*

Dunkelheit, und jede Dunkelheit muss weichen. Denn die Dunkelheit hat keine Kraft aus sich selbst heraus. Dunkelheit ist nichts anderes als Abwesenheit von Licht. Sie ist nur der Ort, an dem das Licht noch nicht ist. Bring es dorthin und du wirst sehen, wie jede Dunkelheit weicht. Dunkelheit ist eine Illusion, Licht ist wirklich.
Genauso verhält es sich mit der Liebe und der Angst. Beide Zustände, beide Energien schließen sich vollkommen aus. *Wo Liebe ist, wo geliebt wird, hat Angst keine Chance; wo Angst herrscht, wird etwas noch nicht geliebt, nicht angenommen.* So beängstigend, einengend, den Hals zuschnürend, den Atem raubend und erschreckend sich Angst in unserem Körper anfühlen kann, sie ist nicht wirklich. Sie ist von uns, durch unser Denken erschaffen worden; darum fühlt sie sich sehr wirklich an, ebenso wie ihre Ableger Wut, Hass, Eifersucht, Ohnmacht usw. Aber all das kannst du verwandeln durch die Liebe. Angst ist der Zustand, wo etwas noch nicht angenommen und geliebt ist. Angst bedeutet Abwesenheit von Liebe, der Ort, an dem noch nicht geliebt wird. Bringst du Liebe dorthin, wo Angst ist, muss diese weichen und sich verwandeln – in Liebe. Diese Erfahrung machen meine Teilnehmer in jedem Seminar und dann in ihrem Leben.
Deine Entscheidung steht an. Nicht einmal, sondern jeden Tag. Was willst du wählen, weiter die Angst oder die Liebe? Das kann die größte Entscheidung deines Lebens sein. Alle unangenehmen Zustände in deinem Leben, insbesondere alle dir unangenehmen Gefühle beruhen auf deinen Ängsten. All diese Gefühle warten auf nichts anderes als auf dein Annehmen derselben, auf deine Liebe. Wann bist du bereit?

⊞ Deine Wahl: Festhalten oder loslassen

Du kennst das Bild vom Fluss des Lebens. Schon viele spirituelle Lehrer haben uns eingeladen, uns vom Fluss des Lebens tragen zu lassen. Das Leben als ein Fluss, bringt *die ununterbrochene Bewegung und unablässige Veränderung* zum Ausdruck. Das sich bewegende Leben kennt keine Pause. Es geht immer weiter, vielleicht hier langsamer und dort schneller, aber es gibt kein Anhalten. Lass dich tragen vom Fluss des Lebens. Wer das möchte, darf sich fragen, ob er Lust hat und bereit ist zu ständiger Bewegung, ständigem Fortschreiten.

Ein großer Anteil des menschlichen Leidens und der Schwere rührt daher, dass wir diese ständige Bewegung des Lebens nicht akzeptieren oder wahrhaben wollen. Wir tun so, als müssten wir Ziele erreichen, dann könnten wir uns zur Ruhe setzen und alles bliebe von da an unveränderlich. Wir tun so, als könnten wir anhalten und im Leben stehen bleiben. Ja, viele von uns haben große Angst vor der ständigen Veränderung im Leben.

Wenn wir den Wunschpartner gefunden haben, dann wollen wir, dass er jetzt bei uns bleibt, dass es schön wird mit ihm oder ihr. Wenn wir Arbeit gefunden haben, dann wollen wir auch diese festhalten bis zur Rente. Und wenn es ans Sterben geht, dann wollen viele ihren Körper und das ganze irdische Leben, den Partner, die Kinder, die Enkel und alles, was man lieb gewonnen hat, festhalten. Und dann erzeugen wir auch auf den letzten Metern unseres Lebens noch einmal Schwere und Schmerz, und das Sterben wird zur Tragödie und zieht sich oft elend lange hin. Sie haben sicher von solchen Menschen gehört oder sie gekannt.

Unser Verstand will uns weismachen, es sei schrecklich, schlimm, fürchterlich, traurig, dass das Leben nicht stehen bleibt. Aber es ist erst diese Sichtweise, diese Verurteilung des Lebens, dieses NEIN zum ewigen Fließen, was das Unangenehme, das Leidvolle in unserem Leben erzeugt. Dass das Leben ewig fließt oder fortschreitet, ist ein großer Segen, und ich wünsche uns allen, dass wir diesen Segen empfangen und uns daran erfreuen. Der Mensch will oft festhalten und anhalten. Das ist ein Widerstand gegen das Leben, der Leiden erzeugt. Und dann verurteilt er das Leben dafür, dass es so schwer sei. *Mein Herz sagt mir, es gibt nichts Leichteres, nicht Gütigeres, nichts Freundlicheres als das Leben selbst.*

Wenn wir das Leben wie einen Fluss betrachten, der ständig fließt, dann kann uns dies behilflich sein auf dem Weg zu einem leichten Leben. Worin besteht unser Festhalten, wie erzeugen wir den Widerstand gegen das Leben? Das Schlüsselwort des Festhaltens heißt NEIN. Wir sagen Nein zu allem Möglichen in unserem Leben. Wir sagen Nein zu dem, was doch schon da ist. Und dieses unser Nein ist es, das die Schwere, den Schmerz und das Leid in unserem Leben verursacht.

Denn das Leben selbst kennt kein Nein, es sagt »JA, es ist!«. Es ist nicht gut, es ist nicht schlecht. Es ist, wie es ist. Punkt. Dieses »Es ist, wie es ist« können wir uns in unserem Denken und unserer Einstellung zum Leben zu eigen machen. Es ist die Wertschätzung dem Leben gegenüber und beinhaltet den Gedanken: »Alles, was ist, muss einen Sinn haben.« Und immer einen guten, denn einen schlechten Sinn gibt es nicht. Alles, was ist und was geschieht, muss seinen Sinn haben, auch wenn unser sehr begrenzter Verstand diesen Sinn (noch) nicht erkennen

kann. Für mich gibt es nichts Sinnloses auf dieser Welt, nur Vorgänge, die wir Menschen noch nicht begreifen. Wir haben die freie Wahl, wir können etwas als völlig sinnlos beschimpfen oder sagen: »*Wer weiß, welchen Sinn das hat?*« Oder: »*Wer weiß, wofür das gut ist?*« Und diese Wahl treffen wir alle jeden Tag viele Male in unserem Denken.
Während das Leben immer weiter fließt, haben wir die Wahl zwischen mitfließen, mitgehen oder stehen bleiben. Wir bleiben an vielen Stellen stehen, wo uns das Leben zuruft: »*Mach dich auf! Weiter geht's!*« Entweder erinnert uns eine Sehnsucht daran, die Sehnsucht unseres Herzens, dass es Zeit ist, zu neuen Ufern aufzubrechen. Oder es ist ein Gefühl der Unstimmigkeit einem Zustand gegenüber, der mir zuflüstert: »Du, hier, das stimmt nicht mehr für dich. Früher hat es vielleicht mal gestimmt, aber jetzt stimmt es nicht mehr.« Ich möchte dich einladen und motivieren, auf diese Signale in deinem Leben sehr genau zu achten und dich bereit zu machen für Veränderung.

Diese Veränderung mag im Außen angezeigt sein oder im Innern. Wie viele Menschen leben in einer Beziehung ohne Liebe? Ohne gegenseitige Wertschätzung, ohne Neugier auf den anderen? Nur die Gewohnheit, die gemeinsam abgeschlossenen Versicherungen und die verdrängten Ängste vor dem Alleinsein stellen oft den Klebstoff dar, der zwei Menschen unter einem Dach wohnen lässt.
Veränderungen sind jedoch bei vielen Menschen mehr noch im Innern als im Außen notwendig. Die meisten sind geradezu erstarrt in Gewohnheiten des Denkens, Sprechens und Handelns. Kein Wunder, dass auch ihre Körper mehr und mehr in Starre und Steifheit geraten,

vor allem ihre Gelenke, die ja für Flexibilität, für Beweglichkeit stehen. Diese Menschen verleben ihre Tage in Routine. Da ist wenig Frisches, Neues, weil sie überzeugt sind, dass sich die Dinge immer wiederholen, da gäbe es nicht viel zu erwarten. Wenn ich jedoch so denke, kann ich nichts Neues erwarten oder wahrnehmen, alles fühlt sich wie eine Kette aus Wiederholungen an.

Das Gedicht »Stufen« von Hermann Hesse ruft wie kein anderes zum Weitergehen im Leben auf:

Stufen

Wie jede Blüte welkt und jede Jugend
Dem Alter weicht, blüht jede Lebensstufe,
Blüht jede Weisheit auch und jede Tugend
Zu ihrer Zeit und darf nicht ewig dauern.
Es muss das Herz bei jedem Lebensrufe
Bereit zum Abschied sein und Neubeginne,
Um sich in Tapferkeit und ohne Trauern
In andre, neue Bindungen zu geben.
Und jedem Anfang wohnt ein Zauber inne,
Der uns beschützt und der uns hilft zu leben.

Wir sollen heiter Raum um Raum durchschreiten,
An keinem wie an einer Heimat hängen,
Der Weltgeist will nicht fesseln uns und engen,
Er will uns Stuf' um Stufe heben, weiten.

Kaum sind wir heimisch einem Lebenskreise
Und traulich eingewohnt, so droht Erschlaffen,

Nur wer bereit zu Aufbruch ist und Reise,
Mag lähmender Gewöhnung sich entraffen.
Es wird vielleicht auch noch die Todesstunde
Uns neuen Räumen jung entgegensenden,
Des Lebens Ruf an uns wird niemals enden ...
Wohlan denn, Herz, nimm Abschied und gesunde!

Hermann Hesse
(Aus: Hermann Hesse, Sämtliche Werke, Band 10: *Die Gedichte*,
© Suhrkamp Verlag, Frankfurt am Main 2002.)

Von einem schönen Ereignis oder einem geliebten Menschen Abschied zu nehmen, fällt uns oft sehr schwer. Abschied nehmen ist für viele von uns verbunden mit Schmerz und mit Trauer. Wenn nach langjähriger Ehe oder Partnerschaft der eine von beiden einen neuen Partner findet oder einer stirbt, dann ist das für den Zurückbleibenden eine große psychische Herausforderung. Die entscheidende Frage ist: Wie reagiert er bzw. sie darauf, dass der Partner auf einmal nicht mehr da ist? Geht er in den Widerstand und schreit innerlich: »Nein, ich will nicht, dass er geht/dass er stirbt!«? – Dann erzeugt er Schmerz, denn solch ein Widerstand tut weh, macht unglücklich und krank. Aber der Kopf will diesen Vorgang nicht so sehen und denkt, weil der andere geht, müsse er leiden, habe er Schmerz. Nein, das stimmt so nicht. Weil er dagegen angeht, weil er es nicht wahrhaben will, weil er Nein ruft, tut es in ihm weh.

Oder sagt der, der verlassen wurde: »Ich danke für die vielen Jahre des Zusammenseins und der Freude. Wenn dein Herz oder deine Seele gehen will, dann lasse ich dich los. Ich wünsche dir das Allerbeste. Möge dein Weg gesegnet sein. Und danke für alles.« – Bei dieser Reaktion entsteht kein Schmerz, sondern Trauer. Trauer hat mit Schmerz nichts zu tun. Trauer ist ein menschliches Gefühl, das gefühlt werden möchte. Zu trauern bringt einen nicht um und macht einen nicht krank. Trauer kann ein richtig schönes, tief greifendes Gefühl sein. Bitte unterscheide zwischen Schmerz (d. h. Nein) und Trauer (d. h. Ja).

*Es muss das Herz bei jedem Lebensrufe
Bereit zum Abschied sein und Neubeginne.*

Warum haben wir eigentlich so große Probleme Abschied zu nehmen? Warum leiden wir, wenn man uns verlässt? Ist das etwas Natürliches, wie unser Kopf uns weismachen will? Ich behaupte: Nein. Die meisten Menschen haben in ihrer Kindheit oft wahrgenommen, dass sie von geliebten Menschen allein gelassen, verlassen oder im Stich gelassen wurden. Das hat viele von uns zutiefst verunsichert und zu Überzeugungen geführt wie: »Pass auf, dass du nicht schon wieder verlassen wirst!« Oder: »In dieser Welt kann man sich doch auf keinen verlassen!« Oder, auf ein Geschlecht bezogen: »Auf Männer ist kein Verlass!« Wie viele Kinder haben erlebt, dass Papa (immer wieder) fortging, ob zu seiner Arbeit, zu seinen Hobbys, zu seiner Geliebten? Oder ganz weg, nach Scheidung oder Tod?

Der Mensch, in dem es denkt: »Wirklich verlassen kann man sich auf keinen. Oft verlassen sie einen«, der zieht diese Erfahrung immer wieder in sein Leben. Diese Verlassenheitswunde will geheilt sein.

Kaum sind wir heimisch einem Lebenskreise
Und traulich eingewohnt, so droht Erschlaffen,
Nur wer bereit zu Aufbruch ist und Reise,
Mag lähmender Gewöhnung sich entraffen.

Ich frage: Bist du bereit zu Aufbruch und Reise in deinem Leben? Wie sehr hast du dich eingerichtet in deiner Ecke? (Motivationstrainer würden jetzt sagen: »in deiner Komfort-Ecke«. Bei vielen ist es aber keine Komfort-Ecke, sondern eine Leidensecke.)

Diese innere Bereitschaft, weiterzugehen und das Gestern loszulassen, muss nicht mit Stress und Ängsten verbunden sein. Ich sage auch nicht, dass du deinen Partner einmal im Jahr wechseln solltest, damit es nicht langweilig wird – und Hermann Hesse sagt es auch nicht. Aber er sagt: Prüfe bitte, wie es in dir ausschaut. Bist du noch wach in deiner Ecke oder in deiner Partnerschaft oder deinem Beruf oder dort, wo du wohnst. Stimmt das noch für dich und für dein Herz? Wenn du morgens aufwachst neben deinem Partner, ist dein Herz dann noch von Freude und Liebe erfüllt und sagt: »Schön, dass du da bist in meinem Leben«? Wenn du in deine Wohnung kommst, sagt dein Herz dann: »Ach, ist das schön hier. Danke für diese schöne Wohnung«? Fühlst du dich zu Hause noch zu Hause? Wenn nicht, warum wohnst du noch dort?

Der schönste Satz in diesem herrlichen Gedicht ist für mich jedoch:

Und jedem Anfang wohnt ein Zauber inne,
Der uns beschützt und der uns hilft zu leben.

Dieses Zauberhafte des Anfangs wohnt jedem neuen Tag inne, jeder Dämmerung, jedem Sonnenaufgang. Wie kein

Sonnenaufgang dem anderen gleicht, so gleicht kein Tag dem anderen. Er ist immer komplett neu.
Fang bitte jeden Morgen neu an. Und begreife immer mehr, dass heute nichts ist wie gestern. Dass dich das Leben heute neu beschenken will und dass du Neues erschaffen kannst. Dass du neu wählen kannst, was und wie du heute leben willst, wer du heute sein willst. Öffne dich jeden Morgen für die Geschenke, die dir das Leben heute überreichen will, für jede neue Begegnung, für jede neue Erfahrung. Entscheide dich jeden Morgen für ein neues Leben im Fluss des Lebens. Öffne dich für Veränderungen, für Überraschungen. Sage dir: »Ich bin neugierig, *wem* ich heute begegnen werde und *wie* ich ihm begegnen werde. Ich bin neugierig, wie ich mich selbst heute begleiten werde. Ich bin neugierig, wie ich heute auf das reagieren werde, was ich erfahre. Ich bin neugierig, wer ich heute Abend sein werde ... Ich bin nicht nur neugierig, sondern ich selbst bin heute neu. Wer ich gestern war, ist passé.«
Wer immer wieder am Morgen neu anfängt, der wird dem Fluss des Lebens gerecht, der geht in Harmonie mit dem Leben, der gibt alte Widerstände und das Festhalten auf, der sorgt für Freude und für Leichtigkeit in seinem Leben. Wer jedoch ständig am Alten, am Gestern festhalten will, der hat seine Hände nicht frei, um die Geschenke des Lebens heute in Empfang zu nehmen.

Das Leben findet nicht gestern statt und nicht morgen, das Leben findet nicht in einer Stunde statt und nicht in einer Minute, sondern immer genau JETZT. Jetzt, in diesem für uns spürbaren Moment findet das Leben statt. Gestern ist nicht mehr; es ist Erinnerung, ist Denken; morgen ist noch nicht. Dieser Moment des JETZT ist so klein, dass wir ihn nicht einmal messen können, er hat

keine zeitliche Ausdehnung, er ist kürzer als eine Millisekunde, dennoch existiert unser Sein nur in diesen unendlich vielen JETZT-Momenten im Fluss des Lebens.
Ein einziger Tag hat so unendlich viele Momente von Leben, ist so unendlich reich an JETZT-Momenten, dass niemand diese zählen kann. Das ist unserem Verstand oft unheimlich, denn er möchte messen, erfassen, abgrenzen können. Das Leben lässt sich jedoch weder messen noch erfassen noch abgrenzen. Es ist grenzenlos und unendlich. Jeder Tag ist ein Universum, das unendlich viel Leben in sich birgt, von dem wir nur einen winzigen Bruchteil bewusst erfahren.
Wer sich dem Leben hingeben und vom Fluss des Lebens tragen lassen will, der darf eine Entscheidung treffen und die lautet: »Ich entscheide mich für Vertrauen. Ich vertraue mich dem Leben an.« Ich gebe jeden Morgen ein Vertrauensvotum an das Leben ab und öffne mich für Gedanken wie: »*Das Leben will mich beschenken. Das Leben meint es nur gut mit mir. Das Leben liebt mich, und ich liebe das Leben. Und auch das, was mich traurig macht oder unangenehm berührt, will ich nicht verurteilen, sondern erst mal so stehen lassen und wahrnehmen, um den Sinn hiervon vielleicht später zu erkennen ...*« So können wir jeden Morgen zum Leben sprechen. Das nennt man Gebet. Gebt/Gebet dem Leben jeden Morgen neu euer Vertrauen. Das Gebet hängt mit Geben zusammen.
Und da im Vertrauen das »Trauen« steckt, ist dies eine Einladung, Mut zu zeigen und sich selbst mit Mut ins Leben hineinzubegeben. Und diesen Mut brauchen wir von niemandem im Außen. Dieser Mut ist schon in uns. Denn wir sind sehr mutige Wesen, sonst wären wir nicht hier. Dieser Mut ist in unserem Herzen. Der Mensch mit mutigem Herz sagt voller Vertrauen JA zum Leben und

schreibt dem Leben nicht vor, wie es zu sein hat, und er sagt nicht NEIN zu dem, was sich zeigt im Leben. Er erlaubt dem Leben, sich vor ihm zu entfalten, und er nennt ihm seine Wünsche und Entscheidungen. Dieser Mensch erklärt dem Leben, wer er sein will. Er sagt dem Leben, dass er sich selbst liebt und liebevoll begleiten will. Er sagt ihm, welche Art von Leben er leben möchte.

⊞ Deine Wahl: Bewusst mit Gott oder ohne ihn

Wer oder was lässt dich leben? Wer atmet dich, wer pulsiert deinen Körper? Wer oder was hält das All zusammen und sorgt für das großartige Symphonieorchester in deinem Körper, lässt Milliarden Zellen in größter Präzision miteinander harmonieren. Wer weckt dich morgens auf, wer trägt dich durch die Nacht? Wer inspiriert dich? Woher kommen die Töne, die Farben? Wer inspiriert die Dichter, die Maler, alle Künstler und Architekten, Ingenieure und Musiker? Wer sagt dir im Innern, was für dich stimmt und was nicht?

Nenne ihn/sie/es, wie du willst. Für mich ist es Vater-Mutter-Gott-Göttin, unsere Quelle oder das Alles-was-Ist, das, was alles umfängt, was alles durchdringt vom Kleinsten bis zum Größten, von der Mikrobe bis zur Galaxie. Du kannst ihn ignorieren. Macht nichts. Du kannst gegen ihn sein oder für ihn. Das juckt ihn nicht. Völlig unabhängig davon wirkt er und hält dich und das Universum zusammen. Gott ist für mich das, aus dem alles hervorging, was alles zusammenhält und atmet und alles – das gesamte Leben orchestriert.

Das Gottesbild der westlichen Kirche, für das Millionen Menschen sterben mussten, das bis heute viel Leid in der Welt anrichtet und das amerikanische Präsidenten benutzen, Länder wie den Irak zu verwüsten, um »das Böse auf der Welt« zu bekämpfen, steckt den meisten von uns in den Knochen. Es ist ein sehr »alter Schuh«, den viele glaubten, ausgezogen zu haben. Aber hier täuschen sich die meisten. Was über viele Jahrhunderte gepredigt und in Kinder hineingeprügelt wurde, das sitzt tief in den Zellen selbst derer, die nie eine Kirche von innen gesehen haben.

Was denkt und fühlt es in dir zu Gott? Hast du das Thema ausgeklammert? Ist es dir unangenehm? Mach dir bitte klar, dass du eine Wahl getroffen hast, die lautet: »Mit Gott oder ohne ihn«. Auch Menschen, die Gott für ein philosophisches Thema halten, über das man lange spekulieren kann, haben sich entschieden. Sie leben ihr Leben ohne einen bewussten Bezug zu ihrer Quelle. Und das hat Folgen. Ob es Gott gibt oder nicht, kannst du in diesem Körper nur dann feststellen, wenn du beginnst, mit ihm zu leben, wenn du seine Existenz beginnst in allem wahrzunehmen, in dir und um dich herum, ob in einer Rosenknospe oder einem neugeborenen Baby, ob in einer Quelle oder im mitfühlenden Herzen eines Menschen, ob in einem Vulkanausbruch oder in einem Wutausbruch – überall siehst du und spürst du Energie – in vielfältiger Form und Frequenz. Gott atmet dich gerade, schließe die Augen und stelle es fest. Oder glaubst du immer noch, du würdest selbst atmen? Du wirst geatmet, du wirst gepulst.

Gott ist die ALL-Energie, die alles durchpulst, die jedem zur Verfügung steht, grenzenlos und ohne Unterlass. Was wir aus dieser Energie hier machen in einem Menschenleben und auf diesem Erdball, das überlässt uns

Gott. Gott ist ALL-Liebe und Gott ist völlig unpersönlich. Gott richtet nicht, weil er nicht richten kann. Gott ist nur Liebe, und er kennt nur ein »JA, so sei es!«. Die Erde erscheint mir wie ein Spielplatz für eine Menschheit, die noch in Windeln steckt, die zwar Satelliten zum Mars schicken kann, aber nicht weiß, wie man Frieden schafft; die zwar Tiere und vielleicht bereits Menschen klonen kann, aber nicht weiß, wie man Angst in Freude verwandelt. Jeder von uns, ob Christ oder Muslim, ob Hindu oder Atheist, ist eine lebendige Zelle im Zellverband Menschheit, der wiederum eine kleine Zelle ist im unendlichen ALL, im Alles-Was-Ist. Und in jeder dieser Zellen ist das All enthalten, in allem begegnet es uns. Gott begegnet dir in jedem Windhauch, in jedem Sonnenstrahl, in jedem Menschen und in jedem Tier.

Ich selbst kann nur staunen über die Herrlichkeit der Schöpfung, im Kleinsten wie im Großen, und jeden Tag »Danke, danke, danke!« sagen. Wer beginnt, die Welt und die Menschen mit den Augen des Herzens zu betrachten, der entdeckt eine neue, eine völlig andere Welt als die gewöhnliche. Ob du hier im Himmel oder in der Hölle lebst, hängt nur davon ab, wie du auf diese Welt schaust.

Aus dieser Quelle hervorgegangen, sind und bleiben wir untrennbarer Bestandteil Gottes und haben nicht nur vieles gemeinsam mit ihm, sondern sind EINS mit ihm, ob wir das wollen oder nicht. Der Tropfen im Ozean wird auch nicht gefragt, ob er Mitglied werden will im Meer. Als Teil der Quelle haben wir göttliches Erbe in uns, und das umfasst: Unendlichkeit, Grenzenlosigkeit, Schöpferkraft und Liebe. Wir hatten vergessen, dass wir durch und durch göttliche, heilige Wesen sind, aber wir haben jetzt hier in unserem Menschenleben die Gelegenit, uns wieder zu erinnern, wer wir wirklich sind. Hierzu bieten sich jedem von uns jeden Tag viele Gelegenheiten. Das Leben fragt dich jeden Tag: »Na, wer willst du sein heute? Welche Wahl triffst du heute? Hörst du auf deinen Verstand oder auf dein Herz? Setzt du auf die Angst oder auf die Liebe? Setzt du auf liebevolle Gemeinschaft oder auf angstvolle Konkurrenz? Willst du festhalten oder loslassen? Willst du weiterschlafen oder aufwachen? Willst du dich weiter klein denken oder in deine Größe gehen?«

Ich kann dich nur ermutigen, einmal in die Bücher *Gespräche mit Gott* von Neale Donald Walsch hineinzulesen und die erfrischenden Fragen wie Antworten zu genießen. Mich haben diese Bände sehr inspiriert. Meine persönliche Haltung zu Gott und seine Rolle in meinem Leben findest du in meinem Vaterunser, das ich dir hiermit schenke:

Vater unser ...

Vater-Mutter-Schöpfer-Gott, du unsere Quelle,
die du bist die All-Liebe, die All-Macht, die All-Weisheit
und die All-Gegenwart,
die du bist in uns und um uns und überall,
der du uns atmest, liebst, trägst und nährst,
der du uns führst, schützt, inspirierst und dich
ausdrückst durch uns,
Dein Name werde geheiligt
durch unser Denken, Sprechen und Tun.
Dein Reich komme jetzt als das Königreich des Himmels
in uns,
als das Gewahrsein unserer Göttlichkeit.

Dein Wille geschehe im Himmel so auf Erden und so auch in unserem Leben.
Hilf uns, deinen Willen zu erkennen, ihn zu loben, ihn zu lieben und ihn zu leben, denn dein Wille ist der beste Wille für uns.
Lass ihn uns erkennen über die Stimme meines Herzens,
denn sie ist deine Stimme, die uns täglich führt.
Gewähre uns das tägliche Brot und die Einsicht in das Notwendige.
Hilf uns, alle unwahren Gedanken zu durchschauen, die es in uns denkt,
und die Wahrheit zu erkennen und ihr zu folgen.
Hilf uns, alle Urteile zu erkennen, die wir gefällt haben uns selbst und anderen gegenüber, und sie zurückzunehmen,
Schenke uns die Gnade und die Kraft der Vergebung.
Dein Geist, der Heilige Geist möge unser ganzes Denken lenken
in die wahre Schau, in die Entfaltung unseres Geistes,
in ein Denken jenseits aller Gedanken von Mangel, von Trennung und von Verurteilung,
hinein in das Bewusstsein des Einsseins mit allem, was ist;
hinein in das Bewusstsein der Liebe.
Denn dein ist das Reich und alle Macht und alle Herrlichkeit, in alle Ewigkeit. So sei es und so ist es. Amen

Robert Betz

⊞ Deine Wahl: Himmel oder Hölle

Was willst du wählen hier in deinem Leben, den Himmel oder die Hölle? Die meisten Menschen haben die Hölle gewählt, auch diejenigen in ihrem Einfamilienhaus und mit zwei Autos vor der Tür. Die Hölle, das ist ein Leben ohne Sinn, nur gefüllt mit Geschäftigkeit, mit viel Arbeit, um über die Runden zu kommen oder den Wohlstand zu erhalten, mit ein wenig Spaß am Feierabend. Die Hölle ist ein Leben, in dem sich Körper begegnen, in denen die Herzen verschlossen sind, Menschen, die einander brauchen und dadurch gegenseitig missbrauchen. Die Hölle ist ein Leben, in dem nach Liebe hungernde Menschen durch die Welt laufen mit einer Menge unwahrer Gedanken im Kopf und anderen hungrigen Menschen begegnen, mit denen sie sich zusammentun. Man nennt es Ehe, aber in Wirklichkeit sind es meist Notgemeinschaften, in denen der eine vom anderen zu erhalten sucht, was auch dieser nicht hat. Erst nach vielen Jahren versteht man, dass der andere ebenso wenig zu geben hat wie man selbst. Die Hölle ist ein Leben, in dem Millionen Menschen jeden Morgen aufwachen mit dem Gedanken »Ich muss arbeiten!«, ihren Job lieblos »runterreißen« und abends ein wenig Ablenkung vor dem Fernseher suchen.

Wenn du dieses Buch bis hierher gelesen hast, weißt du, dass du diese Hölle nicht mehr nötig hast. Schau dir bitte genau an, welcher deiner Lebensbereiche noch nicht dein Herz erfreut, und triff eine neue Wahl. Was über Himmel oder Hölle entscheidet, ist deine Sichtweise, sind deine grundlegenden Gedanken, die du denkst und glaubst, und die Kraft und Entschlossenheit deiner Wahl. Die erste Entscheidung heißt oft: »Jetzt reicht's!« Das Schlüsselwort, das zwischen Himmel und Hölle entscheidet, ist jedoch die Liebe, die Liebe zu dir selbst, zu allen anderen Menschen und zum Leben. Wo Liebe ist, da muss alle Angst weichen. Wo (noch) Angst ist, da wird noch etwas nicht geliebt.

Wer heute noch ein »höllisches« Leben führt, wer sich selbst nicht liebt, wer sich missbrauchen oder ausnutzen lässt, wer anderen seine Macht abgibt und sich nur mit seinem Körper identifiziert, der frage sich, wie lange er das noch machen will.

Das »Königreich des Himmels« ist in uns. Es ist ein anderer Bewusstheitszustand. Es ist das Gewahrsein, dass wir mehr sind als Fleisch, Blut und Knochen. Es ist die Wahrnehmung, dass wir immer getragen, geführt und geliebt werden. Aber wir werden hier als Menschen nicht zwangsbeglückt. Wir haben die Wahl: weiter Hölle oder endlich Himmel. Unser Lebensziel ist aufzuwachen und zu begreifen, welch herrliche, wundervolle Wesen voller Schätze und voller Liebe wir sind, und dass wir mit der Liebe die größte Macht besitzen, die alles wandeln kann. Man muss nur anfangen zu lieben. Die Liebe ist der Schlüssel zum Himmel auf Erden.

Kein Mensch und kein Gott reißt dich aus deiner selbst erschaffenen Hölle heraus, das geht nicht, das ist dein eigener Job. Aber du bist, wie ich gerne sage, von Liebe umzingelt. Wer die entscheidenden Schritte selbst tut (siehe das Kapitel: »Fünf Schritte in ein neues Leben«), der erhält Hilfe von allen Seiten: hier ein Buch, da ein Film, dort ein Gespräch, da ein neues Gesicht in deinem Leben. Aber am meisten Unterstützung erhalten wir von innen. Wer regelmäßig nach innen geht und lauscht, der wird mit seiner inneren Stimme in Kontakt kommen, die ständig zu dir spricht. Sie sagt dir jetzt schon jeden Tag, was stimmt und was nicht stimmt, was stimmig ist und was nicht. Du merkst es bei so kleinen Dingen wie dem Betreten eines Restaurants. Innerhalb von fünf Sekunden weißt du, ob du hierbleiben willst, ob du dich hier wohlfühlst oder nicht. Dasselbe innere Gespür kannst du anwenden auf Situationen, Menschen, Arbeitsplätze, Bücher, Filme und auch auf deine eigenen Gedanken. Wenn ein Gedanke sich unstimmig und falsch anfühlt, kann ich sagen: »Nein, das glaube ich nicht. Ich denke einen neuen Gedanken.«

Für uns alle ist dieser Weg ein Weg aus der Hölle in den Himmel, aus der Dunkelheit ins Licht, aus dem Vergessen, wer wir sind in das Erinnern dessen, wer wir wirklich sind. Mein Herz sagt, diesen Weg haben wir gewählt. Warum könnten wir so etwas Seltsames gewählt haben? Nun, wirklich wissen werden wir es vermutlich erst, wenn wir diesen Körper verlassen haben. Aber ich vermute: Nur wer durch die Hölle gegangen ist, kann den Himmel genießen.

Lebe deinen Himmel hier auf der Erde, und du wirst gut vorbereitet sein für den Himmel danach. Wer sich erhofft, dass der Tod ihn aus der Hölle auf Erden ziehen und erlösen möge, dem empfehle ich dringend, diesen Gedanken noch einmal zu hinterfragen. Mein Herz sagt mir: In dem geistigen, mentalen, emotionalen wie spirituellen Zustand, mit dem du hier aus dem Körper gehst, kommst du »drüben« an. Wer hier seine »Hausaufgaben« nicht gemacht hat, die Verantwortung für seine Schöpfungen nicht übernommen hat, der wird das auf einer anderen Ebene machen dürfen, und mein Herz sagt, dass es leichter ist, diese Aufgabe hier zu erledigen.

Die erste Lektion der Liebe

»*Die erste Lektion besteht darin, nicht um Liebe zu bitten, sondern nur zu geben. Werdet zu einem Gebenden.* Die Menschen machen aber genau das Gegenteil. Selbst wenn sie geben, tun sie es mit dem Hintergedanken, Liebe zurückzubekommen. Es ist ein Tauschhandel. Sie verströmen sich nicht, sie verschenken sich nicht freigebig. Sie teilen aus, aber nicht vorbehaltlos. Aus dem Augenwinkel beobachten sie, ob es erwidert wird oder nicht. Arme Leute ... sie haben keine Ahnung von dem Naturgesetz der Liebe. Wer Liebe verströmt, zu dem wird sie zurückkommen.

Und wenn sie nicht kommt, macht euch keine Sorgen. Ein Liebender weiß, dass Lieben glücklich macht. Wenn es erwidert wird – gut, dann vervielfacht sich das Glück. Doch selbst wenn es nicht erwidert wird, macht der Akt des Liebens euch so glücklich und ekstatisch – wen kümmert es da, ob die Liebe erwidert wird?

Die Liebe hat ihre eigene, ihr innewohnende Glückseligkeit. Sie stellt sich ein, wenn man liebt. Man braucht nicht auf das Ergebnis zu warten. Fangt einfach an zu lieben, und allmählich werdet ihr sehen, wie viel Liebe zu euch zurückkommt. Man kann nur erleben und erfahren, was Liebe ist, indem man liebt. Genau wie man schwimmen lernt, indem man schwimmt, so lernt man lieben, indem man liebt.

Aber die Menschen sind sehr knauserig. Sie warten auf die große Liebe – dann, ja dann werden sie lieben! Sie bleiben verschlossen und in sich gekehrt. Und sie warten. Irgendwann, irgendwo wird ihre Kleopatra auftauchen, und dann werden sie ihr Herz öffnen. Aber bis es so weit ist, haben sie völlig verlernt, ihr Herz zu öffnen.

Lasst keine Gelegenheit vorbeigehen, um zu lieben! Selbst auf der Straße, im Vorbeigehen, kann man liebevoll sein. Selbst zu einem Bettler kann man liebevoll sein. Es ist nicht nötig, ihm etwas zu geben, aber lächeln kann man. Es kostet nichts. Doch euer Lächeln öffnet euer Herz; es bringt Leben in euer Herz. Nehmt jemanden bei der Hand – einen Freund, einen Fremden. Wartet nicht, bis erst der Richtige kommt, den ihr lieben könnt. So wird der Richtige nie kommen. Liebt einfach. Und je mehr ihr liebt, umso größer ist die Wahrscheinlichkeit, dass der Richtige zu euch findet, weil euer Herz anfängt zu blühen. Ein Herz in voller Blüte lockt viele Bienen an, viele Liebende ...«

Osho

(Aus: Osho, *Das Buch der Frauen,* © Ullstein Verlag, Berlin 2004. Kursive Hervorhebungen im Text von Robert Betz.)

5

Freiheit von der Vergangenheit

»Ohne deine Vergangenheit bist du sofort frei!«
(Ein Kurs in Wundern)

⊞ Die Vergangenheit würdigen

Wenn wir unsere Vergangenheit loslassen wollen, dürfen wir lernen, sie auf völlig neue Weise zu betrachten. Zu dieser neuen Betrachtung gehört der Gedanke: »Alles, was ich erlebt habe, hatte seinen guten Sinn, auch wenn ich diesen Sinn vielleicht heute noch nicht erkenne. Nichts in meinem Leben war umsonst. Alles war notwendig und wichtig, jedes kleinste Detail.«

Mein Herz sagt mir, die kleinste Schneeflocke fällt nicht umsonst vom Himmel, und nicht der unscheinbarste Grashalm wächst umsonst auf dieser Erde. Nicht eine Ameise läuft umsonst auf dieser Erde herum, und keine einzige Welle des Meeres wellt sich umsonst. Nicht das kleinste Detail ist unwichtig oder überflüssig oder sinnlos im All. Alles hängt mit allem zusammen, und alles hat zutiefst seine Berechtigung. Wie können wir uns anmaßen zu denken, dass bestimmte Vorgänge in unserem Leben keinen Sinn hätten? Alles hatte und hat seinen Sinn in unserem Leben; ob das Zerwürfnis mit unseren Eltern, unser jahrzehntelanger Hautausschlag, die vielen Ängste vor dem Verlassenwerden oder sonst etwas, der Verlust des Geldes oder des Arbeitsplatzes oder all die schmerzhaften Trennungen von geliebten Menschen.

Schon allein mit dem Satz: »Ich öffne mich dem Gedanken, dass alles in meinem Leben seinen tiefen Sinn hatte«, beginnt eine Phase der Heilung und des Friedens. Und nur wer sich für diesen Gedanken zu öffnen vermag, wer sich für diesen Gedanken entscheidet, wird den Sinn all dieses Geschehens in seinem Leben mit der Zeit erkennen können. Wenn wir einmal aus diesem Körper gegangen sind, werden wir alle – ohne Ausnahme – dieses Leben mit anderen, mit verstehenden Augen überblicken können. Zu diesem Verstehen können wir auch bereits in diesem Körper gelangen. Zu diesem Verstehen lade ich dich herzlich ein!

Egal, wie schmerzhaft, wie unglücklich ein Leben oder große Lebensphasen verlaufen, für das Herz oder aus Sicht der Seele, gibt es kein »schlechtes« Leben. Im Universum gibt es nichts Schlechtes und nichts Gutes, dies existiert nur in unserem Verstand, in unserem Gehirn, aber nicht in der Natur. Es gibt nur großartige Erfahrungen von großartigen, göttlichen Wesen, die noch nicht begriffen haben, wie großartig und göttlich sie sind. Es sind Erfahrungen *vor* dem Erwachen, *vor* dem Erinnern unserer wahren, unserer göttlichen Natur.
Ich lade dich ein: Nimm alle deine Schöpfungen, nimm dein ganzes Leben in Besitz, in dem du beginnst, JA zu sagen zu ihm, zu allen Erfahrungen, den guten und den schlechten. Nichts war umsonst, alles war wertvoll. Das Gesamt unseres Lebens, ist ein wertvolles Gesamtkunstwerk, eine Kostbarkeit, die gewürdigt werden will. Stell dir einmal vor, ein Maler wie Renoir hätte ein Bild gemalt, das bis heute unentdeckt in einer Ecke liegen würde; oder Goethe hätte einen Roman geschrieben, den bis heute niemand kennen würde, weil der Dichter ihn damals versteckt hat. – Würdest du nicht denken, wie schade für das Bild oder für den Roman? Was nützt es dem Roman, wenn keiner ihn liest, was nützt es dem Bild, wenn niemand es bewundert? Genauso verhält es sich mit der Schönheit, der ehrfurchtgebietenden Größe all deiner Schöpfungen in deinem Leben. Dein Leben sehnt sich danach, angenommen, bewundert und neu betrachtet zu werden; es wünscht sich, anerkannt und geschätzt zu werden als eine, als deine großartige Schöpfung.
Verweigere deinem Leben bitte diese Wertschätzung nicht. Du hast es gut gemacht, du hast es so gut gemacht, wie

du konntest. Und das hat allergrößte Wertschätzung, Würdigung und Anerkennung verdient. Wann willst du den Roman deines Lebens, das Gemälde deines Lebens anerkennen, annehmen und segnen? Gott hat es schon lange gesegnet – jetzt bist du selbst noch dran.
Nur wer diesen Weg geht und sein Leben annimmt, den lässt die Vergangenheit los. Durch deine Annahme und durch deinen Segen löst du den schmerzhaften Griff, mit dem deine Vergangenheit dich noch vermeintlich festhält. Unsere Vergangenheit lässt uns los, wenn wir Frieden machen mit ihr und neu denken über sie und über uns. So wie die herrliche Lotusblume nicht in ihrer Schönheit und Pracht erblühen könnte, wenn ihre Wurzeln nicht im Dreck, im Schlamm stecken würden, so würden wir selbst uns nicht als die strahlenden Wesen erkennen können, gäbe es in unserer Vergangenheit nicht die Dunkelheit des Unbewussten, das Nicht-Wissen um unsere göttliche Größe, das Leiden des vermeintlichen Opfers und die Angst des vermeintlich Schwachen und Ungeliebten. So geht unser Lebensweg aus der Begrenzung in die Ausdehnung, aus der Dunkelheit ins Licht.

⊞ Die Eltern deiner Kindheit leben in dir

Dein inneres Verhältnis zu deinen Eltern muss ein Schlüsselthema für dich sein, wenn du dir ein anderes Leben wünschst und du dich aus den »alten Schuhen« hinausbewegen willst. Und das gilt auch, wenn du heute schon achtzig Jahre alt bist. *Der vollständige innere Frieden mit unseren Eltern ist das Tor, durch das wir gehen müssen, um Frieden, Freude, Fülle und Erfülltheit in unserem Leben zu erreichen.*

Das Thema der Eltern-Kind-Beziehung hat in den letzten Jahren immer mehr an Beachtung gewonnen. Aber den meisten Menschen ist bis heute völlig unklar, wie ihre inneren Eltern, genauer die Eltern ihrer Kindheit, ihr Leben auch heute noch schwirig machen. Viele haben mit den leiblichen Eltern, dem alten Vater, der alten Mutter ihren Frieden geschlossen. Das ist ein schöner Schritt. Manche haben ihre Eltern sogar beim Sterben begleitet und ihnen auf ihrem letzten Weg die Hand gehalten. Das ist segensreich. Dennoch haben die wenigsten mit den Eltern ihrer Kindheit Frieden geschlossen. Was meine ich damit? In jedem von uns sind die Eltern lebendig, so wie wir sie seit unserer Geburt, ja selbst seit unserer Zeugung erlebt haben. Jeder Moment, jedes Gefühl – schön oder unschön – sind in uns gespeichert und wirken bis heute. Auch wenn es uns nicht bewusst ist, in uns ist alles so frisch erhalten, als sei es gerade eben erst geschehen. Gefühle kennen keine Zeit. Sie sind entweder da oder nicht. *Jede Liebkosung, jedes liebe Wort, jede Unterstützung, aber auch jede Zurückweisung, jede Enttäuschung, jede Wut und jeder Ärger, jede Verurteilung und jedes Bild, das ich mir als Kind von meinen Eltern gemacht habe, ist in mir mit seiner ganzen Gefühlsqualität gespeichert.*
Zwischen allen Eltern und Kindern kommt es in den Jahren des Zusammenseins zu einem ungeheuren Austausch von Energien. Jedes Wort, das von Eltern gesprochen wird, ist eine Energie, die das Kind nicht nur registriert. Es nimmt diese Energie in seine feinstofflichen Körper auf. Jeder Gedanke und jedes Gefühl, das das Kind in sich als Reaktion auf die Eltern denkt bzw. spürt, ist Energie, die es in sich erzeugt und behält. Alle Erwartungen der Eltern an das Kind, alle Bedingungen, an die sie ihre Zuwendung knüpfen, sind Energien, die das Kind in

seine Körper aufnimmt. Alle Bilder und Vorstellungen, die die Eltern sich von dem Kind machen, sind Energien, die im Kind abgespeichert werden. Kurzum: Zwischen Eltern und Kindern kommt es immer – auch in den »besten« Elternhäusern – zu einer Unzahl von Energieverstrickungen, die beide, Kind wie Eltern, unfrei machen. Das Kind sieht sich selbst mehr und mehr durch die Brille der Eltern. Das, was es oft über sich hört, beginnt es selbst zu glauben. Die Erwartungen der Eltern, ihre Liebesbedingungen, nimmt das Kind in sich auf und bemüht sich, diese Bedingungen zu erfüllen. Sein Selbstbild und sein Verhalten werden von den Energien der Eltern bestimmt.

Das Ergebnis: Das Kind vergisst, wer es wirklich ist, und richtet sein Selbstbild immer mehr nach dem aus, was die Eltern ihm erzählen und wie sie sich ihm gegenüber verhalten.

Hinzu kommen alle die Gefühle, die es im Zusammensein und in der Auseinandersetzung mit den Eltern entwickelt und speichert: alle Liebe, aber auch Wut, Hass, Ablehnung, Neins, Widersprüche, Ohnmacht, Hilflosigkeit, Einsamkeit, Verlassenheit, Enttäuschung, Rache – alle Gedanken und Gefühle, die es den Eltern nicht zeigen darf, die nicht akzeptiert werden. Diese muss das Kind in sich abspeichern und verdrängen. Dadurch entwickeln unzählige Kinder eine Liebe-Hass-Beziehung, besonders zur Mutter, mit der das kleine Kind die meiste Zeit verbringt und von der es völlig abhängig ist.

Es gibt auf dieser Erde kaum Eltern, die ihre Kinder ohne Bedingungen annehmen und lieben. Es gibt keine Eltern, die vollkommen bewusst ihre Kinder begleiten, d. h. wissend, wer sie wirklich sind, in Liebe und Frieden mit sich selbst und ihrer Vergangenheit, in Frieden mit Allem-Was-Ist und im Bewusstsein ihrer Göttlichkeit. Wie soll das auch gehen? Ihre Eltern wurden ja auch nicht ohne Bedingungen geliebt.

All diese Energien unserer Kindheit befinden sich in uns; Energie kennt keine Zeit, Energie kennt nur verschiedene Zustände. Alle Verstrickungen mit deinen Eltern, jeder innere Unfriede wirkt sich massiv in deinem Leben aus: in deinen Beziehungen, in deiner Arbeit und in deinem gesamten Lebensgefühl. Sie halten dich in Unfreiheit und Begrenzung. Und auch deine Eltern, selbst wenn sie schon als Menschen im irdischen Körper gestorben sind, sind nach wie vor in diesen Verstrickungen mit dir verbunden. Unsere Seelen sehnen sich nach Befreiung, Ausdehnung, Versöhnung und Frieden.
Obwohl sie schon längst selbst Kinder oder Enkel haben, empfinden viele Frauen und Männern ihren Eltern gegenüber immer noch die gleichen zwiespältigen Gefühle, die sie aus ihrer Kindheit her kennen. Ob es, als Beispiel, die bettlägerige Mutter ist, die von der Tochter aufopfernd gepflegt wird, oder der alte Vater im Altersheim, den Sohn oder Tochter besuchen – in Anwesenheit der Eltern rutscht er oder sie schnell wieder in die Rolle des kleinen Kindes und fühlt sich den Erwartungen und den Verurteilungen des alten Elternteils immer noch hilflos ausgeliefert. Viele erwachsene »Kinder« reduzieren daher den Kontakt zu den Eltern auf das Allernotwendigste oder brechen ihn nicht selten völlig ab. Aber hiermit ist keinem gedient. Wir werden nicht frei von den inneren Abhängigkeiten durch äußere Entfernung, sondern durch innere Annäherung.

⊞ Beispiele für Verstrickungen zwischen Eltern und Kindern

Viele Menschen glauben, das Kapitel »Eltern« müsse doch irgendwann endlich abgeschlossen sein. Dieser Wunsch wird zumeist von Menschen geäußert, die versuchen, ihre Eltern »hinter sich« zu lassen. *Aber: Das Kapitel »Eltern« ist nie abgeschlossen in diesem Leben,* denn in diesem Leben bist du das Produkt deiner Eltern, deine Zellen bestehen aus ihren Zellen; in dir stecken dein Vater und deine Mutter, ob dir das recht ist oder nicht. Manche empfinden geradezu Ekel bei der Vorstellung, dass sie das Ergebnis der sexuellen Vereinigung ihres Vaters und ihrer Mutter, ein echtes Sexprodukt von ihnen sind. Das sind deutliche Zeichen dafür, wie wenig Frieden im Innern mit ihnen besteht.

Viele wünschen sich Freiheit von den Eltern, aber Freiheit ist nur zusammen mit Frieden zu erhalten. Und mit Frieden ist kein Friede-Freude-Eierkuchen-Friede gemeint, sondern ein wahrhaft herzliches, liebendes, dankbares Verhältnis zu Vater und Mutter. So etwas braucht Zeit. Viele haben geglaubt, durch eine Familienaufstellung, die in den letzten Jahren sehr populär wurde, sei der Friede herstellbar. Dies kann jedoch nur ein Schritt sein, oft ein sehr wichtiger. Besonders deutlich wird in der Familienaufstellung, wie viel Unfrieden, Distanz, Kälte, Wut oder andere Gefühle zwischen Eltern und Kind noch lebendig sind. Aber der Prozess zum wahren inneren Frieden braucht Reifezeit.

Am Anfang steht der Herzenswunsch: »Ich wünsche mir ein liebevolles, herzliches Verhältnis zu meinen Eltern. Ich wünsche mir wirklichen Frieden mit Vater und Mutter und Freiheit von den alten Verstrickungen.« Wenn du diesen Wunsch in dir lebendig werden lässt und ihn auch

pflegst über die Zeit, dann wird der Friedensprozess in Gang gesetzt. Dann werden sich dir mehr und mehr Gelegenheiten bieten, wie du diesen Frieden tiefer und tiefer gestalten kannst. Hier kann ein neues Verhältnis reifen zu deinen Eltern.
Deine innere Elternbeziehung wirkt bis heute in jeden deiner Lebensbereiche hinein, entweder fördernd und stärkend oder verzerrend und schwächend. Bei den meisten Menschen ist das Letztere der Fall. Hier vier Beispiele, wie dies im Einzelnen aussieht.

1. Als Kind hast du den Entschluss gefasst, die Erwartungen deiner Eltern zu erfüllen. Zum Beispiel hast du dich entschieden, möglichst brav, anständig, gehorsam und fleißig zu sein, weil sie diese Forderungen sehr deutlich gemacht haben. Du hast deine Entscheidung später nie infrage gestellt. Auch nachdem du von zu Hause weggezogen bist und dann in deiner Ehe, du versuchst innerlich immer noch, diese Erwartungen zu erfüllen. Sie stecken ja in dir. Du gehorchst immer noch deinen inneren Eltern. Vielleicht hast du in deinem Leben jemand an ihre Stelle gesetzt, mit dem du dieses alte Programm weiterlebst und dich anstrengst, brav, anständig, gehorsam und fleißig zu sein.
Diese Erwartungen sind Energien, die du deinen Eltern zurückgeben kannst. Sie gehören zu ihnen, nicht zu dir. Damals musstest du sie notgedrungen übernehmen. Als Kind hattest du keine Wahl, du warst abhängig. Aber heute fesseln sie dich. Entscheide heute selbst, was du leben willst.

2. Wenn du dich gesehnt hast nach Wärme, Zärtlichkeit oder Liebe, zum Beispiel vonseiten deines Vaters, dieser Wunsch aber von ihm nie wirklich zutiefst erfüllt wurde,

du selten oder nie von ihm in den Arm genommen wurdest, nie gehört hast: »Ich bin stolz auf dich. Schön, dass es dich gibt«, dann ist diese unerfüllte Sehnsucht auch heute noch in dir. Und vermutlich hast du schon einige unbewusste Versuche angestellt, diese Liebe, Wärme oder Anerkennung von anderen zu bekommen, vielleicht von deinen Partnern oder von den Chefs in deinem Leben. Aber das, was du dir von deinem Vater ersehnt hast, kann nur er befriedigen. Und selbst, wenn er seinen irdischen Körper schon verlassen hat, ist es dafür nicht zu spät. Wenn du willst, kannst du es dir heute noch holen.

3. Viele Kinder haben weitaus mehr Zeit mit ihrer Mutter verbracht als mit ihrem Vater. Mädchen wie Jungen standen ihrer Mutter sehr nah, sie erlebten viele ihrer Gedanken und Gefühle mit, ihre Ängste und oft auch ihr Leid. Schon in den ersten neun Monaten auf dieser Erde, im Bauch unserer Mutter, werden wir zum intimen Kenner dieses Menschen. Das Kind registriert auch als Embryo alles, was die Mutter fühlt und denkt, über sich, das Leben und auch über das Kind in ihrem Bauch. In den ersten Kinderjahren vertraut sich die Mutter dem Kind auch oft mit ihren Sorgen und Ängsten an. Und nicht selten muss sich der kleine Junge, das kleine Mädchen auch die Klagen der Mutter über den Papa anhören. Das Bild der meisten Kinder von ihrem Vater ist durch die Brille von der Mama geprägt. Es erlebt die Mutter oft als die Leidende, die Schwächere. Wir können dies zwar Missbrauch nennen, aber das ändert nichts, sondern fördert noch mehr die Schuldgefühle der Mütter. Also lassen wir doch diese Manie, an jeder Ecke Missbrauch zu rufen.
Kinder versuchen instinktiv, hier einen Ausgleich zu schaffen. Sie identifizieren sich mit dem Schwächeren in der

Familie und versuchen, seine Lasten mit ihm zu tragen, ungeachtet ihrer tatsächlichen Möglichkeiten. Kinder sind immer etwas »größenwahnsinnig« in ihrem Denken. Dafür sind sie Kinder. Und das Kind trifft zum Beispiel die innere Entscheidung: »Ich muss Mama helfen oder retten.« Wenn es sich um einen Jungen handelt, nimmt er häufig unbewusst das Bild der leidenden Frau in sein Erwachsenenleben mit hinein und versucht zeitlebens, Mama, stellvertretend seine Partnerinnen, zu retten. Handelt es sich um ein Mädchen, wird das vielleicht den inneren Entschluss fassen: »So einen (kalten, distanzierten, bösen) Mann wie Papa will ich nie haben!«, und wundert sich einige Jahrzehnte später über die Ähnlichkeiten zwischen ihrem Mann und ihrem Vater. Oder es denkt: »Vor Männern muss ich aufpassen. Männer sind doch alle ...«

Diese Entscheidungen der Kinder – egal, in welchem Alter gefasst – sind genauso prägend wie die Entscheidungen im Erwachsenenalter. Sie binden uns so lange, bis wir sie zurücknehmen und uns entscheiden, unser Denken zu ändern. Es ist deshalb leicht nachzuvollziehen, wie unfrei wir bei der Auswahl unseres Partners und im Zusammenleben mit ihm sind. In unseren Beziehungen versuchen wir, Elternlektionen unbewusst nachzuholen.

4. Wenn wir uns anschauen, auf welche Weise wir damals unser Elternhaus verlassen haben, wird auch manch einem ein Licht aufgehen, was die innere Beziehung zu unseren Eltern angeht. Viele haben ihren Eltern damals den Rücken zugekehrt und waren heilfroh, endlich ausziehen zu können. Sie sind im Unfrieden gegangen, ohne Segen von Vater und Mutter, ohne jedes Ritual, ohne Feier, ohne Dank. Viele können sich heute nicht einmal vorstellen, was der elterliche Segen bedeutet. Wenn Vater

und Mutter dich segnen, dann sagen sie dir: »Geh jetzt deinen Weg. Ich habe dir alles gegeben, was ich dir geben konnte. Mach jetzt was draus. Du schaffst das, du wirst deinen Weg machen. Und im Geiste und mit meiner Liebe bin ich immer bei dir. Ich begleite dich gerne und gebe dir Kraft. Wenn du kannst, denke in Liebe an uns.«

Aber die meisten »Kinder« fliehen von zu Hause, sie drehen sich nicht mehr um und hoffen, irgendwo ihr Glück zu machen. Sie glauben frei zu sein, und werden erst viel später entdecken, dass sie es nicht sind. Manche ziehen weit weg, einige wandern aus, immer mit dem inneren Wunsch, diesem ungeliebten Zuhause und den Eltern zu entkommen. Aber das ist unmöglich, denn deine Eltern sind in dir, entweder im Frieden oder im Unfrieden, du kannst dich nicht wirklich trennen.

Wenn du bis heute den Segen von Vater und Mutter nicht bekommen hast bzw. ihn nicht wolltest, dann wundere dich nicht, dass dir manches in deinem Leben misslang, dass dir manches Mal die Kraft, die Disziplin, das Selbstvertrauen, das Durchsetzungsvermögen fehlte. Wir brauchen den Segen unserer Eltern, damit die Dinge wirklich gelingen, damit unser Herz frei wird. Hole dir heute den Segen von Vater und Mutter, gleich, wie alt du jetzt bist oder ob deine Eltern noch in ihrem Körper leben. Entscheide dich, ganz und gar in den Frieden mit ihnen zu kommen.

Egal, was du erlebt hast zu Hause, egal, wie viel Schmerz, Kälte, Verletzung und egal, wie viel Ohnmacht, Hilflosigkeit, Manipulation und Bevormundung: Nur einer ist in der Lage, den Frieden herzustellen – du selbst. Geh den Weg des Friedens mit deinen Eltern, und du erschaffst Frieden in dir. Gehst du ihn nicht, erschaffst du in deinen Beziehungen viel Unheil, du erschaffst Elternlektionen.

Dann müssen deine Frau und dein Mann dafür herhalten, dass du im Innern mit deiner Mutter oder mit deinem Vater in den Frieden kommen kannst. Du projizierst deinen Schmerz, deine Erwartungen und deine unerfüllte Sehnsucht nach mütterlicher und väterlicher Liebe auf deinen Partner. Der ist aber dafür die falsche Adresse.

Versetze dich noch einmal gedanklich und gefühlsmäßig in die Situation deiner Eltern von damals. Auch sie wurden nicht um ihrer selbst willen geliebt. Sie haben dir gegeben, was sie konnten. Wie lange willst du sie noch anklagen, ihnen Vorwürfe machen oder weiterhin denken: »So wie mein Vater/meine Mutter will ich nie werden!« Ich garantiere dir, du hast sie längst in dir verwirklicht. Hast du noch von keinem deiner Partner den Satz gehört: »Du bist genau wie deine Mutter/dein Vater!«? Was wäre, wenn es stimmt? Bevor du deinen Eltern von Herzen vergeben kannst, versuche sie zu verstehen, so gut du kannst. Verstehen kommt vor Vergeben.

⊞ Diese Eltern soll ich mir ausgesucht haben?

Bisher war bereits viel von dir als Schöpfer die Rede und davon, was du dir alles in deinem Leben erschaffen hast. Die Frage, die sich natürlich aufdrängt, ist, wie du zu diesen Eltern, zu diesem Elternhaus, dieser Kindheit mit allem Drum und Dran gekommen bist. War das Zufall, Schicksal, Vorsehung? Hast du hierauf Einfluss gehabt? Je schwieriger für uns die Kindheit und die Erfahrungen mit unseren Eltern waren, desto schwerer fällt uns im Allgemeinen die Vorstellung, dass dies die Eltern unserer Wahl sein sollen.

Du hast die freie Wahl hierüber zu denken, was du willst. Ich selbst habe mich für die Wahl entschieden, dass es so etwas wie Zufall nicht gibt. Mein Herz sagt mir, dass alles seinen Sinn hat, dass alles durch und durch sinnvoll ist, was geschieht. Du darfst für dich herausfinden, was sich für dich heute richtig und wahr anfühlt. Ich biete dir nur meine Version an.

Ich habe mich dem Gedanken geöffnet, dass wir uns auf der Ebene der Seele (vor unserer Inkarnation) für bestimmte Grundbedingungen dieses Lebens entscheiden. Hierzu gehört die Familie, in die ich hineingeboren werde, mein Geschlecht und ebenso die Basiserfahrungen, die ich im ersten Abschnitt dieses Lebens mache. Das bedeutet, dass die Erfahrungen, die ich mit meinen Eltern, Geschwistern, Lehrern und anderen Bezugspersonen mache, von denen ich ja als Kind abhängig bin, von Beginn an mit dem Einverständnis meiner Seele oder meines »wahren Selbst« feststehen. All das bildet die Ausgangsposition, aus der ich in das Leben starte. Und diese Position ist für die wenigsten eine »Poleposition«, nicht jeder beginnt vom ersten Startplatz der Formel 1.

Unserem »vernünftigen« Verstand fällt es schwer zu akzeptieren, dass ich damit einverstanden gewesen bin, dass mich meine Mutter ablehnt oder gar versucht abzutreiben, dass mein Vater mich missbraucht, dass meine Geschwister vorgezogen werden, dass ich nicht geliebt werde, dass ich zu diesem und jenem gezwungen werde, dass ich ohne Eltern in einem Waisenhaus aufwachsen muss oder mitten im Krieg oder in seinem sehr armen Land. Aber all diese oft harten Anfangserfahrungen sind möglicherweise genau das, was unsere Seele in einem irdischen Körper zu Beginn des irdischen Lebens erfahren will. Wozu könnte das sinnvoll sein? Wie schon gesagt, bin ich im ersten Teil meines Lebens vollkommen abhängig von anderen, ihnen hilflos ausgeliefert. Erst wenn ich erwachsen werde, erhalte ich die Gelegenheit, eigene Entscheidungen zu treffen. Als Erwachsener steht es jedem frei, sich für neue Gedanken zu entscheiden und für neue Wege, die sich von denen der Eltern deutlich unterscheiden. In diesem Leben erhält jeder die Gelegenheit, auf die Suche zu gehen und herauszufinden, was er wirklich will, was ihm Freude macht, was stimmig ist für ihn und was ihn erfüllt. Jeder kann mehr und mehr entdecken, wer und was er selbst sein will. Egal, welche Erfahrungen du als Kind im Elternhaus gemacht hast, triff deine Entscheidung, was du hieraus machen willst.

Ich behaupte andererseits nicht, dass es vollkommen offen und deiner Wahl überlassen ist, was du in diesem Leben sein willst, in welcher Rolle du erfolgreich sein kannst. Ich gehe davon aus, dass in jedem Menschen etwas angelegt ist, ein spezifisches Potenzial. Dieses Potenzial stellt die Gesamtheit deiner Entfaltungsmöglichkeiten dar, die du erreichen kannst in diesem Leben auf der Erde. So wie aus einer Eichel keine Birke hervorgehen kann und aus dem Samen der Linde kein Kastanienbaum, so hast auch du selbst vor deiner Inkarnation eine Vorauswahl getroffen, in welcher Rolle du dich entfalten möchtest. Ob und wieweit dir diese Entfaltung gelingt, hängt weitgehend von dir selbst und deinen Entscheidungen ab, davon, wie du dieses Leben lebst.

Was unser Verstand unter Erfolg versteht, hat übrigens nichts damit zu tun, wie unsere Seele ihn interpretiert. Aus der Perspektive der Seele, also aus geistiger (spiritueller) Sicht, sieht manches völlig anders aus als aus dem Blickwinkel unseres sehr begrenzten Verstandes. Darum ist es für unseren Weg so wichtig, immer wieder nach innen zu gehen, unser Herz zu befragen und unsere Entscheidungen auf Stimmigkeit zu überprüfen.

So gestaltet sich unser Lebensweg als ein Weg mit einer bestimmten Verlaufsstruktur. Das Leben verläuft immer aus dem Zustand der Unbewusstheit in Richtung Bewusstheit, aus Abhängigkeit in Richtung Unabhängigkeit und Freiheit, aus Begrenzung in Richtung Ausdehnung und Entfaltung. Ebenso hat jeder die Gelegenheit sich im Laufe des Lebens neu zu entscheiden, statt Verurteilung für Vergebung, statt Angst für Liebe, statt Trennung und Konflikt für Verbindung, Unterstützung und Frieden.

Die meisten Menschen unter vierzig Jahren haben für diese Fragen noch wenig Interesse. Ihre Aufmerksamkeit liegt oft noch ganz auf den Aktivitäten im Außen. Wenn wir aus dem Elternhaus ausziehen, dann stürzen wir uns zunächst ins Leben, in den Beruf, ins Arbeiten; wir gründen eine Familie, zeugen Kinder und konzentrieren uns auf die Arbeit, schauen weder nach links noch nach rechts. Fragen nach dem Sinn dieses Lebens interessieren die meisten jüngeren Menschen noch nicht. Erst ab vierzig Jahren werden mehr und mehr Menschen auf diese Fragen gestoßen, nicht selten durch aufrüttelnde Ereignisse wie schwere Krankheiten, Unfälle, Verlust des Arbeitsplatzes oder den Tod eines nahen Angehörigen. Das sind wertvolle Krisen, denn sie sind Gelegenheiten für uns zum Aufwachen und Öffnen für das Wesentliche. Da du dieses Buch liest, kennst du diese »Wecksignale« vermutlich schon sehr gut. Danke ihnen, denn sie sind segensreich. In Wirklichkeit aber war es deine Seele, die dich aufgeweckt hat. Sie hat es zu Anfang recht sanft versucht, mit vielen kleinen Hinweisen, die man oft übergeht. Erst später klopfte sie so stark an deine Tür, dass du es nicht überhören konntest. Aber viele lassen auch die größte Krise ungenutzt verstreichen.

⊞ Schließe Frieden mit deinen inneren Eltern

Aus dem Vorhergehenden dürfte deutlich geworden sein, wie wichtig für uns der Frieden mit den eigenen Eltern ist, *den »inneren Eltern«, den Eltern in dir.* Wenn du mit ihnen Frieden schließt, verändert sich auch das Verhältnis zu deinen (vielleicht noch lebenden) »richtigen« Eltern und damit veränderst du dein Leben!
Auf welche Weise können wir Frieden mit den inneren Eltern schließen. Hierzu gibt es verschiedene Möglichkeiten. Mach dir noch einmal klar, dass es sich um einen Weg handelt, nicht um einen einmaligen Akt. Frieden muss wachsen können in dir. Zu Beginn jedes Friedensprozesses steht der aufrichtige Wunsch nach Frieden.

Ich habe zwei spezielle Meditationen auf CD aufgezeichnet (*Der Vater meiner Kindheit* sowie *Die Mutter meiner Kindheit*), die eine große Hilfe auf diesem Weg zum Frieden mit Vater und Mutter sind, und sich in vielen Therapien und Seminaren als äußerst segensreich erwiesen haben. Im ersten Abschnitt begleite ich den Hörer noch einmal zurück in Kindheit und Jugend mit einer Reihe von Fragen zu Vater oder Mutter, damit wieder lebendig in uns wird, was nicht im Frieden ist, sondern nur verdrängt und verleugnet wurde. Alte Wunden heilen nicht, indem wir sie hinter Türen verschließen.
Im zweiten Abschnitt begegnest du deiner Mutter oder deinem Vater noch einmal »leibhaftig«. Das heißt, deine Begegnung ist so lebendig, als würde sie oder er tatsächlich vor dir stehen; du kannst Mutter oder Vater körperlich spüren, auch wenn es eine Begegnung auf der Seelenebene ist. Diese längere Meditation hat die Aufgabe, Klarheit, Frieden und Freiheit zwischen dir und deinen

Eltern herzustellen und zu vertiefen. Denn nur wo Klarheit und Wahrheit herrschen, kann Frieden entstehen, und nur wo Frieden ist, ist auch Freiheit. Es ist empfehlenswert, diese Meditation mehrmals, z.B. einmal im Monat ein halbes Jahr lang durchzuführen.

⁂ Schließe Frieden mit deinen Expartnern

Unsere Expartner sind neben unseren Eltern und Geschwistern vermutlich die »interessanteste« Gruppe von Menschen unserer Vergangenheit. Hierzu zähle ich alle Menschen, mit denen du mindestens eine Nacht verbracht hast. Bitte nimm sie alle mit ins Boot und erinnere dich einmal, wer da alles war in den letzten Jahrzehnten und spüre, wie du heute zu ihnen stehst.

Was fühlst du, wie stehst du zu den Frauen und Männern, mit denen du für eine Nacht oder für fünfzehn Jahre zusammengekommen bist – ob mit oder ohne Trauschein? Wer von ihnen erweckt heute noch negative Ladung in dir, wem könntest du heute noch eine …? Wer liegt bei dir noch »im Salz« deiner Wut- und Rachegefühle, sozusagen gut gepökelt? Wie viele Leichen liegen bis heute noch in deinem Keller?

In Bezug auf unsere Expartner machen viele von uns einen fatalen Denkfehler. Sie glauben: »Von dem oder von der habe ich mich getrennt! Mit dem oder der ist schon lange Schluss. Da habe ich nichts mehr mit zu tun.« Dass sie sich da mal nicht täuschen! In Bezug auf ihre Expartner ist vielen Menschen der Gedanke der Trennung ganz besonders wichtig. Sie glauben, weil sie im Außen nicht mehr zusammen sind und vielleicht weit voneinander getrennt wohnen, seien sie getrennt. Aber das haut nicht hin. Denn Trennung gibt es nicht wirklich. Nur für unsere irdischen Augen sieht es so aus, als könnten wir uns trennen. In Wirklichkeit ist das unmöglich. Im ganzen Universum gibt es so etwas wie Trennung nicht. Denn alles hängt mit allem zusammen. Wir können uns entscheiden, hier auf der Erde verschiedene Wege zu gehen, aber im Unsichtbaren sind alle mit allen verbunden, erst recht mit denen, mit denen wir schon mehr Energieverbindung hatten, uns unter anderem sexuell verbunden haben. Und jeder von uns kann es fühlen. Je wichtiger es meinem Kopf ist, dass ich und der andere jetzt getrennt sind, desto stärker bin ich mit unsichtbaren Stricken an den anderen gefesselt. Und meine Beziehungsgeschichten im Außen zeigen es deutlich. Die Enttäuschungen und Verletzungen wiederholen sich. Enttäuscht kann nur werden, wer sich vorher getäuscht hat. Die Trennung von den früheren Partnern ist solch eine Täuschung.

Die einzige Wahl, die wir haben, ist die innere, feinstoffliche Verbindung zu Expartnern so zu gestalten, dass wir im Frieden sind. Kann ich das wertschätzen, würdigen und segnen, was ich da mit dem anderen erlebt und erschaffen habe? Empfinde ich Dankbarkeit über die gemeinsam gemachten Erfahrungen? Habe ich diese Erfahrungen schon genutzt, um aufzuwachen? Wenn du dich bis heute enttäuscht, verletzt, betrogen oder sonst wie fühlst durch deinen Expartner, dann hast du noch ein paar Hausaufgaben vor dir. Du darfst für Klarheit und Frieden in dir selbst sorgen, damit du frei wirst. Wer im Innern mit anderen Menschen im Unfrieden verstrickt ist, der kann seinen Lebensweg nicht frei und unbeschwert gehen. In deine jetzige Partnerschaft (so du eine hast) oder in deine nächste bringst du all den Unfrieden

und Groll mit ein, den du heute noch gegen deine Expartner hegst. Wenn dein Kopf dir nach wie vor sagt: »Aber der (oder die) hat mich doch verletzt! Wie soll ich mit dem im Frieden sein?«, dann gilt es für dich noch etwas sehr Wichtiges zu erkennen und anzuerkennen.
Erstens: Du kannst dich nur selbst verletzen. Jeder Mensch, der dich verletzt hat, hat dir nur gezeigt, wo du selbst stehst in deiner Beziehung zu dir, zur Welt, zu Männern und Frauen. Den Schmerz, den du gespürt hast, hast du selbst erschaffen durch deine innere Reaktion auf das, was der andere tat oder nicht tat.
Zweitens: Jeden Mann und jede Frau, die dir begegnet sind in deinem Leben, hast du gebraucht für deinen Weg, jeden von ihnen. Sie alle haben dich genau zu dem Bewusstseinsstand gebracht, wo du jetzt stehst.
Drittens: Du hast noch nie einen falschen Partner gehabt. Solche Irrtümer gibt es nicht im Universum, auch wenn dein Kopf sagt: »Diesen Idioten hätte ich mir auch sparen können …« Nein, konntest du nicht, sonst hättest du ihn dir erspart.

⁂ Schließe Frieden mit deiner Vergangenheit

Erschaffe systematisch Frieden in deinem Leben, mit allem Unfriedlichen in deiner Vergangenheit und deiner Gegenwart. Jeder Konflikt, jede unfriedliche Trennung, jeder Hader und jeder Groll, jede Verurteilung und jede Verstrickung ist wie ein dunkler Mantel, den du dir überziehst. Je mehr Mäntel du anhast, je mehr NEIN in dir ist, desto schwerer, konfliktreicher empfindest du dein Leben; desto weniger kann das Licht in dein Herz dringen und dich nähren, desto weniger Freude ist in deinem Leben.

Gehe systematisch alle Menschen in deinem Leben durch (am besten schriftlich) und spüre noch einmal, was es in dir zu ihnen fühlt. Schau dir deine Lehrer an. Wie viel Lehrer haben wir gehasst, weil wir unter ihnen gelitten haben? Schau dir deine Chefs an. Von wie vielen unter ihnen haben wir uns ungerecht behandelt gefühlt und sie dafür verurteilt? Schau dir alle Expartner an, auch die, mit denen du nur für kurze Zeit zusammen warst. Was denkst und fühlst du ihnen gegenüber heute tief innen? Schau dir noch einmal an, von wem du dich abgewandt hast, und bei dem du gesagt oder gedacht hast: »Der kann mich mal ...« Oft gehören die eigenen Geschwister hierzu. Mach mit ihnen allen Frieden in dir.

Wie in der Beziehung zu deinen Eltern beginnt der Friedensprozess in uns. Fang nicht mit einem Telefonat oder einem Brief an. Das Entscheidende ist, was in uns dieser Person gegenüber geschieht, ob wir in uns im Frieden oder Unfrieden sind. Bist du bereit, sie innerlich um Vergebung zu bitten für deine Verurteilungen? Bist du bereit, ihr zu vergeben und all deine Urteile zurückzunehmen, die du gefällt hast über sie? Bist du bereit, die Verantwortung für dein Mitschöpfertum zu übernehmen und dich dafür zu öffnen, dass in dem, was du mit dieser Person erlebt hast, ein tiefer Sinn liegt?

Ich habe dir nur Engel geschickt«, sagt Gott in einem Band der *Gespräche mit Gott* von Neale Donald Walsch. Kannst du dich diesem Gedanken öffnen? Warum aber sollen gerade die Menschen unsere größten Engel sein, die uns das Leben so schwer gemacht haben, oder die uns heute am leichtesten aus der Fassung bringen und uns wütend machen? Weil sie dich an deinem wunden

Punkt berühren; an einer Stelle, für die du noch nicht die Verantwortung übernommen hast, wo du noch nicht hinschauen wolltest. Warum kennen unsere Lebenspartner am allerbesten unsere »Knöpfe«? Zielsicher drücken sie diese von Zeit zu Zeit und wir gehen in die Luft, explodieren, verlieren die Fassung, rasten aus oder fallen auf andere Art aus unserer Mitte. Liegt hierin etwas Gutes? Ja, hierin liegt ein Segen. Denn deine Knöpfe-Drücker – deine Engel – machen dich immer und immer wieder darauf aufmerksam, dass du mit dir selbst noch nicht im Reinen bist. Danke ihnen allen und geh nach innen. Bereinige deinen Unfrieden mit dir selbst und schau dir deine blinden Flecken an und verwandle sie.
Aus Frieden entsteht Freiheit. Was unser Leben schwer und bedrückend macht, sind die Lasten einer unfriedlichen Vergangenheit. Mach Frieden mit allem in deiner Vergangenheit und du bist frei.

6

Auf geht's! – Lebe dein Leben!

⁝⁝ Das Wichtigste in deinem Leben

Warum stehst du morgens aus deinem Bett auf? Wozu gehst du in den Tag hinein? Ist dir klar, wozu du heute auf der Welt bist? Weißt du, was der Sinn dieses deines Lebens hier in diesem deinem Körper ist? Wenn dir dieser Sinn noch nicht klar ist, dann lebst du (noch) ein sinn-loses Leben, ein Leben in Unbewusstheit. Niemand kann dir diesen Sinn von außen geben. Nur du allein kannst dies tun. Der Sinn deines Lebens ist zunächst einmal der, den du ihm gibst.
Wir haben gesehen, dass der Sinn der meisten Menschen darin liegt, so zu funktionieren, dass sie über die Runden kommen, dass sie möglichst nicht oder wenig anecken mit anderen, dass sie nicht unangenehm auffallen und dass sie ein wenig Wohlstand genießen können und ihre Rente einigermaßen gesichert ist. Das Kind im Innern bestimmt immer noch weitgehend das Verhalten der meisten erwachsenen Menschen, indem es brav, fleißig, angepasst sein will, damit es sich anerkannt fühlt, damit es dazugehört oder vielleicht sogar geliebt wird. Die meisten Menschen stehen auf, um sich mit ihrem Tagewerk ein wenig Liebe von anderen zu verdienen.

Frage dich bitte: *Was ist dir oder soll dir das Allerwichtigste in deinem Leben sein? Worauf möchtest du dein Denken, Sprechen und Handeln jeden Tag ausrichten?* Diese Frage haben die wenigsten Menschen bis heute bewusst beantwortet.

Mach dir bitte klar: Selbst wenn du neunzig oder hundert Jahre würdest in diesem Körper – das Leben geht ziemlich schnell vorbei. Selbst mancher Achtzigjährige wundert sich, dass es ans Abschiednehmen geht.

Um unserem Leben Qualität zu geben, um glücklich und erfüllt zu leben, empfehle ich dir, dir deine zeitliche Begrenztheit vor Augen zu führen. Die meisten Menschen verdrängen die Tatsache, dass sie nur wenige Jahrzehnte in diesem Körper sind. Um zu einem lebendigen, bewussten Leben zu gelangen, ist es unerlässlich, sich mit dem Sterben zu befassen. Denn erst, wenn mir durch und durch bewusst wird, dass ich vielleicht schon morgen oder in einem oder in zehn Jahren als geistiges Wesen diesen Körper verlassen werde, wird mir klar, wie wertvoll, wie kostbar jede Minute ist, die ich in und mit diesem Körper hier verbringe.

Menschen, die von ihrem eigenen Tod überrascht werden, weil sie ihn ihr Leben lang aus Angst verdrängten, werden am Ende mit einem Gefühl des Bedauerns dastehen und Gedanken wie: »Hätte ich doch ...«, »Wäre ich damals doch nicht ...«, »Könnte ich noch mal von vorn anfangen ...« Ich wünsche keinem von uns diese Gedanken und diese Gefühle von Bitterkeit und Bedauern in den letzten Stunden in diesem Körper.

Ein kleines Gedankenspiel, um die Antwort auf die Frage nach dem ganz persönlichen Lebenssinn, nach dem, was das Wichtigste sein soll, herauszufinden, ist das Folgende: Stell dir einmal vor, auf den Grabsteinen unserer Friedhöfe könnte man genau ablesen, wie der Mensch, der dort liegt, sein Leben gelebt hat. Ein einziger kleiner Satz würde widerspiegeln, was für ein Mensch er war. Welchen Satz würdest du gern auf deinem Grabstein sehen?

Wenn wir uns das Leben der meisten Menschen heute anschauen, müssten dort in der Mehrzahl Sätze auftauchen wie:

- Er mühte sich redlich.
- Sie fiel nie sonderlich auf.
- Sie war immer für andere da, aber vergaß sich selbst dabei.
- Er trieb sich immer an – bis in den Tod.
- Er glaubte nie an sich selbst.
- Sie suchte die Liebe bei anderen.
- Er war immer nett, aber selten glücklich.

Am häufigsten dürfte wohl der Satz auftauchen:

- Er wusste nicht, was er tat.

Vielleicht aber wird einmal auf deinem Grabstein einer dieser Sätze stehen:

- Sie ließ nichts anbrennen.
- Er lebte mit Volldampf!
- Er hörte mehr und mehr auf sein Herz!
- Ihr Leben war ein großer Tanz.
- Er berührte die Herzen vieler.
- Ihr Lachen hören wir noch heute!

Friedhöfe mit solchen Grabinschriften wünsche ich mir für unsere Zukunft.

⊞ Was bringt dein Herz zum Singen?

Viele Menschen versuchen, mit ihrem Verstand herauszufinden, was der Sinn ihres Lebens, was das Wichtigste sein könnte und was sie glücklich machen würde. Aber der Verstand weiß nicht viel von Glück. Er kann sich höchstens an glückliche Stunden in der Vergangenheit erinnern und Schlüsse ziehen wie: »Als ich damals noch meine Bil-

der gemalt habe, da war ich glücklich«, oder »Als ich mir damals noch Zeit nahm für lange Spaziergänge in der Natur, da war ich ausgeglichener.« Was dir aber morgen große Freude beschert, was dich morgen glücklich macht, das kann dir nur dein Herz beantworten. Frage also dein Herz: »*Herz, was bringt dich zum Singen, zum Jubeln, zum Tanzen? Herz, was wünschst du dir?*«
Nimm dir Zeit für dein Herz, nimm dir Zeiten der Stille auf deinem Sofa, in deiner Badewanne, an deinem Meditationsplatz, auf deinem Balkon, in der Natur – egal, wo. Gehe regelmäßig in die Stille und sprich mit deinem Herzen und lausche. Hierzu musst du nicht zwei Stunden am Tag meditieren, aber regelmäßig eingelegte Phasen der Stille von zwanzig oder dreißig Minuten werden von deinem Herzen und von deinem ganzen Körper honoriert.
»Wenn du nicht nach innen gehst, gehst du leer aus«, heißt einer der Schlüsselsätze aus *Gespräche mit Gott* von Neale D. Walsch. Erst wenn ich immer wieder still werde und lausche, erhalte ich Zugang zu der größten Quelle von Wissen und Weisheit. Dein Herz hat den direkten Zugang zur größten Datenbank der Welt, zum All-Wissen in dir und es ist nur allzu bereit, dich zu führen. Nur müssen wir dafür auch die Bedingungen schaffen, unter denen es möglich wird, zu lauschen und zu verstehen.
Während der Verstand versucht uns einzureden, dafür wäre keine Zeit bei all unseren Plänen und Checklisten, spricht das Herz eine andere Sprache. Wer sich am Morgen und am Abend dreißig Minuten in die Stille zurückzieht, der öffnet einen Kanal, der anderen verschlossen bleibt. Er öffnet die Tür für Inspiration und intuitives Wissen. Er erhält mehr und mehr Signale, Ideen und Bilder aus seinem Innern. Ich selbst bin immer wieder erstaunt, wie viele Anregungen ich für mein Leben und meine Arbeit aus diesen Zeiten der Stille schöpfe.

Wer der Stimme seines Herzens folgt, der kann die Freude nicht verpassen, denn das Herz will lieben und sich am Lieben erfreuen. Es will alles und alle lieben. Es fordert dich auf, mit Liebe zu arbeiten und mit Liebe alles anzugehen, was dein Alltag erfordert. Gerade die vielen kleinen Dinge führen – mit Liebe gemacht – zur Freude. Tue das, was du tust, mit Liebe, tue es so gut du es tun kannst und mit Achtsamkeit. Fahre liebend und achtsam Auto. Räum deine Küche liebevoll und achtsam auf. Bezahle deine Rechnungen liebevoll und achtsam, denn du hast ja etwas dafür erhalten. Begegne dir selbst und allen Menschen so liebevoll und so achtsam, wie du kannst.
Jeder kann liebevoll und achtsam sein, wenn er bei sich selbst ist. Um aber in dieser so hektischen Zeit gut bei mir selbst zu sein, benötige ich unbedingt Zeiten des Rückzugs, um nach innen zu gehen. Innen spielt die Musik: Im Innern findet das Wesentliche statt, das Wesentliche ist immer im Unsichtbaren, im Geistigen. Die meisten Menschen sitzen jedoch dem alten Irrtum auf, das Äußere sei das Wichtige. Nein, die Grundlage für alles Äußere in deinem Leben, für Fülle oder Mangel, für Gesundheit oder Krankheit, für glückliche Beziehungen oder für Einsamkeit, liegt immer in dir selbst. Und zu diesem deinem Selbst gelangst du am besten in der Stille.

⊞ Einmal glücklich sterben können

Einmal glücklich sterben zu können, halte ich für das höchste Ziel, das eigentliche Ziel unseres Lebens hier. Erst wenn wir uns für dieses Ziel entscheiden, wirkt sich diese Entscheidung auf unser ganzes Leben aus. Der vorweggenommene Rückblick auf ein gelebtes Leben justiert meinen inneren Navigator auf meinem Lebensweg und gibt diesem Richtung und Ziel. Erst wenn ich mir der Kürze und des Wertes dieses irdischen Lebens bewusst werde, motiviere ich mich, bewusst seinen Wert zu bestimmen und danach zu leben.

Mit welchen Gedanken und mit welchen Gefühlen willst du einmal aus diesem Körper gehen? Stell dir vor, wie du im Frieden mit dir und allen Menschen, in der Freude über ein intensiv und bewusst gelebtes Leben und mit einem Lächeln auf deine Jahrzehnte zurückschauen kannst, wenn es darum geht, aus diesem Leben zu gehen. Wie wäre es, wenn du dir sagen könntest: »Ja, ich habe die Kurve gekriegt. Ich bin durch harte Zeiten gegangen, und ich habe lange geschlafen. Ich habe lange so gelebt wie die meisten anderen. Aber dann habe ich mich aufwecken lassen. Ich habe auf die Sehnsucht meines Herzens gehört und habe noch einmal neu begonnen. Ich bin aufgewacht und habe mein Leben noch einmal neu angeschaut. Und ich habe Entscheidungen getroffen, die mich auf eine neue Bahn brachten. Ich bin vom Kopfmenschen zum Herzmenschen geworden, weil ich der Stimme meines Herzens den ersten Platz eingeräumt habe. Ich habe gelernt, mehr und mehr auf diese Stimme zu hören und ihr zu gehorchen, und mein Herz hat mich bestens geführt. Jetzt kann ich mit einem schönen Gefühl, mit Dankbarkeit und Freude, in Liebe vom Leben Abschied nehmen und vertrauen. Wenn ich auf mein Herz höre, spüre ich, dass dies hier nur eine Reise war von vielen Reisen. Und ich freue mich auf alles, was kommt. Ich kann dieses Leben mit allen Menschen, die mich begleiteten, und mit allen Ereignissen segnen und loslassen. Auf geht's – zu neuen Ufern. Möge mich der Fluss des Lebens auch die letzten Meter dieses Lebens hier gut tragen.«

Über den Autor

Robert Theodor Betz, Dipl. Psych., geboren am 23. 9. 1953 im Rheinland bei Köln, ist einer der bekanntesten Bestsellerautoren der Lebenshilfe-Literatur und gehört zu den erfolgreichsten Seminarleitern und »Top-Speakern« im deutschsprachigen Raum. Seine lebensnahen, lebendig gestalteten und humorvollen Vorträge, zu denen in den vergangenen zehn Jahren über 150 000 Besucher kamen, begeistern mehr und mehr Menschen quer durch alle Bevölkerungs- und Altersgruppen. Sie erläutern in einer für alle verständlichen Sprache, wie wir trotz materieller Fülle und vielen Jahrzehnten des äußeren Friedens Mangelzustände, Krankheiten und Unzufriedenheit sowie Verletzungen und Enttäuschungen in unseren zwischenmenschlichen Beziehungen erschaffen. Darüber hinaus zeigen sie jedoch zugleich wirkungsvolle Schritte auf, mit denen der Mensch sich selbst helfen und seinem Leben eine neue Richtung geben kann.
Er selbst tat dies im Alter von 42 Jahren, als er aus seiner Position als »Vice President Marketing Europe« in einem amerikanischen Industrieunternehmen ausschied, sich eine längere Zeit der inneren Klärung gönnte und sich später in München und Lindau als psychologischer Therapeut niederließ und Ende der 1990er-Jahre mit ersten Vorträgen und Seminaren begann.
In den Jahren danach entwickelte er aus einer christlich-spirituellen Grundhaltung heraus, die weder an eine Kirche noch an eine Religion oder irgendeine Glaubensge-

meinschaft oder Organisation gebunden ist, einen eigenen therapeutischen und zugleich Selbsthilfeweg unter der Bezeichnung »Transformations-Therapie nach Robert Betz«®. Seit 2002 bildete er zusammen mit eigenen Ausbildern Therapeuten in dieser Richtung aus. Das Menschenbild, das seiner Arbeit zugrunde liegt, sieht den Menschen von Natur aus als ein Wesen der Liebe, dessen Herz nichts als lieben will, das jedoch seine Verbindung zu seiner wahren Natur verloren bzw. vergessen hat. In diesen Jahren der großen Transformation, des Wandels von Mensch und Erde, erinnert sich der Mensch, so Robert Betz, wieder an seine göttliche Herkunft und wird sich seiner Liebesnatur wieder bewusst. Diese Wieder-Erinnerung wird nach seiner Überzeugung zu einem grundlegenden Wandel im Menschen und in der Gesellschaft führen.

Der Beziehung zwischen Frau und Mann widmet Robert Betz einen großen Teil seiner Arbeit, da sie neben den »Bühnen« Körper, Psyche und Firmen im Mittelpunkt der großen Umbrüche dieser Zeit stehe. Zu diesem Thema finden sich in seinem Angebot zahlreiche Vorträge und geführte Meditationen.

Sein Top-Bestseller *Willst du normal sein oder glücklich?* steht seit über vier Jahren konstant auf der SPIEGEL-Bestsellerliste.

Informationen über seine Angebote und die anderer Seminarleiter, die von ihm ausgebildet wurden, unter anderem über die beliebten Urlaubs-Seminare auf der griechischen Insel Lesbos, finden sich auf seiner Website www.robert-betz.com. Seminar- und Ausbildungsunterlagen können angefordert werden unter info@robert-betz.com oder ausbildung@robert-betz.com

Vorträge und Meditationen von Robert Betz auf CD

Eine Auswahl aus insgesamt 120 CDs.

VORTRÄGE:

Willkommen Fülle!
Die Schlüssel zu Erfolg, Wohlstand und Lebensglück

Bist du noch normal oder schon glücklich?
Vom Aufbruch in ein neues Leben und Lieben

Pinke, Kohle, Mäuse
Der Weg vom Mangel zur Fülle

Lass dich tragen vom Fluss des Lebens
Eine Anleitung zu einem Leben in Leichtigkeit

Das Herz führt immer zum Erfolg
Wie Du Erfolg, Wohlstand und Glück in dein Leben ziehst

Ich muss es schaffen
Über Leistungsdruck, Erfolg und Lebenserfüllung

Arbeit ist sichtbar gemachte Liebe
Wie wir wieder Freude an der Arbeit finden

Tu das, was du zu tun liebst ...
Vom Sinn der Arbeit und vom Unsinn der Freizeit

Sei nicht gut – sei wahrhaftig
Einladung zu einem Leben als Original

Entschleunige dein Leben und besinne dich auf das Wesentliche!
Wie wir Stress, Druck, Erschöpfung hinter uns lassen können und Harmonie, Gesundheit und Zufriedenheit erschaffen

Unsere Kinder: Spiegel, Lehrer und Führer
Wie wir Kinder besser verstehen und ihnen gute Wegbegleiter sein können

Mich selbst lieben lernen
Selbstwertschätzung und Selbstliebe als Grundlage glücklichen Lebens

In Zeiten der Krise und Veränderung zu Stabilität finden
Wie wir Ängste, Zweifel und andere unangenehme Gefühle überwinden

Eine glückliche Beziehung ist keine »Glückssache«
Wie wir Frische, Lebendigkeit und Liebe in unsere Partnerschaft bringen

Hör auf, dein Herz zu verraten und lebe deine Wahrheit!
Mut und Klarheit finden für den eigenen wahrhaftigen Weg

MEDITATIONEN:

Mir selbst vergeben, mich selbst annehmen
Begegnung mit mir selbst in meinem inneren Raum

Befreie und heile das Kind in dir
Geführte Meditation zur Verwandlung deines inneren Kindes

Schluss mit Hetze, Druck und Stress
Befreiende Begegnungen mit deinem inneren Antreiber, Richter und Perfektionisten

Mich von alten Begrenzungen befreien
Die ›Hausputz‹-Meditation für deinen feinstofflichen Körper

Räume dein inneres Haus auf und finde deinen Weg
Zwei spannende Reisen in dein Inneres für einen bewussten, klaren Lebensweg

Komm in deine Mitte!
Kurze Meditationen für den Alltag

Frieden mit meinen »Arsch-Engeln«
Verstrickte und zerstrittene Beziehungen verstehen und verwandeln

Mit meinem Krafttier in Schwung kommen!
Wie wir Schwäche, Erschöpfung und Müdigkeit verwandeln

Nimm deinen Thron wieder ein!
Meditationen, mit denen du deine wahre Größe erkennst

Befreie deine Ahnen, deine Familie und dich
Friedenstiftende Begegnungen mit all deinen Vorfahren

Der Mann und die Frau in Dir
Geführte Meditationen zum inneren Wesen deines Männlichen und Weiblichen

Eltern helfen ihrem Kind und sich selbst
Innere Begegnungen mit kleinen oder erwachsenen Kindern

Meine Mutter und ich
Begegnungen mit ihr für Heilung, Frieden und Freiheit

Mein Vater und ich
Begegnungen mit ihm für Heilung, Frieden und Freiheit

Veranstaltungen, Ausbildungen und Online-Angebote

Live-Vorträge
in Deutschland, Österreich und der Schweiz

Tagesseminare am Sonntag
zu vielen relevanten Lebensthemen

Die Transformationswoche
6 Tage-Intensiv-Seminar

Männer- und Frauen-Tage
Als Tagesseminar oder als Intensiv-Seminar über vier Tage

The Work nach Byron Katie – neu gestaltet durch Robert Betz
4 Tage

Dein Transformationsprozess®
5-monatige Seminarreihe für ein glückliches und erfolgreiches Leben. Das Seminar umfasst 23 Seminartage und startet mit 1 Woche auf Lesbos.

Urlaub & Seminar auf Lesbos
Auf der Insel Lesbos finden zwischen Mai und Oktober zahlreiche Seminare statt, die von Robert Betz und seinem Team gehalten werden.

AUSBILDUNGEN IN »TRANSFORMATIONS-THERAPIE« UND »TRANSFORMATIONS-COACHING«

Ausbildung in Transformations-Therapie nach Robert Betz®
Die Ausbildung dauert 5 Monate und endet mit einer Woche auf der Insel Lesbos.

Ausbildung in Transformations-Coaching nach Robert Betz®
Die Ausbildung dauert 5 Monate und endet mit einer Woche auf der Insel Lesbos.

KOSTENLOSE ONLINE-ANGEBOTE

Online-Seminare
Über 20 kostenlose Online-Seminare mit Robert Betz zu wichtigen Lebensthemen unter **www.robert-betz-online-seminare.de**

App »Mein Gedanke für den Tag«
Die kostenlose Robert-Betz-App mit wertvollen Gedanken für jeden Tag des Jahres.

Facebook
Regelmäßige inspirierende Beiträge von Robert Betz unter **www.facebook.com/betz.robert** mit bereits über 230 000 Followern.

Live-Abendseminar
Alle zwei Monate ein Live-Abendseminar mit Robert Betz aus dem Studio in München, kostenlos und online unter **www.robert-betz.com/mediathek**

HINWEIS:
Zu allen Vorträgen, Seminaren, Ausbildungen und zu den Publikationen von Robert Betz finden Sie ausführliche Informationen auf seiner Website unter
www.robert-betz.com

Wenn Sie regelmäßig per E-Mail informiert werden möchten, tragen Sie sich bitte auf der Website ein, oder fordern Sie den Katalog an, der zweimal pro Jahr verschickt wird.

Bücher von Robert Betz

272 Seiten
ISBN 978-3-453-70169-4
Heyne

352 Seiten
ISBN 978-3-453-70252-3
Heyne

224 Seiten
ISBN 978-3-453-70283-7
Heyne

288 Seiten
ISBN 978-3-7787-9218-6
Integral

Raus aus den alten Schuhen!

Das Hörbuch

In diesem Hörbuch finden Sie den vollständigen Text von *Raus aus den alten Schuhen!*. Robert Betz macht Mut zur radikal ehrlichen Bestandsaufnahme des eigenen Lebens. Kristallklar führt er dem Hörer vor Augen, in welchen „alten Schuhen" der „Normalmensch" sich durch sein Leben bewegt – alte Muster, Programme und Gewohnheiten des Denkens, Sprechens und Handelns – und wie er aus diesen Schuhen aussteigen und ein neues Leben beginnen kann. Robert Betz liest das Buch persönlich. Durch seine lebendige und eindringliche Stimme wird dem Hörer der Inhalt des Buches noch leichter zugänglich.

Hörbuch, 6 CDs
ISBN: 978-3-9405-0388-6
Verlag Robert Betz

**Erhältlich über
www.robert-betz-shop.de**

Hörbücher von Robert Betz

Hörbuch, 5 CDs
ISBN 978-3-942581-11-0
Verlag Robert Betz

Hörbuch, 7 CDs
ISBN 978-3-940503-89-3
Verlag Robert Betz

Hörbuch, 4 CDs
ISBN 978-3-942581-89-9
Verlag Robert Betz

Hörbuch, 5 CDs
ISBN 978-3-942581-01-1
Verlag Robert Betz

Alle Hörbücher sind erhältlich über **www.robert-betz-shop.de**